高等院校财经类财税系列教材

西方财税思想史

XIFANG CAISHUI SIXIANGSHI

赵兴罗 甘行琼 编著

中国财经出版传媒集团
中国财政经济出版社

图书在版编目（CIP）数据

西方财税思想史／赵兴罗，甘行琼编著. --北京：中国财政经济出版社，2023.9

高等院校财经类财税系列教材

ISBN 978-7-5223-2475-3

Ⅰ.①西… Ⅱ.①赵… ②甘… Ⅲ.①财税-经济思想史-西方国家-高等学校-教材 Ⅳ.①F811.9

中国国家版本馆 CIP 数据核字（2023）第 163847 号

责任编辑：谷兴华　　责任校对：胡永立

封面设计：卜建辰　　责任印制：党　辉

西方财税思想史

XIFANG CAISHUI SIXIANGSHI

中国财政经济出版社 出版

URL：http：//www.cfeph.cn

E-mail：cfeph@cfeph.cn

社址：北京市海淀区阜成路甲 28 号　邮政编码：100142

营销中心电话：010-88191522

天猫网店：中国财政经济出版社旗舰店

网址：https：//zgczjjcbs.tmall.com

北京财经印刷厂印刷　各地新华书店经销

成品尺寸：185mm×260mm　16 开　15 印张　342 000 字

2023 年 9 月第 1 版　2023 年 9 月北京第 1 次印刷

定价：48.00 元

ISBN 978-7-5223-2475-3

（图书出现印装问题，本社负责调换，电话：010-88190548）

本社质量投诉电话：010-88190744

打击盗版举报热线：010-88191661　QQ：2242791300

前言

高等学校财政学、税收学专业学生的知识结构有三大板块，包括财税专业基本理论、财税研究方法、财税史学。专业史学是专业知识结构的重要组成部分，财政学、税收学专业学生应重视财税专业史学的学习，约瑟夫·熊彼特在《税务国家的危机》中说："历史上，从来没有哪个方面，像国家财政那样对大众命运具有如此大的决定性。在财政史中，我们可以最清晰地观察到各国脉搏的跳动，可以看到一切社会悲剧的根源。归根到底，一个民族的精神、文化水平、社会结构以及其政策所预备的行为等——所有这一切以及其他更多的东西都反映在它的财政史当中。"为了使财政学、税收学专业的学生更好地掌握现代财税理论产生、发展和演变历程，编写一本能够反映西方财税理论发展演变的专业课程教材十分必要。

西方财税思想从产生至今，已有200多年的发展历史。综观整个西方财税思想史，可以说其发展是一个既分化又综合的过程。一方面，西方财税思想的研究内容日益精细化和专门化，理论分支日益多元化，诸如公共产品理论、外部效应理论、公共选择理论、公共支出理论、公共收入理论、公债理论、公共预算理论、财政联邦理论、宏观调控理论等都是西方财税思想的研究日益细化的产物，这不仅有利于深化人类对财税现象的认识，而且有助于形成更加科学、更加准确、更加具体、更具有解释力和说服力的财税理论；另一方面，西方财税思想的研究也呈现综合化的趋势，例如，国际财政学、国际税收学就是财政学与国际经济学相互交叉而形成的交叉学科。西方财税理论的综合化趋势表现为其他学科向财政学的渗透，即移植其他学科的原理和方法研究财税问题和解释财税现象。此外，西方财税理论研究的综合化趋势还表现为研究对象的整体化，研究层次、研究视角的全面化和研究方法的多样化。

在国内，"西方财税思想史"主要是在财经类院校以及综合院校与财政学、税收学相关专业开设的专业课程。本教材选取西方财税思想发展史上具有较大影响的经济学流派的财税思想作为研究对象，较为系统地介绍西方历史上自重农学派以来的主要经济学流派的财税思想。教材分为十五章，包括：（1）重商主义的财税思想。（2）英国古典经济学派的财税思想。（3）法国重农学派的财税思想。（4）庸俗经济学派的财税思想。（5）德国历史学派的财税思想。（6）新古典经济学派的财税思想。（7）北欧学派的财税思想。（8）凯恩斯学派的财税思想。（9）货币学派的财税思想。（10）理性预期学派的财税思想。（11）供给学派的财税思想。（12）新凯恩斯主义经济学派的财税思想。（13）公共选择学派的财税思想。（14）新制度经济学派的财税思想。（15）当代西方其他经济学家的财税思想。各章内容涵盖了西方经济学说史上主要财税理论或思想的产生、发展和形成的脉络，如公共产品理论、政府职能理论、税收原则理论、公债理论、财政支出理论、财政分权理论、税负转嫁和归宿理论等，有利于学生全面把握和深刻领悟当代财税理论或思想的来龙去脉和历史演变。

依据本科生的认知水平、知识结构、先修课程以及接受能力，本教材按学派或学者编写，这一体例最适合本科生学习。本教材讲授的重点内容是按照西方主要财税理论的发展脉络和演变历程梳理出的具有代表性学派和人物的财税思想。建议教师在讲授时将重点放在重商主义、英国古典经济学派、德国历史学派、新古典经济学派、凯恩斯学派、新古典综合学派、货币学派及马斯格雷夫的财税思想，这些学派或学者的财税思想都具有创新性或对西方财税理论的发展产生过重大影响，其他学派，如供给学派、理性预期学派、公共选择学派、制度学派等，可以作为学生讨论学习的内容。另外，建议学期中间安排一次分组讨论，由学生自愿结成若干学习小组，利用课余时间进行讨论，然后集中在课堂上由各小组分享展示其讨论成果。这种讨论方式，一方面，不影响课堂讲授的西方财税理论发展演变的脉络；另一方面，也使学生更好地参与课程学习中。

本教材作为中南财经政法大学和国内其他兄弟院校的财政学、税收学、国际财政专业本科生学习“西方财税思想史”课程使用，同时，也可供经济学各专业的本科生学习相关课程时作为参考用书使用。本教材由中南财经政法大学财税学院的赵兴罗教授和甘行琼教授共同编写而成，具体分工如下：甘行琼教授负责编写第二章的第三节，第六、八、十二、十三章，第十四章第一、三、四节和第十五章第二、三、四节；赵兴罗教授负责编写导论、第一章、第二章的第一、二、四节，第三、四、五、七、九、十、十一章，第十四章的第二节和第十五章的第一节。赵兴罗教授负责教材的大纲设计、撰写体例和方案制订、章节内容的拟定、章节思考题以及全书的通稿等工作。

本教材原则上是对2014年出版的《西方财税思想》（高等教育出版社）教材的重新修订、补充和完善。在撰写过程中参考了大量的研究文献，引用的文献我们尽量做了注明，但限于篇幅，有一些可能没有在参考文献中全部反映出来。在此，特向前辈研究者给予我们不同形式的启迪和帮助深表感谢！

由于编写人员的知识水平、教学经验以及编写时间的限制，本教材仍可能存在一些错讹和纰漏，敬请专家、师生及读者批评指正。

赵兴罗

2023年7月

目录

导　　论

"西方财税思想史"是财政学、税务学专业的专业选修课。导论部分主要学习"西方财税思想史"课程的意义、研究对象和学习方法，可以使学生对本课程的概貌有所了解，为以后各章的学习奠定基础。

一、西方财税思想的产生

财税思想是各历史时期人们对财政、税收问题发表的意见、看法和愿望的总和，这些意见、看法和愿望是通过人们的各种财政、税收观点表达和展现出来的。财税思想史就是不同时期人们对历史上的财政和税收实践认识的历史。

财税思想古已有之。自从人类社会出现国家这一组织形式，也就有了财政和税收实践。同时，自然也就产生了财税思想。按照有些学者的观点，财税思想产生的时间可能更早，也就是说，当人类社会产生了社会公共需要的时候也就产生了财政和税收思想(如中国的尧、舜、禹时期)。不管取何种观点，人类财税思想的历史至少已经绵延几千年，特别是在古代的中国，财税思想更是极为丰富（如中国赋税思想史），由于长期的中央集权统治、广袤的领土和保存历史文献的优良传统为其发展提供了良好的基础。[①] 但是，直到18世纪之前，世界各国的财税研究都不曾走上科学的轨道，而是仍然停留在对财政表象的简单解释或是对具体财政管理方法就事论事的"随机漫步"式的议论之上，所形成的无非是一些"点子"式的零碎见解（尽管这些见解可能也不无闪光之处），缺乏全面和系统的理论体系。

18世纪中叶，以亚当·斯密《国民财富的性质和原因的研究》（以下简称《国富论》，1776年）的出版为标志，现代经济学和财政学宣告正式诞生。现代经济学和财政学的另一称谓即"科学的经济学和财政学"。之所以称为"科学"，就在于从此以后，人们对经济学和财政学的研究，从主流上看，牢牢把握了人的经济活动的规律性，并以此为出发点，研究人们经济活动的客观趋势以及可能的改进。这样，经济学和财政学的

---

① 胡寄窗、谈敏：《中国财政思想史》，中国财政经济出版社1989年版。

研究，在相当的程度上，就不再像原来那样充满盲目性和不确定性，人们把握经济和财政现象的能力大大提高了。虽然这一时期至今为止不过短短的200多年，但是，可以说，今天的主流财政体系中所隐含的绝大部分最关键的思想以及现代财政学的框架体系正是在这一时期产生的，当今世界各国现实财政活动的指导思想毋庸置疑大都产生于这一时期。这一时期的财政思想对于现实财政实践和理论的发展都十分重要。

二、西方财税思想史的研究对象

财政思想既然是人们对财政的认识、观点和看法，那么，由于各个时期人们所处的历史发展阶段和社会政治、经济、文化等背景的不同，财政观点就自然会有所不同，而探究其背后隐藏的财政思想就是“西方财税思想史”课程要研究的内容所在。

从西方财税理论演进的历程看，以英、法、德、美等为代表的西方国家的财政理论是比较成熟的财税理论，特别是作为一本教材，更应当以叙述比较成熟的、学术界公认的财税思想或财税理论为主，因此，本教材“西方”范围的限定将沿用学术界在教材建设方面的通常做法，主要介绍英、法、德、美等西方国家主要学派的重要代表人物的财税思想。由于西方经济学派林立，人物众多，该课程的讲授课时又很有限，因此，本教材的编撰选择了西方经济学说史上重要学派中的重要代表人物的财税思想作为本课程的研究对象。

当我们就某一方面，以历史年代为顺序探究财政学家的财税思想时，我们便会发现这些有所成就的财政学家同时也是著名的经济学家，并且是杰出的经济学理论家。那么，为什么会出现这种现象呢？这是因为，财政学本身就是经济学的一个分支，是关于经济学某一个侧面（政府的经济活动、经济行为或政府制度）的描述和研究，经济思想中必定包含着大量有关财政学、税收学的思想，而财税思想又是经济思想宝库中不可或缺的组成部分，所以说，经济学和财政学的发展过程就是经济思想和财政思想发展的具体体现。

在亚当·斯密以前，经济学的研究主要是总结人们在过往经济活动中的经验，并以此来指导今后的实践，但这种经验的总结和对实践的指导并未上升到把握规律性的高度，因而也没有形成系统的经济学理论体系。作为一门科学的“经济学”，其是随着资本主义的产生和发展，在十七八世纪产生的。这一时期经济学的特征是“研究了资产阶级生产关系的内部联系”①，开始揭示在经济表象掩盖下的经济活动的内在规律，并以此与之前的仅仅从事描述、归纳、概括经济表象的研究工作区别开来，从而使经济学发展成为一门科学的学科。经济学作为一门科学从其他社会科学中独立出来的标志是1776年亚当·斯密发表的奠基之作《国富论》，这一年恰恰是美国著名的《独立宣言》发表的一年。萨缪尔森和诺德豪斯曾指出：“两个事件出现在同一年绝不是偶然的巧合。从欧洲君主暴政下争取政治自由的运动和从政府强力控制下解放价格和工资的尝试，这两者之间是紧密相关的。”② 可见，不论是马克思主义经济学还是西方经济学家在关于经济学产生这一问题上的观点基本是相似的，即现代经济学是与资本主义制度的确立相

① 《资本论》（第1卷），《马克思恩格斯全集》（第23卷），人民出版社1980年版。

② Samuelson Paul and Nordhaws Williamd：《Economics》13th editor，McGraw Hill Book Company，1989，p. 4.

关联而于18世纪诞生的，亚当·斯密的划时代著作《国富论》的出版，被看作经济学科诞生的标志。

20世纪30年代以后，面对世界经济大危机的现实，凯恩斯主义应运而生，经济学开始关注政府制度的作用，随之，财政学开始空前发展。

三、西方财税思想史概述

现代西方财政学说产生的标志是亚当·斯密的《国富论》，该书共有五篇三十二章内容，其中，第五篇主要分析政府收入、财政支出、公债和预算等内容，大体上奠定了现代西方财政学的研究框架并形成了主要观点。

总体上看，在对财政问题进行研究时，亚当·斯密认为，必须坚持以“经济人假设”为经济研究的大前提，并在此基础上考察政府制度的运作情况。他指出，从规范的意义上讲，政府的收支行为应指向满足社会的公共需要。尽管当时尚无“公共产品”概念的明确提出，但事实上，无论从实证研究的方面，抑或规范研究的方面，现代公共财政学的框架已初见雏形。从“经济人假设”出发，对政府制度运作的考察说明了政府制度以及政策在现实中为什么是这样而不是那样的问题；通过设立政府制度运作的规范目标并进而用现实状况与之对比的研究，则说明了对政府制度运作现状的合意程度及其可能的改进。现代财政学总体也不外乎这两个方面，即实证的财政学和规范的财政学。

亚当·斯密之后，马克思对财政学做出了伟大的贡献。[①] 马克思经济学著作中蕴涵着丰富的财政思想，而以往的研究对此有所忽视。马克思的伟大贡献在于：一是他继承了古典经济学的优良传统，坚持把国家和政府看作一个被人们所利用的制度工具，而不是一个会自动追求全民利益最大化的自为之物，尤其是针对资本主义社会的当时的状况，彻底批判了某些资产阶级财政学家在研究中把资本主义国家政府当作一个会自动为全民利益最大化服务的超自然机构的荒谬的唯心主义假设，指出资本主义国家只能是一个资产阶级对无产阶级进行超经济剥削的工具。二是从《哥达纲领批判》及其他相关著作中，马克思科学预测并描绘了社会主义高级阶段中国家的应有职能。

19世纪中后期开始，由于当时市场制度在经济事务中占据主导地位的客观历史现实，大部分西方经济学者将其研究的重心放在市场制度的研究上，因此，相对来说，这一时期有关财政学的深入研究较为平静。但就在这一阶段，西方财税思想仍在欧洲的边缘地区取得了令人振奋的发展。以维克塞尔为代表的北欧财政学派秉承以“经济人假设”为基本研究前提的科学方法，深入地探究政府制度运作的内在机理，几乎在瓦尔拉、马歇尔等经济学家探究市场制度一般均衡理论的同时，构造了“维克塞尔—林达尔”模型，这一成果完全可以与“完全竞争市场”假说相提并论。如果说以“完全竞争市场”研究为先导的、对一系列市场模型（如不完全竞争市场、垄断市场等）的研究深入地揭示了市场制度的内在奥秘，那么，以“维克塞尔—林达尔”模型为先导的、对一系列政府制度的研究同样使人们了解到现代经济运作中另一重要制度——政府制度的奥妙。当代公共选择学派在很大程度上正是通过继承和发扬北欧学派的传统而得到进

---

① 赵兴罗：“马克思的经济理论与财政思想”，《中南财经政法大学学报》2007年第2期。

一步发展的。

凯恩斯是20世纪西方财税思想发展史上的伟大的经济学者。他在资本主义世界经济危机的背景下，于1936年出版了《就业、利息和货币通论》。其贡献在于：一是改变了传统西方经济学对于政府职能的看法，指出在经济危机和萧条时期，政府有必要对经济活动进行干预。二是提出了总量视角的宏观经济概念，对之后几十年世界各国的经济实践产生了深远的影响。

凯恩斯之后，长期占据西方经济学说主流地位的是以萨缪尔森为代表的新古典综合学派。萨缪尔森对财政学的伟大贡献是首次明确提出了公共产品的概念，从而提供了一个判别政府和市场活动边界的规范标准，从而使规范的财政学研究建立在一个更为扎实和科学的基础上。但是，以萨缪尔森为代表的新古典综合学派在继承和发扬凯恩斯思想的同时，却自觉不自觉地偏离了经济学的基本假设前提，唯心地把资本主义国家政府看作一个能够自动达到全民利益最大化的政府，从宏观的角度来看，就是政府的财政政策能够自动地对经济风向进行适当的调整。这一推断显然与资本主义国家中现实财政政策决定于不同利益集团之间的矛盾折衷的现实不相符合，因而，新古典综合学派的有关政策主张自20世纪70年代开始就受到了现实发展的深刻挑战。西方国家遭遇的经济滞胀就是对此的最好佐证。

正是由于新古典综合学派政府干预财政观所受到的重大挫折，20世纪70年代后期，各非主流学派纷纷向其发起挑战。挑战可以概括为两个方面：

第一，仍然是从宏观视角探究政府应有的作用。例如，以弗里德曼为代表的货币主义、卢卡斯为代表的理性预期学派以及拉弗为代表的供给学派等，尽管他们各自的分析侧重点有所不同，结论却都基本指向一个方向，即政府进行宏观干预的能力是非常有限的。

第二，深入政府制度内部，探讨政府制度的局限性。这一探讨又是以“经济人假设”作为基本前提，主要学派包括以布坎南、阿罗为代表的公共选择学派以及以哈耶克为代表的奥国学派。同样地，他们的学说尽管各有侧重点，但总体说来，都提出了一个问题，即“政府失灵”(Government Failure)，这一概念现在已经被写进绝大部分财政学教科书。正是由于从新古典综合学派“政府无所不能”观点向“合理理解政府局限性”认识的转化，20世纪80年代以后，西方各国的财政实践发生了一系列新变化，如重视私有化、消除赤字财政等，其共同指向是尽可能地减少政府的干预，主张更充分地发挥市场的作用。

总之，现代财税思想史发展的主线其实质是对政府制度和政府职能的理解。在200多年的历史中，这种理解基本上经历了一个否定之否定的过程，即从亚当·斯密所提供的“小政府”到凯恩斯以后新古典综合派所倡导的“大政府”，再回到对政府作用局限性的重新认识和重新缩小政府活动的范围。西方财税思想史正是在这样一个螺旋式上升过程中不断发展着的。

四、教材体例及学习方法

编写《西方财税思想史》教材有多种方式，每种方式各有优缺点。

第一，按年代。严格地按照年代顺序编排，每一个年代都覆盖财税思想的各个方面。这种方式按年代顺序将财税思想的最基础的知识无遗漏地编撰出来，内容全面，但在有限的授课时间内，难以把控教学进度和突出重点，理顺西方财税思想发展演变的脉络比较复杂和困难。

第二，按专题。根据基础经济学和财政学研究的基本框架有系统地选择一些专题，围绕这些专题阐述各个财政学家的观点，以此追溯财政思想发展的渊源。这种方式能够更好地将财政思想这座大厦的内部结构揭示出来，并在此基础上分门别类地厘清历史上各种财政思想的发展脉络及其相互关系，从而更为系统地、更具历史继承性地展示财政思想的各个重要方面，以及这些方面的相互关联及其演进过程。但按专题的编写方式，需要具备较为扎实的经济学说史前期基础，这种方式更适合研究生阶段的学习。

第三，按学派或学者。按经济学流派或流派中的代表人物编撰，着重阐述他们各自在财税思想发展史上的贡献。西方财税思想在发展过程中，学派林立、人物众多，按照西方经济学发展历史上重要学派中的重要代表人物的财税思想进行编排，简单明了，此方式要求先学习每一学派或代表人物的财税思想，然后在学期结束，按照某一财税理论的产生、发展和演变进行梳理总结，使学生更好地把握西方财税理论发展的来龙去脉。

比较以上三种方式，可以看出，第三种编写体例比较适合本科生学习。本教材依据本科生的认识水平、知识结构、阅读能力以及西方经济学派的发展脉络进行编写，便于学生在学习某学派财税理论观点之前先了解该学派的经济思想主张，帮助学生更好地理解和接受该学派的财税理论观点。

正是基于上述考虑，本教材采用第三种方式编撰。但是，无论采用哪一种方式学习西方财税思想史，都应该遵循以下基本的学习原则：

第一，坚持实事求是的科学态度。在我们辨别西方财政学者思想观点的对错时，必须坚持实事求是的科学态度。我们在对西方财税思想史的研究中，必须把马克思主义唯物论的基本观念与马克思主义经典学者对某些西方财政学者及其观点所做过的个别具体评论进行区别。前者是我们研究的基本前提，是必须坚定不移地坚持贯彻的；后者是在大多数的情况下由于坚持了马克思主义的基本原则来看问题，因而结论往往是有着先见之明、正确的，但也存在由于主观认识和客观实践的结合不够完美而导致的某些认识上的不完整或不正确的情况，我们应该坚持实事求是，以足够的理论勇气具体分析之。

第二，坚持辩证唯物主义的观点。一是坚持以辩证的观点来考察西方财税思想。对于不同财政学者和不同流派的有关观点应从整体上来进行考察和把握（不应仅仅从某些局部上作较为片面的理解），从而完整把握这些学者和流派的真实思想内涵。另外，在对这些思想进行批判和借鉴时，同样应站在辩证的立场上来进行，避免那种攻其一点、不计其余的不正确态度和先验地认为西方财税思想只有个案参考价值而整体理论体系上一无是处的武断态度。二是坚持马克思的历史唯物主义的基本态度。在考察西方财政学者的观点时，要注意他们发表这些言论时的具体历史背景，在具体历史背景的条件下客观分析他们的言论所具有的超越历史背景的一般理论意义，然后进行批判、借鉴。

第三，借鉴与批判相结合。在我们借鉴有价值的财税思想的同时，应对西方财税理论中的糟粕进行批判，研究西方财税思想史的最终目的，在于从中找到有价值的东西为我所用，即研究西方财税思想史的目的不能仅仅停留在为批判而批判上，即使是批判，最后的作用还在于建设，要做到借鉴与批判相结合，取其精华，去其糟粕。

第四，理论与现实相结合。研究西方财税思想史的最终目的在于从中找到有价值的东西为我所用，借鉴有价值的财税理论，将西方财税的重要理论有机地应用于分析现实经济问题。通过西方财税思想史的学习，我们领略到历史上那些对财税思想的发展做出过重大贡献的学者们的智慧光芒，增强了对当代财税思想的理解，得以清晰、透彻地理解财税理论的过去、各种变化的观点和问题，以及我们前进的方向，因此，理论联系实际至关重要。

第一章

重商主义的财税思想

重商主义是西欧封建社会进入瓦解和资本原始积累时期，资产阶级古典经济理论产生之前最初的经济学说。它产生于十四五世纪，全盛于16—17世纪，衰落于18世纪下半叶。重商主义抛弃了西欧封建社会经院哲学的教义和伦理规范，开始用世俗的眼光，依据商业资本家的经验观察和说明社会经济现象。它以商业资本的运动作为考察对象，从流通领域研究了“货币—商品—货币”的运动（资本产生的过程）。重商主义作为商业资本的意识形态，虽然是“对现代生产方式的最早的理论探讨”，但这种探讨只涉及流通领域的一些表面现象，真正的经济科学是在理论研究从流通领域转入生产领域之后开始的。由于各国的历史条件不同，重商主义者的财税思想在各国也具有不同的特点。本章主要学习英国、法国、德国重商主义者的财税思想。

第一节

重商主义概述

一、重商主义产生的社会经济背景

重商主义财税思想根植于当时的社会经济及其政治结构之中，只有清楚其社会经济背景，才能真正领悟到重商主义财税思想的真谛。熊彼特在其著作《经济史分析》中指出，重商主义是特定历史时期的产物，是社会生产力不断发展后在由传统封建社会向资本主义社会转变的过程中产生的，是这一时期特定的社会结构、社会条件的产物。在熊彼特看来，重商主义思想是一种社会实践下的经济思想，是社会发展到一定程度的反映。在论及重商主义时期经济思想时，他认为这一时期尽管欧洲各国的经济社会政策并不完全一致，但是其中有一点是共同的，“那就是他们都讨论与经济政策有直接关系的实际问题，而这些问题又是新兴民族国家所面临的问题”。[①]由此，熊彼特进一步指出，这些经济思想也正是由当时的社会结构、社会条件塑造的。

一般认为重商主义盛行于15世纪至18世纪中叶，是随着封建社会的瓦解、商品经济的深入发展以及民族主权国家的兴起而发展、兴盛起来的。

15世纪初，西欧封建社会晚期，商品货币关系已有一定程度的发展，封建自然经济趋于瓦解，国内统一市场开始形成，资本主义生产关系在封建社会内部逐渐成熟。

资本主义的形成和发展是以劳动者同生产资料相分离为条件，而这一条件是通过商业资本的巧取豪夺才得以形成。商业资本是资本在历史上最早的一种形态，它是流通资本，不能创造任何新的生产方式。但是，商业资本在资本主义生产方式的形成中曾经产生重大影响。它促进了社会分工的扩大，引起了商品需求增加、市场的形成和扩展。航海的发展促进了地理大发现，而地理大发现又拓展了贸易的范围，同时，大大增强了欧洲商人对黄金的渴望，他们远涉重洋，侵占新大陆，镇压、征服土著居民，肆无忌惮地烧杀掠夺那里人民的财富，为资本主义的发展积累了大量的资本。当时商人的生产规模虽然较小，但却有越来越多的商人周旋于生产者与消费者之间。尽管在“拥有土地的贵族”眼中商业资本家是“可鄙的商人”，但他们在商业活动中却扮演着越来越重要的角色。

为适应西欧各国这一时期社会经济发展的需要，确立以封建的土地占有关系作为前提的经济基础，专制君主体制所采取的经济政策是：对国内实行商业、手工业保护政策；对国外通过扩张军事力量占领殖民地和属地，争夺市场聚敛财富，从贸易顺差获取金银货币。实行这些政策的财源则来自封建的土地占有关系——来源于农民。所以说，在资本主义初期，西欧国家专制君主的致富手段是通过贸易顺差攫取象征富有的金银财宝，他们为了维护本国利益而不惜将贫困强加于邻国，从而引起国家对立关系的激化。这种以聚敛财富为目的，由官僚主导，并具有专制权威性的统治采取的经济政策，以及以此为基础的理论体系，被称为重商主义。

二、重商主义的发展

重商主义的发展大致经历了两个阶段：早期重商主义和晚期重商主义。十四五世纪到16世纪中叶为早期重商主义阶段。西欧主要国家早期重商主义的代表，在英国，有约翰·海尔斯和马林斯。16世纪下半期到17世纪为西欧晚期重商主义时期。晚期重商主义比较重要的代表，在英国有托马斯·孟、托马斯·霍布斯、洛克和詹姆斯·斯图亚特，在法国有让·巴蒂斯特·柯尔培尔，在德国有官房学派。

早、晚期重商主义的基本观点大体一致，但也因各国历史条件不同而略有差异。早期重商主义者主张采取行政手段禁止金银出口，并坚持绝对的“少买多卖”的原则，以达到把货币（金银）保持在国内的目的。恩格斯曾讥讽地指出，他们“就像守财奴一样，双手抱住他心爱的钱袋，用妒忌和猜疑的目光打量着自己的邻居”。[①]因此，早

① 《马克思恩格斯全集》（第1卷），人民出版社1956年版。

期重商主义也被称为货币差额论或货币主义。晚期重商主义者虽然坚持“少买多卖”的原则，但不反对输出货币，认为输出货币、扩大购买，只要在对外贸易中保持顺差，就能使更多的货币（金银）流入国内，增加国家的财富。所以，晚期重商主义也被称为贸易差额论。贸易差额论最能体现商业资本的要求，是真正的重商主义。同时，晚期重商主义已经注意到要增加出口，必须增加为出口而进行的工业生产，主张扶植工场手工业。因而，晚期重商主义也被马克思称为“重工主义”。

上述早、晚期重商主义者的不同观点反映了商业资本在不同历史阶段的不同要求。早期重商主义反映了资本主义发展最初阶段，商业资本追求以贮藏形式来积累货币；晚期重商主义者出现在资本主义有了初步发展的时期，他们已经意识到，货币只有在不断运动中才能带来更多的货币。

重商主义者在提出和阐述各自经济理论和政策主张时，提出了相应的财税观点及政策措施。尽管这些理论、观点尚显零乱，不成体系，甚至还存在着各种缺陷，但重商主义财税思想的产生具有历史的必然性和客观性，它在促进资本主义生产关系和财税制度的形成与发展方面起到了重要的积极作用，它构成了西方财税理论的基本框架，并对后来西方财税思想的发展产生了重大影响。

三、重商主义的主要经济观点

西欧各国在封建社会的晚期都曾推行过重商主义政策，由于各国的历史条件不同，在其具体经验及其理论总结上有各自的特点，但是，其基本经济理论却是一致的。大体可以归纳为以下方面：

（一）金银是财富的唯一形式

重商主义者摈弃了古代社会和中世纪思想家维护自然经济、鄙视货币财富的观点，宣称一切活动都是为了获取金银，认为金银是货币财富的唯一形态，他们把贵金属（金银）的积累看作增加财富的唯一方法；把货币的多寡视为衡量富裕程度的标准。重商主义者对财富看法的根本改变，反映了美洲金银矿发现以后资本原始积累时期，流行于西欧的追求黄金的狂热和新兴资产阶级对货币资本的渴望。

（二）流通领域是财富的源泉

重商主义者并不否认金银矿藏的开采是获取金银财富的来源之一，但他们认为西欧一些国家缺少金银矿藏，财富的源泉只能是流通领域，只有在流通领域社会财富才能不断增加。他们从商业资本的流通公式“货币—商品—货币”出发，断定货币资本在流通中进行了自行增值。

（三）只有对外贸易才能增加一国财富

既然重商主义者认定利润来自流通，来自“贱买贵卖”，那么，在他们看来，国内商业不能增加一国财富，因为，在交换中，甲之所得，必是乙之所失，两者相互抵消，国内财富并没有增长；而在对外贸易中的“贱买贵卖”必然会使贵金属流入国内，引起本国财富的增加。他们主张在对外贸易中坚持“多卖少买”的原则，以确保本国金银的不断增加。

（四）强调国家的作用

重商主义者认为，国家对经济的干预是国家致富的重要保证。国家应积极干预经济生活，大力发展出口品工业，利用税收等手段保护国内工商业，以利于在对外贸易中保持顺差，使金银流入国内。

四、重商主义财税思想的特点

重商主义财税思想是资本主义生产方式形成初期的产物，也是现代西方财税思想的萌芽阶段。虽然其理论体系尚不完善，一些理论观点也存在着各种缺陷，但重商主义税收思想的产生具有历史的必然性和客观性，它在促进资本主义生产关系和财税秩序的形成与发展方面起到了重要的积极作用，对后来西方财税思想的发展产生了重大影响。

（一）以保护关税为特征的政府干预思想

重商主义的产生与发展，正值西欧腐朽没落的封建制度向资本主义生产方式的转折时期，在封建社会的母体内，资本主义经济只有经过资本原始积累才能迅速发展起来，对外贸易则是增加资本原始积累的重要手段之一。当时的许多重商主义者以商业资本家的眼光看到了这一点，因而提出了“奖出限入”的保护关税政策，实现对外贸易的出超，以便将更多的货币财富留在国内。从托马斯·孟完整而彻底的保护关税理论，到柯尔培尔一系列的保护关税政策和实践，都充分体现这一目的。显然，当时重商主义的保护关税理论和政策，有利于国家通过对外贸易实现和增加资本原始积累，保护和促进资本主义工商业的发展，从而为资本主义生产方式的确立和成长创造必要的前提条件。

（二）以国内消费税为主体的税制结构

间接税与直接税的选择，是重商主义者热烈争论的重要问题，也是当时急剧变革着的社会经济、政治制度对财税提出的一个现实课题。在西欧封建社会里，国家课税实行以人头税、财产税、土地税为主体的直接税制。这种主体税制发展到了16—17世纪，已越发不能在财政、经济和纳税公平等方面适应资本主义商品经济关系发展的要求。因此，以霍布斯为代表的重商主义者竭力主张国内消费税取代直接税，成为国家的主体税制。然而，久而久之，由于现代分工和大工业生产，以及国内贸易直接依赖于对外贸易和世界市场，间接税制度与社会消费发生了双重的冲突。正因如此，以所得税为主体的“直接课税制度应当恢复”。①

（三）以利益交换为特征的税收本质观

在欧洲黑暗、漫长的封建时代，“君权神授”的观念具有至高无上性，国王行使课税权被认为是体现神的意志。尽管那时或更早时期就有一些哲学家、伦理学家，乃至神学家曾经探讨过税收的本质问题，但最终结果都没有回答“政府为何向人民征税”的现实答案。重商主义者霍布斯、洛克等则率先探究了税收的本质问题，提出“税收利益说”，把税收本质看作政府和人民之间的一种利益交换，从而将商品交换法则引入税收分配关系，奠定了近代和现代资产阶级税收理论的基础。即使是在今天的商品经济条件下，“税收利益说”对于确定现代社会的税收秩序仍然有着重要影响。

此外，重商主义税收理论还广泛涉及了资产阶级税收理论的许多领域、规范以及某些重大理论问题，如税收起源、课税权理论、税收原则、税收分类等。其中，德国重商主义者尤斯蒂的赋税原则和英国学者斯图亚特的税收分类方法，对后世产生了较大影响。

---

① 《马克思恩格斯全集》（第8卷），人民出版社1985年版。

第二节

英国重商主义的财税思想

英国是资本主义生产方式产生和发展最为典型的国家，重商主义在英国的产生和发展也最典型，因此英国成为重商主义的重要发源地。英国曾产生过许多重商主义经济理论家，其中对资产阶级财税思想发展贡献最大的代表人物有托马斯·孟（Thomas Mun，1571—1641 年）、托马斯·霍布斯（Thomas Hobbes，1588—1679 年）和詹姆斯·斯图亚特（James Steuart，1712—1780 年）。

一、托马斯·孟的财税思想

托马斯·孟出生于伦敦的一个商人家庭，其继承父业成为大商业资本家，曾任东印度公司的董事和英国政府贸易委员会委员，是英国商业界的重要领袖之一，在伦敦商业和金融界颇有影响。托马斯·孟于 1621 年出版了《论英国与东印度公司的贸易》一书，驳斥对东印度公司对外贸易的反对意见。大约在 1630 年，托马斯·孟将他的《论英国东印度公司的贸易》重新作了改写，易名为《英国得自对外贸易的财富》，其是晚期重商主义理论和政策主张的最著名的著作，马克思认为该书“代表了重商主义体系对于自身的母体系的自觉的自我脱离。这一著作在 100 年之内，一直是重商主义的福音书。因此，如果说重商主义具有一部划时代的著作，……那么这就是托马斯·孟的著作”。①托马斯·孟的重商主义财税思想主要集中于以下三个方面。

（一）贸易差额论

贸易差额论是贯穿《论英国与东印度的贸易》一书的中心思想，是托马斯·孟的重商主义理论的核心。他在该书中论述道：“虽然一个国家可由所得的礼物或由购自他国的货物而增加财富，但作为英吉利王国财富的积累方法，这是不确实的。英国谋求增加财富的通常方法是对外贸易。在这一点上，英国必须时时谨守这一原则：每年出口商品的价值，必须比自身消费进口商品的价值为多。因为在英国并没有出产金银的矿床。在我们作好了商品出口的准备，并且厉行节省尽量多地输出商品的时候，国内的货币增加了。但这不是因为从国外直接带回更多的货币的缘故。起初货币的追加部分给我国带回更多的外国商品，因此使我国的贸易增加，然后再次出口，才给国家带回更多的财富，即只有对外贸易差额带回英国的那部分财富，才是我们唯一共有的货币。引起地价上涨的原因也不外乎这些得到手的巨额货币，这种扩大国外贸易差额的办法，既是使国家财富增多的一种手段，同时也符合地主（议会中的支配势力）的利益。”②

托马斯·孟认为，对外贸易是增加财富和现金的通常手段，只有发展对外贸易并保持顺差才能达到致富的目的。出口多于进口是进行对外贸易所必须遵循的原则，这种

---

① 《马克思恩格斯选集》（第 3 卷），人民出版社 1995 年版。

② ［英］托马斯·孟：《英国得自对外贸易的财富》，商务印书馆 1978 年版。

“少买多卖”的原则，不是从短期的、对某一个国家的、对某一笔交易来看的，而是从全年贸易最后的总结果来看的。托马斯·孟完全将国外贸易差额看作衡量一国财富的标准[①]，也是站在国王的立场来衡量财富的标准。总体上说，贯穿托马斯·孟财政理论的思想是“彻头彻尾的贸易差额理论”，这种思想被看作是重商主义财政理论的典型理论[②]。

（二）国防财政论

托马斯·孟从贸易差额论的重商主义财政理论出发，必然主张“财富是战争的命脉”的“国防财政论”。他认为，国王的收入，因国土的大小、贫富的程度和贸易差额多寡等因素而存在差异，政府获得收入的方法也随国家的宪法、政府、法律和民俗的不同而有很大差别；国王想要改变这些制度是非常困难和危险的，即使国王以重税发财致富，国民也会因此而贫穷。

（三）赋税论

托马斯·孟从国防费用的赋税负担来阐述赋税论。他在赋税方面的见解主要表现在三个方面：

1. “重税无害论”。从国防财政论出发，托马斯·孟认为，由于各国情况特殊，国王征课重税不仅是不得已的、正当的，也是有利于国家的。例如，威尼斯、佛罗伦萨、热那亚等国家，虽然人民富足，但因幅员不大，靠经常性收入不足以蓄积抵御外国侵略所需的财富，故不得不在平时课征重税，来积存现金和军火充当国防之用。因此，这些沉重的献纳，并不像一般人所想象的那样有害于人民的幸福。[③] 他在谈到消费税及其负担问题时指出，消费税并不归贫苦消费者负担，那些声称所谓国内消费税、关税、人头税等由人民负担，而使人民陷于穷苦可怜之地者，实属谬误之见解。他认为，虽然关税和货物税导致服装与生活必需品价格上涨，但是劳动力的价格也与之成比例地提高。因此，国防费用赋税的负担最终转嫁到作为雇主的生产者身上，贫困的消费者并不承担赋税。相反，国民靠纳税使自身安全得以保证，所以，这种纳税是既公正又有利的。但是，如果税收被国王挥霍于私人享乐，则属于滥用赋税，对国家则是一种损失。[④]

2. 保护关税。根据贸易差额论，托马斯·孟认为，为了实现国家外贸出超，增加本国货币积累，国家应当采取有效政策和措施，实行关税保护政策，奖励输出，限制输入。保护关税政策，在重商主义早期就已被重视，当重商主义处于鼎盛时期，这一政策就成了重商主义的一条重要原则。托马斯·孟主张，当商品输出时，国家全部或部分退还资本家原已纳的税款；同时，对输入本国的外国商品课以高额关税或禁止性关税，保护本国工业发展；当进口商品经过加工重新输出时，国家则应退还这些商品在输入时所纳的关税。托马斯·孟在其所著的《英国得自对外贸易的财富》一书中详尽阐述了重商主义关于保护关税政策的基本原则、主张和意义。他写道：“国家如果对于一切用外国原料制成的工业品……免去关税，乃是明智和有利的。那样，很多贫民便可以受雇就

---

① ［日］白杉庄一郎：《托马斯·孟财政论》（第56卷）（日文版），京都大学经济论丛，转引自：［日］坂入长太郎：《欧美财政思想史》，中国财政经济出版社1987年版。

② ［日］大渊利男：《英国财政思想史研究序说》（日文版），转引自：［日］坂入长太郎：《欧美财政思想史》，中国财政经济出版社1987年版。

③ ［英］托马斯·孟：《英国得自对外贸易的财富》，商务印书馆1978年版。

④ 同注③。

业，并且还可以大大增加我们每年输出到别的国家去的货物价值。”“这样免得使外国人嫌这些商品价格昂贵而影响了销路。尤其是输入的外国货物，凡是又要再运出去的，就应当予以照顾……。但是这种外来货物，如果是要在本国消费的，那就可以征课得重一些，因为这在贸易差额上会使王国处于有利地位，并且由此也可使国王从他的每年入款里，积累更多的财富。”①

3. 临时征课赋税必须取得议会同意。在谈到积累的限度问题时，托马斯·孟认为，国王不应压迫他的人民，为统治其所有领土、维护其财产和权利，一定要实行节约以积累财富。国王在征课赋税时，必须取得全体人民的认可。应由议会来调整贵族与平民的利害关系，国王则对这两个阶级采取公正的立场，议会对保证国家与国王的安全起着重要的作用。托马斯·孟强调征课赋税必须取得议会一致的同意，这一观点实际上是他预见到了从专制主义政治体制向近代立宪政治体制的转变，看到其中的由重商主义向自由主义的转变，包含着财政民主主义的萌芽。

二、霍布斯的财税思想

托马斯·霍布斯是西欧近代著名的资产阶级思想家，英国近代政治思想的创始人之一。其代表作有《市民论》和《国家论》等。霍布斯在著作中阐述了其有关政治、国家的论点。他积极倡导资产阶级人文主义意识形态，主张以人为中心，用人性来反对神性，用人权来反对神权，用个性自由来反对宗教道德规范的约束。霍布斯的财税思想见诸于他关于政治、国家的理论中，他从资产阶级人文主义出发，率先探讨了国家建立及其人民应当向政府缴纳税收的原因。

（一）赋税的利益交换说

霍布斯认为，国家是由人民创造的，在国家未成立前的自然状态下，“人和人的关系像狼一样”。在自然状态下，即在国家组织没有结成以前，人类是“一切人反对一切人的战争”。人民为了自身的安全与社会的秩序，需要摆脱自然状态。国家诞生后，原来自由人民的自然权利让位给了主权者——国家，由于将自然权让给主权者，人民必须绝对服从主权者，丧失了反抗的权利，而主权者拥有绝对权威，但也同时承担起保卫人民生命、财产安全的责任。由于个人财产得到保障，人民能够安心地从事劳动，这样，国家就必须拥有课税权。

为使统治者课税权的绝对性与人民自主纳税的道德观不发生矛盾，就必须协调这种利益关系。这种赋税思想意味着协调统治者与人民有关和平防卫的利益关系②，于是，霍布斯首次提出了赋税的利益交换说。他认为，“人民为公共事业缴纳税款，无非是为换取和平而付出代价，分享这一和平的福利部门，必须以货币或劳动之一的形式为公共福利做出自己的贡献”③。即人们建立国家后，国家取代人民进行防卫，一旦战争爆发，人民仍可以正常地从事生产劳动。国家作为人民生产劳动的保护者的主权，正是靠人民

① ［美］A. E. 门罗：《早期经济思想》，商务印书馆 1985 年版。

② ［日］岛恭彦：《近世赋税思想史》（日文版），转引自：［日］坂入长太郎：《欧美财政思想史》，中国财政经济出版社 1987 年版。

③ ［英］霍布斯：《利维坦》，商务印书馆 1936 年版。

勤奋劳动所缴纳的赋税得以维持的。因此，可以说“间接税与直接税，无非就是为不受外敌入侵，人们以自己的劳动向拿起武器监视敌人的人们提供的报酬，而不是别的”。[①]因此，霍布斯认为，不允许人民对统治者决定征收赋税事宜进行批判，因为“是臣民使统治者的一切行为合法化的，由于前者把权利让渡给了后者，所以，使后者的行为成为每个人自己的行为”。[②]

（二）赋税的征收原则

霍布斯从赋税的利益交换说出发，指出封建国家以直接税为主体的、不公正的税收制度不可取。他指出：“多劳动而能节约消费其劳动成果的，比一事不做而浪费无度的人，不应加重其负担。应按一般人所消费的成果而课征之，那样则他消费多少，他也负担多少税额，这样即使有奢侈浪费的人，国家也不会因之受到损害。”[③]他倡导赋税平均负担，即使个人承受的负担与其从国家享受到的利益成比例。所谓课税平等则意味着负担平等，而不是支付的平等。国家创造了和平环境，对人民是机会均等的享受，但由此产生的利益却不是平等地分配给每个人，而是有的受益多，有的受益少。因此，他提出两个衡量受益程度的标准：一是个人拥有的财产数额；二是个人消费的数额。霍布斯认为，应按其中之一的标准比例平等地向政府纳税。[④]

（三）税种的选择

霍布斯站在反封建的立场上，竭力主张征收国内消费税。在他看来，封建国家以财产税等为主体的税收制度，赋予封建贵族、僧侣阶层以豁免税收的特权，鼓励消费上的奢侈和浪费；同时，也无法满足国家日益增长的财政需要。国内消费税则能够鼓励节俭，节制奢侈。多劳动而能节约消费其劳动成果的，不应比一事不做而浪费无度的人的负担重，所以，应当以一般人所消费的成果而课税，消费多少就负担多少税收。这样，即使有奢侈浪费的人，国家也不会因之遭受损失。另外，他还认为，“所谓课税公平，指的是公平地课征于消费品，而非公平地课于各个消费相同者的财产。如果那些能勤俭持用，消费少、储蓄多的人，其税收负担反而比那些懒惰、挥霍的人为重，那么，勤俭储蓄者将因此而失望，他们的行为就不能受到国家的鼓励”。[⑤]实行消费税后，人人要消费，人人要纳税，因而征收国内消费税能使人民具有负担感，可以革除在纳税方面的封建特权；同时，国内消费税是附在商品价格上征收的，所以，霍布斯还认为，征收消费税可以保证税收收入。

三、斯图亚特的财税思想

詹姆斯·斯图亚特是英国后期重商主义的集大成者。他长期在欧洲大陆过着侨居生活，学得渊博知识，运用特有的历史观，客观地考察资本主义生产关系的内部联系，把行将崩溃的封建社会和代之而起的近代社会作为一种历史发展的必然过程加以研究，从

---

① ［英］霍布斯：《利维坦》，商务印书馆 1936 年版。

② 同注①。

③ 同注①。

④ ［日］高木寿一：《近世财政思想史》（日文版），转引自：［日］坂入长太郎：《欧美财政思想史》，中国财政经济出版社 1987 年版。

⑤ ［美］塞力格曼：《租税转嫁与归宿》，商务印书馆 1931 版。

而使自己的经济观点比较系统化与理论化。马克思称他是试图“建立资产阶级经济学整个体系的第一个不列颠人”。[①] 斯图亚特的重要著作有《政治经济学原理研究》（1767年）、《关于苏格兰阿格郡利息问题的思考》（1769年）、《货币原理》（1772年）等。斯图亚特的财税思想集中体现在《政治经济学原理研究》的第四篇“信用与公债”以及第五篇“租税及其适当用途”中。

（一）赋税理论

斯图亚特在《政治经济学原理研究》的第五篇论述了赋税的起源、本质、征收原则及赋税分类等问题。在斯图亚特的赋税理论中，最具特色的是赋税征收原则论和赋税分类方法论。

1. 赋税的起源。斯图亚特认为，从历史上看，赋税是充当君主借款的一种担保而产生的，“赋税的根源在于古代社会富人的生活靠隶属的劳动与徭役维持，因为那时的经济社会是封闭的。以后，自由思想解放了隶属关系，这样导致工商业新秩序的形成，并进而促成了社会经济繁荣。换言之，没有法律和纪律，就不会有工商业的繁荣。因此，为了维持持久的法律与纪律，保障国家权力、安全和独立，势必需要充分的赋税和军备”。[②] 赋税则必须使人民的年收入公平分配，不妨碍产业的发展和能够抵御外敌的侵犯，以便不妨碍纳税人的再生产。由于货币经济的发达，财富得以自由转移。从财富平衡的原理出发，赋税是有必要产生的。[③]

2. 赋税的本质。斯图亚特根据赋税的起源，把赋税定义为，所谓赋税，就是“用作政府经费支出的，通过立法机关法律程序或同意，对国家与个人课征的以果实、劳动或货币为表现形式的一定的贡献”。[④] 他从重商主义观点出发，认为赋税的作用，是以国家资金的形式，既为对国家有价值的人，又为穷人增加公共福利，为此就要向富人征收赋税以充当国家资金和对外贸易的补助基金。

3. 赋税的征收原则。斯图亚特是最早较为系统地提出赋税征收原则的资产阶级学者之一。他把赋税的征收原则归纳为：（1）法定原则。根据斯图亚特对赋税的理解，赋税课征的基本条件是须经立法机关的同意或法律程序认可，这就是所谓的赋税法定主义立场。（2）最低限度原则。如果超过最低生活费无限制地征课所得税，不仅破坏税源，还必然损害国计民生和资本。[⑤]（3）消费比例原则。主张按比例税率课征国内消费税，反对按累进税率对财产、利润征税。在斯图亚特看来，累进所得税“都会侵犯个人的财产、所得和利润。不管用什么方法，都不能偿还给被侵犯的个人。因此，这种赋税不具有提高商品价格的倾向”[⑥]，因而，一般应予以否定。国内消费税虽然具有导致价格上涨、消费减退和产品成本上升等不利影响，但他认为这种税利大于弊。其优点是：人人负担、公平合理且不易为封建特权阶层所转嫁，因而，征收国内消费税能够从税收

① 《马克思恩格斯全集》（第13卷），人民出版社1962年版。

② ［英］斯图亚特：《政治经济学原理研究》（第1卷）（英文版），转引自：［日］坂入长太郎：《欧美财政思想史》，中国财政经济出版社1987年版。

③ 同注②。

④ 同注②。

⑤ 同注②。

⑥ 同注②。

制度上否定封建的税收豁免特权。

4. 赋税的分类。斯图亚特是最早研究赋税分类的西方学者之一。他将赋税划分为三类：比例税，即按同一比例缴付税金的赋税；累进税或任意税，即按财产和收益数额的增加而递增课征的赋税；对人的赋税，即对个人劳动课征的赋税。[①]

（二）经费论

在《政治经济学原理研究》一书中，斯图亚特把公债和赋税各自独立成篇，但却没有把经费论作为一个独立题目单独设篇，而是把经费支出问题纳入货币流通的作用与效果中来论述。经费问题在斯图亚特的经济理论体系中，是与公债、赋税互相补充的，这与以后发展起来的古典学派的所谓财政三元论（经费论、收入论—赋税论、公债论）的体系不同，是他的财政论的特色。

斯图亚特从货币流通的角度，论述了经费的经济作用和经济效果。他认为，赋税的效用是以国家资金的形式，向富人征收赋税以充当国家资金，充当对外贸易的补助金基金。但为了实现这一目的，单有赋税制度还不够，必须注意选择公共经费的项目。[②]他举例，用1 000镑来制造焰火，为此，雇佣很多工人解决了暂时的生活就业问题，反之，如将同一金额用于灌溉或建设运河，也许能有同样多的人数受益。这里尽管制造焰火和兴办公共事业有相同之处，可是焰火放完之后也就完了，公共建设则可将不毛之地改造成良田。实际上，斯图亚特指出了经费的两种用途——生产性支出和非生产性支出。由于这两种经费支出的性质不同，因而带来的经济效果也不同。就经费的经济效果来看，公共投资的长久性将给穷人以“面包”，既无损于简朴生活方式，又是促进生产发展的手段。[③]

（三）公债理论

在《政治经济学原理研究》一书中，斯图亚特首先研究的是公债，随后才研究赋税问题，这在方法论上是同一些国家的财政发展史相吻合的。因为从欧洲一些国家的财政发展史看，赋税往往是充当君主借款的一种担保而产生的。斯图亚特的贡献在于，在阐述赋税和公债的关系时，他明确地指出，公债通常要以现金缴纳的赋税来偿还，不过它具有类似特定赋税的预收费的意义。由此可见，斯图亚特已接近从税收方面得出对近代国家公债本质的认识，即公债不过是延期的赋税。

斯图亚特考察了公债的发展阶段，认为公债的发展经历了三个发展阶段：

第一阶段：从罗马帝国诞生到15世纪。这一时代，君主的政策的实施依靠丰富的储藏物资为后盾，只要管好所存物资则没有发行公债的必要，这就是所谓的“国库金时代”。但是，在中世纪封建社会向近代社会的转移中，由于生产劳动促进了货币流通，君主抵押领土与特权，按照私人信用原则从商业、高利贷资本借来货币，因此就产生了近代公债。

第二阶段：以现金缴纳的赋税被用来偿还公债，公共的债务成了赋税制度的杠杆，其具有类似特定赋税的预收费的意义。

第三阶段：1694年英格兰银行创办和信用货币的流通所迎来的阶段。这一阶段

---

① ［英］斯图亚特：《政治经济学原理研究》（第1卷）（英文版），转引自：［日］坂入长太郎：《欧美财政思想史》，中国财政经济出版社1987年版。

② 同注①。

③ 同注①。

"货币是以一定期限或永久的年金形式借来的，为此目的准备了基金，而且在许多场合偿还资本，委托政府选择，决不能听任债权人的要求"。① 这说明在近代货币信用经济中，公债演变成具有永久的公债的性质。

在回顾公债史的基础上，斯图亚特指出了公债的实质："公债并不是要求偿还本金，要按券面一定部分为支付条件偿付利息或一部分本金，借来资金的国家或政府是建立在信赖基础上的。依靠公债支付的保证，用以作为永久的养老金。但是，如果国家没有另行规定，可以保留金额偿还的自由。"② 公债和私债有许多类似点，其区别在于：私债由私人自己担负一切责任，对于公债则不负责任；私债会影响个人的经济状况，公债则不会给国家的繁荣带来影响。

斯图亚特认为，发行公债具有一定的作用：公债在动员闲散货币、创造商品的生产中具有促进的作用。对于公债的限度，他认为，支付利息似乎可以达到赋税总额的数目。由于公债的累积造成国家破产的情况是不会发生的，但当事关国与国之间的关系时，必须注意国际收支的情况。③

总之，斯图亚特对财税的论述，是围绕着经费、赋税的经济作用、效果论为中心展开的，其财税思想对西方财税理论的发展产生了重大影响。

第三节

法国重商主义的财税思想

中世纪的法国是一个皇权专制的封建国家，到路易十四（1643—1715 年在位）时期，专制统治达到极盛。路易十四自称"朕即国家"，拥有绝对王权，他个人的所作所为只对神负责。在对外关系上，法国拥有着欧洲大陆的霸权。奠定路易十四专制王国经济基础的人，是当时的财政大臣、法国晚期重商主义的典型代表让·巴蒂斯特·柯尔培尔（Jean Baptiste Colbert，1619—1683 年）。本节着重介绍柯尔培尔的财税思想。

柯尔培尔是 17 世纪末法国重要的政治活动家，出生于一个商人家庭，曾做过法王路易十四幼年时期执政官马札里尼的助手，1665 年成为路易十四的财政大臣。一个时期内，他成为法国经济生活中的独裁者。与其他的重商主义者不同，柯尔培尔没有出版什么著作，是一个重商主义的实践家。在他掌权的 20 年间，他将法国的财政经济大权集中到自己手中，坚决地采取和推行了一整套重商主义的经济政策。在法国的历史上，这个时期的重商主义也被称为柯尔培尔主义。

柯尔培尔重商主义的具体政策是采取对商业、工业的保护扶植政策。为了达到这一目的，实行由国外招聘熟练工人，建立手工工场，以补贴和奖金促进新工业，严格规定

---

① ［英］斯图亚特：《政治经济学原理研究》（第 1 卷）（英文版），转引自：［日］坂入长太郎：《欧美财政思想史》，中国财政经济出版社 1987 年版。

② 同注①。

③ 同注①。

生产过程，禁止进口与奖励出口，通过贸易公司的专利、建设道路、开凿运河、保护扶植海上运输业、扩大海外贸易，努力兴建出口工业与获得殖民地，主张通过关税政策限制外国商品进口，扶植本国的工场手工业。

柯尔培尔把有关国家财富（即王室财政）的政策，系统地加以归纳并付诸实践。为了促进法国国内工商业发展，充裕国库，以适应专制统治的需要，柯尔培尔主张改革法国税制，并采取了以下财政政策：(1) 在赋税方面，减轻不动产税，改善饮食品税、盐税及国内消费税的承包征收制度，使税制重点由直接税大幅度转向间接税。(2) 建立统一的行政、财政机构，以尽可能削弱封建诸侯的地方分权体制，不断清除专制主义财政的私有性质，形成中央集权的专制主义国家。(3) 通过以下措施增加王权收入：一是设立法庭，以加强征税效力、制止银钱业的非法活动；二是重新买回让渡以及出卖的王领地，并改革管理办法；三是加强财会管理人员遵守法定的会计记账规则；四是整理和制订根据敕令用于不指定目的的财政支出（机密费）；五是年金公债（被视为法国长期公债的雏形）的年度支出额，每年节约 800 万利弗尔；六是精简官吏、抑制宫廷费用。

此外，柯尔培尔还希望对当时法国的包税制进行改革。包税制在欧洲古罗马时期已盛行，其特点是政府将税收按固定数额包给私人征收，通常做法是某些税收在由官府核定应征数额后，招商承包（或强制某人代征税收），各包税商人可自行申报包税数额，以申报额最高者为包税人。这种税收课征方法，到了路易十六时期发展到顶峰。虽然这种方法在一定时期内可以暂时稳定税收收入，缓解财政困难，但它对商品经济的发展和财源的培植危害极大。包税制主要存在以下弊端：一是包税办法旨在敛钱，这就必然为包税商人任意加税、盘剥人民大开“绿灯”；二是包税势必导致国内税卡林立，甚至实行封锁，阻碍商品交换；三是在税收负担的确定上，具有极大的任意性，极易造成纳税人之间的负担不等，并使得商品生产者在竞争中无确定的税收规则可循。由于包税制从根本上阻碍了商品经济的发展，加重了人民负担，因而最终结果只能是加重财政危机。

历史地看，柯尔培尔实行的赋税政策和其他财政政策，削弱了封建领主的地方分权势力，清除了王权财政的私有性质，并形成了中央集权的专制主义国家，从而建立起一套推行王权财政的统一的行政、财政机构；加强了资本积累，保持了强大的海军，使法国的工商业、海运业得以从海外获得必需的资源。

应当指出的是，推行柯尔培尔的财政政策，不仅招致寄生在王权财政下的封建特权阶级以及商业、高利贷资本的反对和不满，而且在很大程度上伤害了法国的农业。农业是法国的主要产业，却被排斥在国家保护扶植政策的范围之外。17 世纪末至 18 世纪初，法国人以土地为最重要的资源，全国人口中有 3/4 是农民，不论是采取加强军备、进行战争，或奖励工商业、蓄积货币资本等措施，还是豁免贵族、僧侣阶层的税收，最终都必然使国家的税收负担落在农民身上，从而加重了对农民生活的盘剥，导致农村经济的衰退。

1683 年，柯尔培尔离世，法国丧失了一位颇有才能、干练的财政家。从柯尔培尔过世到法国大革命，其间大约 100 年时间，法国经济和财政一直处于危机之中，社会经济发展也一蹶不振。路易十五（1715—1774 年在位）亲政后继续奢侈挥霍，国家经济和财政状况并无转机。到 1718 年，约翰·罗实行的通货膨胀财政政策失败，标志着法国重商主义的破产。

第四节

德国重商主义的财税思想

德国重商主义实际上就是德国的官房学派的学说。“官房学派”一词来源于中世纪国王使用的官房科学。官房学是关于政府记账、财政、国库的科学，有别于警察科学、政府行为科学等，一些权威学者给官房学下的定义是：与人们的财产和收入有关的一切学问。15—18 世纪的德国经济思想大多包含在官房学中。

由于德皇政治经济上的实权受到限制，德意志在 18 世纪时，有 304 个邦国的王侯割据，进行着土地兼并和争夺城市的战争。德皇徒有虚名，缺乏统一全国的实力。长期的战争造成土地荒芜，人民流离失所，使以农业为主体的德国经济更加困难。因此，德国的邦国经济政策与英法等国不同，其重点在于保护和奖励工业、农业的发展，确定邦国自给自足的经济。适应德国这一时期财政经济需要所产生的官房学派，就是关于谋求扩大邦国财政收入的财政管理与经营业务，以及与此有关的实践活动的系统知识，其目的在于开辟土地，充实国库，增加国家财富。

官房学派分新、旧两派。旧官房学派财政理论注重研究如何增加国库收入，主张国家收入应以官产收入为主、赋税为辅。比较著名且影响较大的官房学者是塞肯道夫(Seckendorff，1626—1692 年)，后人称他为“官房学之父”，代表作有《德意志王国论》等。

早期的官房学者大多强调货币的重要性，主张多养人口、国家干预经济事务。塞肯道夫和其他官房学者一样，提倡人口密集，限制金银输出，但在国家干预经济事务方面的提法较为温和。他倾向于将经济思想同政治和财政问题分开，这一观点对后人产生了相当大的影响。

新官房学派继承了旧官房学派重在充实国库的研究目的，在讨论赋税收入时，曾在赋税的性质、课税权理论等方面颇有建树。与旧官房学派相比，新官房学派更加重视对增进国民经济和财富的研究，对税收理论的涉猎范围也更加广泛和深入。

本节主要介绍新官房学派的重要代表人物约翰·海因里希·戈特洛布·冯·尤斯蒂（Johann Heinrich Gottlieb von Justi，1705—1771 年）和宋能菲尔斯（Joseph Freiherr von Sonnenfels，1732—1817 年）的财税思想。

一、尤斯蒂的财税思想

尤斯蒂是德国著名的重商主义或官房学派经济学家之一。他出生于德国中部的图林根，曾在德国几所大学研读法理学，后担任过高等学院财政学教授、地方警察局局长、采矿局局长、玻璃和钢铁厂总监等职。他勤勉好学，著述颇多，有关财政学的著作主要有《国家经济学》《赋税及捐税研究》《财政体系论》等。

（一）国家观

尤斯蒂的国家观体现在《国家经济学》一书中。尤斯蒂认为，“所有国家的终极目的，是在增进国民的福利……臣民并非为君主而存在”。[①] 他把政治形态分为君主制、贵族制、民主制三类，认为君主制“在实现国家福利的速度以及防止国内的混乱方面都优于其他政治形态”[②]，所以，他采取支持专制君主制的立场。尤斯蒂的国家观具有典型官房学派的特色，即确立和加强专制王权的财政基础，把国家置于经济与社会之上。

从官房学派的立场出发，尤斯蒂提出了增加国家财富的三条途径：第一，增加人口。一个国家的人口越多，其人力资源与国防力量就越强。因此，国家必须采取提倡宗教信仰自由化、妥善处理粮食分配与就业、招聘外国企业家与熟练工人、奖励婚姻等措施努力增加人口。第二，振兴国外贸易。从富国的宗旨来看国外贸易的原则，与其说是出口，还不如说在于进口更多的贵金属。因此，有必要兴办各种生产制成品工业，设立海外贸易公司，运用出入口与通过贸易的关税，努力扩大加工产品出口，抑制进口，形成有利于对外贸易的局面。第三，开发矿山。尤斯蒂认为，所有先进国家都是从防止金银外流、促进工商业发展上来着眼开发矿山的，这是德意志各邦国可以采用的最佳政策。

尤斯蒂认为，市民社会的终极目的是提高社会的公共福利。为此，人民须忠诚地服从于君主，臣民的直接义务是缴纳税款，间接义务是维护各自财产及正常的生活。而为了社会的公共福利，君主必须合理运用国家资源，包括动产、不动产和人们的智能等。他认为，如何正确使用权力、加强国家管理、增进人民幸福、管理国家资源，是官房学派研究的任务。尤斯蒂的财政学正是站在官房学的国家观立场上，研究如何管理国家财产、如何适当征收赋税，以及如何加强赋税管理与经营，从而维护和提高君主与臣民公共福利的科学。尤斯蒂的财政学从官房学立场出发，力图调和专制君主与臣民的利害关系，因此，尤斯蒂认为，财政学不是纯经济理论科学，而是作为专制君主政府的攻治实践，即作为所谓政策的技术——行政技术理论的科学存在的。

（二）财政原则

尤斯蒂的财政学与行政学的关系密切，但他将财政学从行政学中单独划分出来，力求确立财政学的独立组织体系。为此，尤斯蒂提出五项财政原则，作为财政政策的一般原则以实现统治者与臣民的共同福利。五项财政原则是：第一，国家征用准备财产，不应采取对臣民福利无益的方法，而应有利于民间企业。第二，非国家最高的需要，不可侵犯国家财产的基础。第三，国家的收支必须适合。第四，国家的经费开支必须以君主与臣民的最高利益为目的。第五，财政上的事务，必须建立正常秩序且正确地实行。这是财政的最高原则，如果忽视这一原则，不仅不能造福于国家与臣民，而且对两者都将带来不利的影响。

尤斯蒂关于国家收入的原则立场，基于国家财政收入是由臣民提供的，因此增加国家收入的问题，只能取决于改善臣民的生活状况，且也只能由增加人口来解决，并且只有在实属必要的场合，国家才能征收。[③]

（三）赋税理论

1. 国家收入的来源。尤斯蒂根据国家收入的来源，把国家收入划分为官产收入、

---

① ［德］尤斯蒂：《国家经济学》（德文版），转引自：［日］坂入长太郎：《欧美财政思想史》，中国财政经济出版社 1987 年版。

② ［德］尤斯蒂：《财政学》（德文版），转引自：［日］坂入长太郎：《欧美财政思想史》，中国财政经济出版社 1987 年版。

③ 同注①。

特权收入、赋税收入、其他收入四种。由德国当时的财政经济状况所决定，在尤斯蒂的国家收入观中，官产收入和特权收入应是国家的根本收入，只有当这两项收入不足以满足支付需要时，才能征收赋税及其他收入。他指出："所谓捐税，是当王室的领地和特权下的收入不足以应付国家的必要支出时，人民不得不就其私有财产和收益，按一定比率作出的支付。"[①] 尤斯蒂一般不赞成政府向人民征收捐税。他说："如果统治者的收入能始终以两个来源——王室领地和一些特权的享有为限，而不开辟第三个来源——捐税，那就真是件大好事。"[②] 他认为，捐税最容易被滥用，使国家受损害。这是因为，从人的本性来看，人们很少能够勤俭经营好自己的财产，如果管理国家的人一度求助于捐税，当尝到这一"生财之道"可以向别人索取而无须自己付出之后，捐税就会被毫无节制地滥用。所以，捐税形式一经采用，征税数额必然会稳步增加，最后形成人民难以承受的负担，对于人民和国家均不利。但实际上，由于当时的德国军事费用与宫廷的奢侈，使财政开支不断膨胀，赋税收入实际上已作为一项经常性的主要的收入，用来弥补国家财政的不足。

2. 赋税原则。为了有效地防止统治者滥用课税权，使人民负担最轻，尤斯蒂提出赋税课征应当遵循的六项原则[③]：

（1）税收负担以人民的负担能力为限。尤斯蒂认为，人民缴纳捐税，只有当他们的纳税不至于影响必需品享用和不危及他们所从事的产业时，才能说是有能力纳税的，超过这个限度的税收，无异于对人民财产的"残酷勒索和凶暴掠夺"。因为人民生活在国家这个文明社团中，是为了在最高领导的保护下得以享受生活必需品和舒适的生活，并使他们的财产安全无损。所以，如果国家用征税手段剥夺人民的生活必需品，迫使他们削弱资本，其行为就直接从根本上否定了文明社团的作用，领导者因此也成为一个暴君。

（2）平等课税。尤斯蒂认为，由于全体人民对国家负有相等的义务，每一个人在国家开支中的贡献理应相等。但是，不同的人享有的财产数量不等，财产多的享受国家的保护较多，财产少的享受国家的保护较少，因此，赋税应根据个人负担能力的大小，公平合理地分担。他指出，有些国家在设计税收负担时，虽然也曾考虑到负担能力的因素，即当资产超过某一数额时将税率相应提高，但真正实行的却比较少，结果是按照规定的税率征收，最富的人为国家支出的贡献却最少，而穷人则无可搜刮，于是一切负担都落在中产阶级身上，尤斯蒂认为这是极不平等的。

（3）税收课征不得损及国家和人民的福利及公民自由。尤斯蒂认为，任何税收制度都必须以此作为出发点，否则，将有害于国家和人民幸福，妨碍经济发展和人口增加。他指出，如果捐税损害了人民的自由权，全体人民就很难获得发展机会。其结果为，不仅外国人不愿意在此地安家落户，即使本地人，也会寻找机会离开他的祖国，前往那些比较注重公民自由权的国度定居。因此，一个最为明智的税制，不但不会损及人民的自由权和福利，而且还会鼓励人民满怀热忱、心甘情愿地纳税，就好像纳税完全出

---

① ［德］尤斯蒂：《财政学》（第4卷）（德文版），转引自：［日］坂入长太郎：《欧美财政思想史》，中国财政经济出版社1987年版。

② 同注①。

③ ［德］尤斯蒂：《国家经济学》（德文版），转引自：［日］坂入长太郎：《欧美财政思想史》，中国财政经济出版社1987年版。

于本人自愿一样。

（4）具有明确的法律依据。尤斯蒂认为，一国采取何种税收制度，是与政府的性质和组成制度密不可分的，不同的政体（如君主专制、贵族政体、民主政体等）需要不同的税收制度，因此，税收对于国家性质、形势、生产力、生活水平及其他方面，如人民的才能、情操、爱好、精神面貌等都应予以适当关心，按照国家性质和政府体制建立税收制度，采取适当的征税方式，尽量使税收不引起民族的憎恶和人民的反感。

（5）税收应当确实、公开，挑选征收费用最低的货物课税。尤斯蒂主张，一切捐税都必须建立在明确、光明正大的基础上，应当确切规定征税数额，使大家都清楚了解。从国家方面来看，通过这种方法征税，会使国家所需要的税额流入国库；对那些收入数额不可靠、税务官员容易舞弊营私、对人民容易进行蒙骗的税种，都不宜开征。从人民方面来看，每个纳税人都必须知晓征税的理由及其数额，这样，才不会受到税务官员的欺压。

（6）纳税手续简便，税金分期缴纳，时间安排得当。尤斯蒂认为，税收应当用最简便的方式进行征收，对国家和人民双方来说，所涉及的征税费用应减至最低限度。他说，收税时的费用越大，国家所能享有的税收就越少，人民在税款方面的不必要负担必然越重。如果税款可以分期并在适当地点缴纳，以免纳税人为纳税而长途跋涉，耗费精力与时间，则国家在征税方法上就照顾了人民。

3. 税种的选择。尤斯蒂反对征收国内消费税，他认为，德意志国内消费税普遍实行的原因是：关税受到法律的限制；城市制造工业的发展，工业产品增多；可向无不动产的个人课税；与课征地租税相比，君主征收国内消费税有更多的自由。概括而言，国内消费税普及的原因在于，以之作为增收的财源对君主行使征税权显得更容易。但尤斯蒂客观地评价了国内消费税的优缺点，其优点是：把公共负担分派到每一个人身上；人们通过对个人消费支出的调节，有可能减免这种负担；国内消费税的负担只占个人收入的极小部分；每个人负担很小，却能增加国家收入；外国人也可负担消费税；此税为既能控制商业，又能促进制造工业的方法。其缺点是：限制人们合理的活动自由；不利于营业及商业活动；不能使课税负担平等化；基础不确实因而加剧了漏税；需要许多官吏和征收费用。[①]

尤斯蒂在分析了国内消费税的优缺点之后，从课税原则的角度提出以营业收益税取代国内消费税。他认为，营业收益税是符合课税基本原则的，因而主张设立营业收益税的新税制来取代国内消费税。[②] 但作为一个官房学派的代表人物，考虑到消费税有利于增加国家收入的现实需要，他又主张折衷，即在不动产税、人头税、营业税中，他批评人头税，并对国内消费税按各种营业收益率设定了各种税率，对生活必需品征收低额税率，对奢侈品征收高额税率。由于课税会使生活必需品价格上涨，给商人带来不适当的利润，尤斯蒂主张政府干预价格，并设立公定价格。

（四）国家经费支出

尤斯蒂认为，国家支出必须与国家的收入及财产总状况相符，国家资金不得用于君主与臣民两者最佳福利以外的目的，决定经费支出是君主的任务，不是财政学的任务。

---

① ［德］尤斯蒂：《国家经济学》（德文版），转引自：［日］坂入长太郎：《欧美财政思想史》，中国财政经济出版社 1987 年版。

② 同注①。

财政学的任务是研究如何筹集收入的方法以供经费支出，同时，尤斯蒂还强调区分王室经费与国库的二元财政的必要性。①

此外，尤斯蒂还提出了应对战争或其他危机而筹措临时经费的两个办法：一是增税或另设新税目；二是利用国家信用。对于第一个办法，应按阶级区别对待，对社会地位越高者所征收的临时非常税的税率也越高；对于第二个办法，应以国家保证履行发行公债的条件为前提来制定。

二、宋能菲尔斯的财税思想

宋能菲尔斯是维也纳大学教授，他在许多方面继承了尤斯蒂的基本经济思想，并在理论上加以发展。两者的不同之处在于，宋能菲尔斯受法国重农学派和个人主义的影响，其思想更接近经济自由主义，反对尤斯蒂的国库原则万能论。

（一）财政学的任务

在《行政、商业与财政理论》一书中，宋能菲尔斯对尤斯蒂的理论给予了抽象的批判。他指出："增进一般的福利，在其发生时期，确实是所有国家的目标，也是其永恒的目的。但是，正是因为这一缘故，不能以此作为一般的基本原则。为什么呢？这是因为措施是否正确，要靠实现这一基本原则的手段来弄清楚。"② 在这里，尽管宋能菲尔斯把增进一般福利，看成是国家的目标和经济的永恒目的，但在他看来，以本国经济福利为目的的政策成功与否，其判断的基本准则要看政策是否促进人口增长，即人口增长越多，相应地，购买力就越强，因而，经济越繁荣，公共收入也就越多。

宋能菲尔斯认为，解决这些问题是行政学、商业学、财政学的任务。其中，宋能菲尔斯提出的财政学的任务有：（1）满足国家需要编制经费预算。（2）决定国家的收入来源。（3）检查审核经费开支与收入，找出经费开支中必不可少的部分的比例。（4）研究收入的征收及核定的技术。③

（二）公共收入的来源

在公共收入来源问题上，宋能菲尔斯把全国人口分为两大阶级，即持有货币者阶级和工人阶级。政府应只向前者征收公共收入，而后者仅承担公共服务。他提出，必须特别注意公共收入在经济上的重要性，认为赋税对国民经济的重要性比国王领地和特权收入更突出，因而他也反对封建的赋税与关税的承包制度。

（三）税种的选择

作为德国后期重商主义者，从国内收入的稳定性和永久性立场出发，宋能菲尔斯主张在德国实行消费税，并在理论上对其利弊进行深刻分析，这也是他赋税思想的特色。

他认为，实行消费税对国家和纳税人双方都有利。消费税有如下优点：（1）征收量与纳税者收入所得相适应。也就是说，它符合这样的原则：工人不会为此支付更多的劳动所得，而货币持有者虽不劳动却要支付税金，从而使过去的免税阶级也要间接承担

---

① ［德］尤斯蒂：《国家经济学》（德文版），转引自：［日］坂入长太郎：《欧美财政思想史》，中国财政经济出版社 1987 年版。

② ［德］宋能菲尔斯：《行政、商业与财政理论》（德文版），转引自：［日］坂入长太郎：《欧美财政思想史》，中国财政经济出版社 1987 年版。

③ 同注②。

纳税义务，弥补赋税制度不公正的缺陷。(2) 消费税征收普遍。纳税人在购买商品时几乎每天都在无意识中交付了税金，并且不感觉有负担。(3) 商人虽可将消费税金转嫁于商品价格，导致商品价格上升，但幅度不会很大。

当然，根据当时各国实行消费税的实践，宋能菲尔斯也指出了消费税存在的某些缺点，如征收费用变高，纳税人或消费者的负担就会加大；消费税以销售的商品为对象，对富有阶级的所得课征不到税金；如果征收消费税使生活必需品价格大幅度上涨，势必抑制就业和商业的发展等。基于此，他赞成消费税，但在课税对象的选择上，特别主张对奢侈品征收消费税，反对向资本直接课税。

本章小结

重商主义是西欧封建社会走向瓦解和资本原始积累时期，资产阶级古典经济理论产生之前的最初的经济学说。其产生于15世纪，全盛于16—17世纪，衰落于18世纪下半叶。其发展大致经历了两个阶段：早期重商主义和晚期重商主义。重商主义在英国的产生和发展最典型，因此英国为重商主义的重要发源地。英国的重商主义代表人物托马斯·孟提出了贸易差额论、国防财政论、赋税论，尤其强调征课赋税必须取得议会一致的同意，这一观点实际上是他预见了从专制主义政治体制向近代立宪政治体制的转变；霍布斯提出了赋税的利益交换说、赋税的征收原则及税种的选择；在斯图亚特的赋税理论中，最具特色的是他的赋税征收原则论和赋税分类方法论。

此外，法国重商主义的代表为柯尔培尔，德国是以官房学派为代表的重商主义学说。

重商主义财税思想是资本主义生产方式形成初期的产物，也是现代西方财税思想的萌芽阶段。虽然其理论体系尚不完善，一些理论观点也存在着各种缺陷，但重商主义税收思想的产生具有历史的必然性和客观性，它在促进资本主义生产关系和财税秩序的形成与发展方面，起到了重要的积极作用，它构成了西方财税理论的基本框架，并对后来西方财税思想的发展产生了重大影响。

本章思考题

1. 简述重商主义的基本经济理论。
2. 试述托马斯·孟的财税思想。
3. 试述斯图亚特的财税思想。
4. 试述尤斯蒂的财税思想。

第二章

英国古典经济学派的财税思想

重商主义是对资本主义生产方式的最初的理论考察，但是，因为重商主义者是以流通领域为其研究对象，所以不可能真正揭示资本主义社会经济关系的本质，他们的经济学说还是不科学的。英国古典经济学派的创始人威廉·配第（William Petty，1623—1687 年）首次将经济学的研究由流通领域转向生产领域，试图揭示生产领域的经济规律，其财税思想初步奠定了古典学派财税理论的基本框架，虽然其中仍然保留着重商主义的痕迹，但经后来的亚当·斯密（Adam Smith，1723—1790 年）和大卫·李嘉图（David Ricardo，1772—1823 年）等的修正、发展与完善，最终创立了近代资产阶级的财税理论体系。本章主要学习威廉·配第、亚当·斯密和大卫·李嘉图的财税思想。

第一节

英国古典经济学派概述

一、古典经济学派产生的历史背景

17 世纪，英国资本主义生产方式迅速发展，封建生产关系处于最后瓦解阶段。这一时期，英国在经济、政治、思想领域发生了新的变化。

在工业中，商业和对外贸易的发展带来资本主义性质的工场手工业广泛发展。工场手工业在纺织业中已占统治地位，采煤、冶金、造船、造纸等行业也有广泛发展。英国的纺织品畅销整个欧洲市场，煤产量占欧洲全部产量的 4/5。资本主义生产关系在农业领域的发展，使农民与土地的分离过程加速，许多农民纷纷破产，封建贵族则在被赶走的农民的土地上采取资本主义经营方式，成了资产阶级化的贵族。随着工农业的发展，英国的对外贸易迅速扩大，海军实力超过西班牙和荷兰，从而确立了大英帝国的海上霸权，使英国在印度和美洲夺得了大批殖民地，而殖民地的贸易又给英国带来了大批财富。这一切表明，资本主义工场手工业的发展已经达到一定的水平，生产成为资本主义社会经济关系的主体，流通则变为生产的一个要素。

经济上的统治地位一旦确立，政治上争夺统治权力的斗争就不可避免。17 世纪 40 年代，英国资产阶级和已经资产阶级化的新贵族利用人民的革命情绪，成功地进行了资产阶级革命，推翻了封建君主专制，建立起资产阶级政权。

同经济和政治领域的重大变化相适应，资产阶级在哲学领域里提出了一些新观点，与经院哲学直接对立。在当时起着进步作用的是唯物主义世界观，其否认任何非物质物体的存在，认为上帝、灵魂都不是物体，所以它们显然也是不存在的。这种世界观虽然带有机械性，却给经院哲学、宗教学说以致命打击。在这种世界观的影响下，人们开始意识到，只有研究自然、发现自然固有的规律，才能征服自然。"知识就是力量"成为当时十分流行的口号。

在上述历史背景下，重商主义逐渐瓦解。随着经济实力的增强和在国家市场上地位的改变，英国资产阶级日益抛弃重商主义，要求取消一切不利于资本主义发展的限制措施和政策，实现自由竞争和自由贸易。在反对封建专制主义和重商主义的过程中，英国逐步形成和发展起来一种新的经济科学——以资本主义生产为研究对象的资产阶级古典经济学。

二、古典经济学派的主要经济理论

英国古典学派在批判封建制度时，宣称封建制度是违反理性原则和不自然的制度，因而成为社会发展的障碍。他们从个人主义、功利主义思想出发，认为资本主义制度才是符合"人的本性"的、自然的、合理的制度。与重商主义不同，古典学派对资本主义生产关系进行了初步分析，第一次把对经济现象的理论考察从流通领域转向生产领域，试图阐明经济现象的内在联系，提出了较为科学的经济理论。

（一）劳动价值理论

英国古典经济学的重要功绩之一是提出了当时较为科学的劳动价值论，奠定了劳动价值理论的基础。配第最早提出了商品价值，即"自然价格"的概念。他把商品的价值归结为生产商品所耗费的劳动量，又把商品价值量的大小归结为劳动生产率的高低。由于他对劳动价值作出上述明确的论断，故被看作是劳动价值论的先驱。但配第的价值学说并非前后一致，在他的价值观中，价值和使用价值、价值和交换价值、价值和价格在理论上是混杂的，未能区分清楚。

亚当·斯密发展了配第的劳动价值论，明确提出，劳动是衡量一切商品交换价值的真实尺度，但他的这个结论也未能在理论中贯穿如一，在他的劳动价值理论中还包含有庸俗的成分，即认为商品价值是由这种商品在交换中所购买的或支配的劳动量决定的。这就使亚当·斯密走入歧途，由此，亚当·斯密又得出了价值是由工资、利润和地租三种收入构成的错误结论。尽管亚当·斯密的价值论是二元的，但劳动价值论在他的整个学说中还是处于主导地位。

英国古典经济学者大卫·李嘉图纠正了亚当·斯密的错误，坚持商品价值是由生产商品所耗费的必要劳动时间决定的正确观点。但是，他所注重的只是对价值量的分析，而对价值主体和价值形式缺乏了解，尤其是不能科学地解决资本与劳动相交换以及同量资本得到同量利润如何与价值规律相吻合这一矛盾问题。

（二）剩余价值理论

英国古典经济学派在经济学理论上的另一重大贡献是在劳动价值论的基础上对剩余价值进行了研究，并对剩余价值的各种具体形态，如利润、利息和地租等进行了初步分析。配第认为，地租是超出生产费用的全部剩余，利息（他称为货币租金）则是货币出借者因有购买土地的能力而应与地主一样得到的“租金”。所以，在配第看来，地租是剩余价值的真正形式。亚当·斯密扩展了剩余价值的具体形式，认为创造价值的是一般社会劳动，不论劳动的具体形式如何，剩余价值都表现为利润、地租、利息等不同形式，而不是地租一种形式。他指出，利润、地租、利息都是劳动产品中的扣除部分，即资本家和地主对工人剩余劳动的无偿占有，他看到了剩余价值与劳动之间的内在联系。大卫·李嘉图进一步研究了剩余价值，但他的研究同样未能离开剩余价值的具体形式，同时，他还未能分清剩余价值和利润的区别，尤其是没有考察剩余价值的起源，而只限于对剩余价值量的大小进行考察。

（三）经济自由主义

英国古典经济理论的核心是经济自由主义。他们提出“自由放任”的口号，主张听任“看不见的手”自发调节经济运行，反对封建国家对私人经济活动进行干预。为了这个目的，他们力图证明：在经济生活中占统治地位的是客观的、自然的和永恒的规律，而国家干预只会破坏这些规律的作用，并给整个社会带来不幸和灾难。英国古典学派的主要代表亚当·斯密认为，资本主义自由竞争赋予国家的使命，在于维持使个人资本的活力得以充分发挥作用的社会秩序，国家的各种活动应压缩到限于抵御外敌入侵、执行法律和正义，维持各种公共事业与设施正常运转等最低限度，即必须压缩国家权力，使资产阶级国家职能仅限于这一范围，而不能超出这个范围，使政府成为“夜警政府”，因而提出了“最廉价的政府才是最好的政府”的口号。

此外，英国古典经济学派还通过对资本主义生产关系的分析，初步揭示了当时的阶级构成和阶级对立的状况。亚当·斯密在分析地租、工资、利润三部分收入分别被地主、工人、资本家获得时，指出这三大阶级构成了资本主义社会的三个主要的和基本的阶级。大卫·李嘉图在对工资、利润和地租分配形式的分析中，进一步揭示了工人、资本家和地主三大阶级之间的利益矛盾。此外，古典学派的经济理论还广泛涉及了社会总资本的再生产、货币及对外贸易等领域。

总之，古典学派的经济理论虽然还不成熟，其中还有不少错误，但这些经济理论中所包含的科学成分被马克思和恩格斯批判地继承下来，成为马克思主义经济学的重要理论来源之一。英国古典学派在阐发其经济理论的基础上，提出了一整套与之相适应的资产阶级财税理论，并将其作为反对封建赋税制度，促进资本主义生产方式成长的重要手段。

三、古典经济学派财税思想的特点

（一）以“廉价政府”为主体的财政理论

古典经济学家在自由经济主义和劳动价值论的思想基础上，主张实行“廉价政府”。国家的职能被压缩到“夜警政府”的最低限度。他们从生产性劳动和非生产性劳动理论出发，认为国家活动是非生产性的，它既不能生产物质产品，又不能创造价值，因而政府支出是一种非生产性支出，是社会财富的虚耗，增加政府支出乃是对生产性资本的直接扣除，会减少国内资本积累，不利于经济发展。因此，他们主张尽可能限制政府的活动范围和压缩政府支出，认为政府支出规模越小越好，税收负担越轻越好，反对赤字和公债，主张预算平衡，奉行“量入为出”的预算原则，成了传统财政学的基本框架体系。

（二）政府的收支活动应以社会一般利益为准则并保持中性

古典经济学家关于政府职能的分析和论述实际上蕴含着政府应以社会一般利益为准则去安排支出并相应取得收入的思想，比如，亚当·斯密认为政府提供公共工程是为了社会的最大利益，因为公共工程具有它所提供的利益大于个人或少数人所付出的费用的特征，这样就形成了有关政府经济活动目的的公共需要说的雏形。这类政府需要说或公共需要说对后世影响既深又广，对庇古的财政学说也产生了直接影响。古典经济学家关于政府收支活动对于国民财富增长的影响的论述充分而有力地体现了政府的收支行为应该中立于经济活动的观点：政府不能损害私人经济的有效运行，政府的收支只能促进自由市场的发展，不应该妨碍私人资本的积累。

（三）财政活动应保持公平的原则

古典经济学家的传统财政学提到了社会公平问题，比如，古典经济学家的四项税收原则中的第一条就是“公平原则”。这项原则所包含的“公平”含义有两层意思：第一层是纳税人所承担的税负应与其纳税能力相一致；第二层是纳税人向国家缴纳的税收应该与其从国家保护下所得到的利益相一致。可见，古典经济学家发展了霍布斯的利益赋税说，形成了以后公共产品理论中的税收价格说的思想雏形。同时，也构成了现代税收公平原则中的“能力原则”和“受益原则”的思想源头。古典经济学家虽然提出了公平问题，但并不主张政府必须承担收入分配的职能。比如，亚当·斯密也提到了“公平”问题，并主张政府应对穷人提供一定限度的帮助，而且在论及公共经费筹资渠道时主张遵循“受益原则”，体现了财政活动本身的公平性原则，但是亚当·斯密从不要求政府对收入进行再分配，在他看来，收入分配仍应由市场机制决定。另外，大卫·李嘉图也反对济贫税、批判补贴制度。

（四）市场机制与政府机制具有根本的一致性

古典经济学家在批判重商主义，痛斥国家干预主义的危害时，以其敏锐的眼光认识到并无可奈何地承认市场机制在公共产品方面存在失灵，因而只有依赖于政府履行相关职责予以解决，认识到国家干预的必要性。另外，从根本上说，在古典经济学家那里，政府是市场机制的否定力量或异己因素，其理论逻辑结论必然是要求尽可能压缩政府活动范围。古典经济学家的理论逻辑恰好正是真实的历史逻辑的曲折反映和再现。这一历史逻辑正是：具有否定市场表象的政府机制从一开始就与市场经济相伴而生，并且至终也是相伴随，对市场是不可或缺的一种并行的制度构建。因此，可以说，古典经济学家是第一个从客观上论证了政府机制与市场机制的根本一致性（虽然是不自觉的、无意识的，但客观上确实达到了这一效果）。

总体上看，古典经济学家在塑造效率机制时，未免过分信任天赋自由权制度的效率，过分夸大了"看不见的手"在实行个人利益和社会利益的均衡和谐方面的功能，形成了一种"斯密幻觉"。"斯密幻觉"一直延续到庇古时期才被打破。从政策上讲，古典经济学家对其所处时代的既定经济政策思想发起了猛烈抨击，并成为以后70年中支持英国经济长期变革的主要理论力量。古典经济学家理论的产生反映了理论自身的内在逻辑：从重商主义走出来的古典财政理论必然是强调重商主义的国家干预主义的弊端而主张自由放任，结果自然是从一个极端滑向另一个极端，从而提出了"廉价政府"理论。

第二节

配第的财税思想

威廉·配第是英国资产阶级古典经济学的创始人，马克思曾称他是"政治经济学之父，在某种程度上也可以说是统计学的创始人"①，是"最有天才和最有创见的经济研究家"②。配第一生著述很多，内容涉及经济、统计、人口和自然科学等广泛领域。其中，他的主要经济学著作有《赋税论》（1662年匿名出版）、《政治算术》（1690年）、《献给英明人士》（1691年）、《爱尔兰政治解剖》（1691年）、《货币略论》（1695年）。配第的《赋税论》以1660年王政复辟后的查理二世的王权财政赖以存在的赋税制度为中心，力图从税收和经济关系的本质上，揭示国家经费、国家收入、赋税原则、赋税的经济效果以及税制改革等问题。配第的财税思想对资产阶级财政学，尤其是亚当·斯密的财税思想产生了较大影响。

一、经费论

配第认为，经费论的基础是国家。他对国家的看法是，"君主通过欺诈、暴力以及扩大领土的对外战争所形成的统一、集权的国家所拥有的人口数量、技艺水平、勤劳程度"，这些是构成国家社会经济的内容。配第认为获取财富的源泉在于农业与手工制造业的生产劳动，扩大生产力是增加国家财富的途径，国王按照正当的理性，作为国家权利的统治者必须使王国富强起来，配第的这种国家观成为其国家财政论的精髓。

在《赋税论》第一章，配第按照国家职能对国家经费的支出分六个方面进行论述。他认为，属于国家经费支出的项目包括③：

---

① 《马克思恩格斯全集》（第23卷），人民出版社1972年版。

② 《马克思恩格斯全集》（第3卷），人民出版社1972年版。

③ ［美］威廉·配第：《赋税论》，商务印书馆1978年版。

1. 军费，是维持国内和海外和平以及抵御外敌侵犯所需的陆海军国防经费。

2. 行政官员及所有公职人员俸禄与办公费用，是为保证公职人员执行职务的权威。

3. 宗教费支出，是用于拯救人的灵魂，启发人的良知，防止社会犯罪所需要的经费。

4. 教育费支出，是指帮助有才能的人，使其从事于探求自然界的规律。

5. 救济费，是指对孤儿、弃婴的抚养费，以及对各种失去工作能力的人及失业者的救济费。

6. 公共经费，是用于修筑公路、河流、水道、桥梁、港湾以及其他福利事业的费用支出。

在《赋税论》第二章，配第阐述了引起国家经费增加的一般原因与特殊原因。他认为，经费增加的一般原因是：第一，人民不愿意缴纳这些经费，从而使征税的开支增加；第二，征税权不清；第三，强迫人民在一定时期用货币缴纳税款；第四，货币不足和铸币混乱；第五，人口中工人与工匠的比例小；第六，对人口、财富和产业的情况一无所知，造成新增加的征税开支扩大。配第认为，形成经费开支增加的特殊原因是：对外战争和内战；宗教费增加的原因是教区与牧师人数过多，因而应当削减并整顿教区和牧师的什一税和牧师的待遇；行政人员经费增加的原因是官职过多，待遇过高；教育费增加的原因是大学教育经费中用于神学、法律及医药方面的费用过高，因而应削减神学、法律及医药费用，减少学生人数，以相应减轻人民的开支。

虽然配第主张削减经费，但同时他又主张增加社会救济费和公共建设经费。[①] 他论述了社会救济费（为老年人、残疾人、病人建设的收容所和为孤儿、无家可归的儿童及弃婴建设的收容所，以及救济费）以及救济失业人员兴办公共事业的必要性。比如，他认为兴办公共事业的必要性在于：一是因为本国缺少；二是因为公共事业需要大量劳动而不太需要技术。[②] 从事这类工作至少能使失业者的精神得到训练，同时也能使他们的身体在必要时能够从事有更多收益的劳动。

配第把经费划分为六个部门，从增加国家财富观点出发来探讨经费支出。配第认为，君主的“伟大与光荣”不在于“君主领土的大小”，而在于“国家的人数、技术水平和勤劳程度”，“农业和手工制造业才是‘政治体制的血液与营养’，把其看成结出的果实”的本源。从这种认识出发，配第阐述了为促进人民的劳动，确立生产产业的主导权，需要有调整国家经费支出的办法。[③]

由此，配第得出的结论是，军事费是最大的经费开支，这一结论与他主张克服造成战争、内战的社会经济原因的观点是相符合的。他主张整顿裁减行政司法费、宗教费、教育费及中间业者费（包括神学家、法学家、医师自由职业者及批发商、零售商），因为这种经费归专制主义支配，对社会所做的工作微不足道，但他们所获得的报酬却非常可观，所以，通过整顿能减轻公共经费的负担。相反，通过增加社会救济费、公共事业修建费和改善交通能够提高人民生存的基本权利，促进人民勤劳工作，这些都可以认为

---

① ［英］威廉·配第：《赋税论》，商务印书馆 1978 年版。

② 同注①。

③ 同注①。

是与振兴生产力有关的经费开支。

二、收入论

配第把收入分为税外收入和赋税收入两种进行论述。

（一）税外收入

配第把税外收入又划分为王领地收入和特权收入。

1. 关于王领地收入。在《赋税论》第四章中，配第有这样的论述："关于种种征收方法，一是从全领土划出一部分为王领地，以供各种公共开支之用；二是征收赋税，即征收田赋，但把没收充公作为国王领地处理的国王领地制度，与以榨取地租或以赋役代替地租上缴国王的地租制度两者加以比较，后者较好，故主张用近代的地租收入取代封建的王领地收入。"①

2. 关于特权收入。配第把特权收入分为彩票收入、独占和官职以及其他收入。在《赋税论》第八章论彩票、第十一章论独占和官职、第十三章论几种零星的筹款方法等章中对特权收入进行了阐述。

（1）彩票收入。配第认为，彩票收入是"对那些不幸而自我陶醉的呆子们所课的一种捐税"，也是不经当局批准不应默认的，并且"只宜用来征收小额款项"，因此予以否定，对其收入也不抱什么期望。②

（2）独占与官职收入。配第认为，独占是指独有的贩卖权，如盐税。因为盐是所有人的生活必需品，因此可以说征收盐税和人头税具有相同的效果。如果盐不是生活必需品，则盐税只不过是一种积累的国内消费税。同时，配第还把官职事务手续费视为一种独占收入，因为官职事务手续费及职务收费，都是国王的收入。随着国家机构的扩充，官职也相应增加，所以买官也变得容易了，当时支付的数额则过高。③

（3）其他收入，如官办事业、特权收入。

（二）赋税收入

配第在经济学上的主要贡献在于，他最先提出了粗糙的劳动价值论，正是在这个问题上，他把经济学的研究从流通领域转向生产领域。他提出，"劳动是财富之父，土地是财富之母"，他认为，社会财富来源于劳动，实际上揭示了赋税收入的来源问题，这是配第在财税思想史上的重大贡献，即最早提出税收的最终源泉是劳动的收入。

配第不仅认识到商品的价值取决于劳动，还意识到货币的价值量也是由劳动量决定的。因此，他认为，社会财富来源于劳动，劳动创造的价值或收入构成赋税的最终源泉。他说，一国居民"应将他们一切土地和劳动所得收入的二十五分之一扣除下来缴纳赋税，充作公共用途"。④ 但是，由于配第不理解创造价值的劳动的性质，混淆了价值和使用价值，又认为赋税除了来源于劳动之外，还来源于土地的收入，这种认识是配第劳动价值论不彻底的必然结果。

---

① ［英］威廉·配第：《赋税论》，商务印书馆 1978 年版。

② 同注①。

③ 同注①。

④ ［英］威廉·配第：《政治算术》，商务印书馆 1978 年版。

三、赋税论

（一）赋税原则

配第财税思想的重大贡献之一，是在资本主义财税发展史上第一次提出了“公平、确实、便利、节省”的资产阶级赋税原则。配第的赋税原则是在批判封建国家赋税制度的基础上形成的。他把造成当时英国税制紊乱，导致民穷财匮、人民不甘心负税的原因归纳为：(1) 国家勒索过多，超出了人民的负担能力。(2) 租税课征不公，即国家对某一纳税人的课税要多于对其他人的课税。(3) 国家征收的税款大都被用于奢侈排场，浪费严重。(4) 由于对人口、财产及财富状况知之甚少，造成税种过多，增加了人民的负担。(5) 征税权含混不清，模棱两可，使征纳双方均感不便。(6) 由于人口少，使得该国的纳税人要比人口多的国家的纳税人税负重一些。(7) 货币不足造成一些拥有大量财产的纳税人，一时难以筹集一大笔货币支付税款。(8) 由于强迫人民在一定时期必须用货币缴纳，而不允许人民在适宜季节用实物缴纳，给农民带来极大不便和不必要的损失。

在上述人民不甘心负税的八个原因中，第 (1) (2) 条实质上提出了税收公平、合理的原则。配第在批评英国赋税不是根据公平且无所偏袒的标准来课税的弊端后，指出赋税在本质上是纳税人因从公共安宁中所分享的好处和利益而向国家缴纳的公共经费。因此，所谓赋税公平，就是要求每个人都应按照他们实际享受利益的多少而纳税，享受公共好处和利益越多，纳税越多。所谓赋税合理，指对全体人民课征的赋税不应过高过重，否则，就会使货币量减少到不能应付推动国内商业的需要，因而会抑制国家的工商业经营，减少国民财富。同时，过重的赋税，会造成人民痛苦，迫使纳税人用拖延和推诿的办法逃避纳税。

在第 (4) (5) 条中，配第提出了税收确实的原则。他认为，国家在征税之前，首先应当对全国的人口数量、产业分布及财产状况有基本的了解，以便正确地设置税种、确定税率和规定征税办法。此外，征税权和各种规章必须确切，不可似是而非。国家征税的原则和制度一经确定，征纳双方不可凭情面和义气加以运用，更不得随意更改。突然的、额外的课税和征税权的模棱两可，不仅会给纳税人缴税带来极大不便，而且也是税收负担沉重的重要原因。

在第 (7) (8) 条中，表明了税收便利的原则。如，农民由于国王不肯接受肥牛和谷物等实物，不得不事先把谷物运送到大约十英里远的地方去出售，将其换成货币。这些货币在交给国王之后，国王又要将其换成从几十英里远的地方运来的谷物。这个过程不仅是一种浪费，也给纳税带来很大不便。

在第 (3) (6) 条中，配第提出了税收节省的原则。他指出，英国的许多税收都由包税人征收，而捐税承包人又将征税的权力和数额层层转包下去。这样转包到最后，贫民被课征的金额竟达到国王实际拿到数额的两倍！其流失的差额税款大多被用于挥霍浪费和支付高昂的征税费用，加重了人民负担。

配第认为，满足赋税公正、确保税收及最少征税费用的最优税种是消费税（对商品征税），因为实行对生活必需品征课消费税的税制，雇佣工人就会变得顺从与勤奋，为资本家创造绝对剩余价值服务，而且由于用消费税代替了向资本家的课税，就可以把税负转嫁到雇佣工人身上，配第认为这是刺激英国资本主义发展的经济政策。

（二）赋税的经济效果

配第在论述赋税的经济效果时说："如果国王确能按时得到他所需要的款项，则预先将税款全部从臣民手中征收过来，并把它储藏于自己的金库中，这对于他自己也是一种很大的损失。因为货币在臣民手中是能够通过贸易而增值，而储藏于金库之中不单对自己没有用处，而且容易为人求索而去或被浪费掉"①，这对国王无疑是巨大的损失。"如果通过赋税的形式征收来的资金，从将这些资金用于大吃大喝的人征取而来的，但它却交给将这些资金花在改良土地、捕鱼、开矿及开办工业之类的有益事业上面的人。很明显，这种赋税对于上述各种不同的人为其成员的国家说来是一种利益。"② 配第认为，过分征收赋税，会使国家资本的生产力相应地减少，因而是国家的损失。配第的看法是，如果对于无益于增加货币和生产力的挥霍行为征税，并将其用于产业经营，则将加速资本生产力的发展，对国家有利。所以，在国民经济循环过程中要把握住赋税的经济效果即所得的再分配。

（三）各种税制的利弊分析

配第在上述赋税原则的基础上论述了各种赋税收入的利弊。在其著作中，以大量的篇幅分析了当时英国税制中的各个主要税种，如什一税、人头税、国内消费等税种的利弊，提出了若干改进意见，以便于国王改革税制。

1. 地租。配第认为，地租优于王领地收入。在像爱尔兰那样的新国家中采用地租是妥当的，但在英格兰那样的古老国家，地租制度由来已久，地租是传统收入。所以，如果征课新的1/5地租，那就要由旧地主和消费者来负担，从而将蒙受收入减少和粮价上涨的双重损失。③

2. 房屋税。配第认为，房屋税比地租更不确定。因为房屋具有二重性质：一方面它是支出的方法与手段；另一方面又便于取得收益。④ 由此推知，房屋税最终还是要转嫁给消费者。但因为房屋税仅一部分转嫁于消费者，故它和地租一样转嫁到一部分消费者身上，由于它不再向其他方面转嫁，因此不如一般消费税。⑤

3. 关税。配第认为，关税"最初是为了保护进出口货物运输免遭海盗劫掠而送给君主的报酬"，"如果在货物遭到海盗劫掠时，君主对这种损失负有赔偿责任的话，我相信这种看法是完全正确的"。⑥ 所以，他认为关税是一种保险费。配第列举了关税的四大缺点：一是对半成品也需征税；二是要增加很多官吏；三是容易通过行贿、勾结、藏匿商品来进行走私；四是对英国自产而用来与外国货物交换的少数商品也需征税。因此，配第反对重商主义的保护关税政策，主张自由贸易。

4. 人头税。配第认为，人头税是一种对人身课征的税种，"人头税是一种课于人身

---

① ［英］威廉·配第：《赋税论》，商务印书馆1978年版。

② ［英］威廉·配第：《政治算术》，商务印书馆1978年版。

③ ［日］风野鉴记：《配第的财政本质论》（第10卷）（日文版），神奈川大学商经法论丛，转引自：［日］坂入长太郎：《欧美财政思想史》，中国财政经济出版社1987年版。

④ 同注①。

⑤ 同注①。

⑥ 同注①。

的税制，它或是绝对而无所轩轾地课于每一个人，或是按某些人所共知的称号或功勋标志而课于每一个人”。[①] 他认为，人头税的第一种征收方法极不公平，“特别是毫无区别地对能力不同的人，都一样纳税，而负担子女费用最多的人缴纳的最多。换句话说，越穷的人，课税越重”。[②] 不过，配第又认为，实行这种征收方法的人头税也有一定的优点，如征税迅速，花费较少，能够根据人口数字准确计算出所要征收的数额；同时，还能够刺激所有的大人，让其子女按照各自的特长从事某种有益的职业，以便让子女们能用自己的收入缴纳自己的人头税。至于第二种课征方法，要比第一种方法公平很多。因为在配第看来，有某些称号的人大都是相当富裕的，即使他们中有的不很富裕，但像他们这种享有称号（如爵号）的人也会高人一等，并享有地位。因此，他们缴纳的人头税即使比一般贫民高，也是应该的。

5. 献金。配第指出，献金是国家为了开展某项特别事业而向该事业受惠者所征收的赋税，但由于君主与贵族之间的人事关系以及政治关系不正常而存在一系列弊端。[③]

6. 什一税。配第认为，什一税是圣德者对生产的果实征收的薪俸，采用实物缴纳，如水陆两地的直接产物，也可以是人们花在水陆两者上的劳动、技术及资本所产生的收入。因此，配第指出，什一税不论在何地区，采取何种征收形式，它都会随着劳动的增加而增加。同时，劳动则会随着人口的增加而增加。

配第对待什一税的态度是矛盾的。一方面，他尖锐地揭露和抨击了教会和牧师依靠什一税过着奢侈的生活，由于无能的圣职人员越来越多，什一税对宗教界的名誉来说绝不是什么光彩的事情，因此，配第主张，应尽可能地逐渐减轻什一税的负担；另一方面，他又认为，什一税几乎是可以支付全国公共经费和教会开支的最公平的税种，因为全国所有的土地、技术、劳动和资本的产品，都要以其一部分缴纳税款。什一税的目的就在于，试图说服人民规规矩矩负担所必须缴纳的捐税，以维护公共和圣地的安宁。

7. 罚款。在《赋税论》第十章“论刑罚”中，配第认为，“对无力缴交罚款的窃贼，与其将其处死刑，为什么不罚他们做奴隶呢”或“把对它们改为能增加劳动和公共财富的罚款”。[④]

8. 国内消费税。国内消费税是对人们的实际财富征收的一种税，是与人们从国家受惠多寡成比例的一种税。配第主张征收国内消费税，因为它是支付公共经费比较适当、比较好的一种取得收入的办法。在国内消费税的课征对象和征收方法的选择上，配第认为，不应当课征于中间产品，例如，在谷物制成面包之前，羊毛制成毛织品或衣服之前，不宜对谷物和羊毛征税。国内消费税的课征对象只限于进入社会消费的最终产品，也就是说，只有当某一种消费品成熟到能够消费时才对它课征，把对许多商品所课征的国内消费税累积于一种商品加以课征，如对毛织品征税，则制造技术、工具和羊毛也就同时被课征了消费税。

配第认为，将征收国内消费税的课征对象仅限于最终产品，有以下方面的好处：

---

① ［英］威廉·配第：《赋税论》，商务印书馆 1978 年版。

② 同注①。

③ 同注①。

④ 同注①。

(1) 每个人可按其从社会中分享到的好处和利益缴纳税款，符合“自然的正义”和公平原则，而且对维持最低生活水平的人来说，税负也是很轻的。然而，在当时的英国，税收主要不是对消费进行课征，而是对全部财产进行课征，显得不公平。(2) 如果消费税不是包给国家以外的人征收，而是由国家直接征收且征之合理，就能促使人们勤俭，并增加国家的财富。(3) 实行国内消费税税制，由于不论何种物品，人们只能消费一次，任何人只需负担一种税，只需缴纳一次税款，这样，对同一种物品就避免了重复征税。(4) 实行消费税税制，能够对国家的财富、产出、贸易及实物作出精确的计算，做到征收确实。

鉴于上述实行国内消费税税制的好处，配第在《献给英明人士》一书中得出结论，增加国家财富以及增加税收，最好的课税方法是实行国内消费税和人头税。这两种税制是使全体国民共同负担赋税的有力手段。配第提倡面向全民征收国内消费税，他认为国内消费税可以使向有产阶级征收的直接比例税增加。在英国资本的原始积累过程中，国内消费税所具有的作用在理论上是值得肯定的。

第三节

亚当·斯密的财税思想

亚当·斯密是英国资产阶级古典经济学派的主要代表，也是现代资产阶级财政学的奠基人，他的经济学思想构成了古典经济学的基石。《国富论》(1776 年) 是亚当·斯密最负盛名的著作，被看作是经济学领域第一部具有现代意义的著作。亚当·斯密在《国富论》第五篇讨论了政府收入和支出对国民财富的影响，就国家的支出、赋税以及公债等问题作了详细的论述。尽管从形式上看，亚当·斯密仍将财政问题作为经济问题的一部分加以论述，但《国富论》的第五篇已经构成了一个比较完整的财政学体系。因此，学界一般认为，《国富论》的出版不仅是经济学创立的标志，也是财政学诞生的标志，亚当·斯密也被誉为“财政学之父”。亚当·斯密开创的传统财政学的体系范围集中在支出、税收、公债及财政预算等方面。

一、财政支出思想

亚当·斯密从资本主义早期发展的实际情况出发，崇尚自由竞争和自由放任，秉承个人主义立场，偏重于市场调节，主张充分发挥市场机制的作用，让“看不见的手”调节和促进经济发展。他反对政府干预经济，认为资本主义经济是一个自然有序的经济，任何形式的政府干预都被认为是违背经济生活的自然法则的。

在亚当·斯密看来，政府支出是一种非生产性支出，是社会财富的一种虚耗，它仅对于社会的公共需求来说，才会有益和有用，因此，政府的职能自然受到较严格的限制。政府的职能限于为私人部门的平等竞争创造必要的外部条件和环境，例如，加强国防、维护社会治安、发展公共事业等，他指出：“按照自然自由的制度，君主只有三个应尽的义务——这三个义务虽很重要，但都是一般人所能理解的。第一，保护社会，使之不受其他独立社会的侵犯。第二，尽可能保护社会上每个人，使之不受社会上任何其他人的侵害或压迫，这就是说，要设立严正的司法机关。第三，建设并维持某些公共事业及某些公共设施……这些义务的适当履行，必须有一定的费用"[①]，这就是亚当·斯密所谓的"最低限度的政府"或"廉价政府"。

显然，政府的职能主要落脚于满足公共需要即所谓的经常性需要方面。基于这一认识，亚当·斯密主张应当控制政府的支出规模，尽量压缩政府的活动范围。

在界定政府职能的同时，亚当·斯密还分析了公共经费的最佳筹资渠道。他认为，与君主的义务相对应，国家经费开支分为国防费开支、司法费开支、公共工程和公共机关的费用开支以及维持君主尊严的费用开支等。

（一）国防费

君主第一项义务的完成所需要的费用，就是国防费（或军费），这种费用"因社会状态不同以及进化时期不同，而大不相同"。[②] 就狩猎民族与游牧民族社会来说，由于"人人都是狩猎者，人人亦都是战士"[③]，因而，社会不需要负担军费。在农业社会里，农民也是义务从军，不需要君主或国家支付很多的维持费用。在更为进步的社会里，上战场作战的人，以自己的费用维持自己所需就完全不可能了。其中有两个原因：一是制造业的进步；二是战争技术的改良。亚当·斯密指出："在文明社会里，服兵役人数与人民总数的比例，必然要比未开化社会中小得多。文明社会维持兵士的费用，统由那些非兵士的劳动者负担。"[④] 可见，亚当·斯密论及了军队的规模及其费用承担者。

不仅如此，亚当·斯密还分析了军费对经济的影响。他指出："在近代文明各国，一般推算，兵士的人数不能超过全体居民的百分之一，过此，即不免负担太重，危及国家经济。"[⑤] 亚当·斯密认为，国家对国防军备的设置，只有两种方案：一是民兵；二是常备军。常备军相对于民兵具有无比的优越性："一国要永久保存其文明，甚或要相当长久保存其文明，只有一个方法，那就是编制常备军。"[⑥] "常备军凭其威力，可以把君主的法令，推行到一个帝国的最僻远地方，可以使在没有常备军威力的情况下，即无政治可言的国家，维持相当程度的正规统治。"[⑦] 显然，在亚当·斯密看来，常备军的军费开支乃是维护统治、维护政策法令的重要保障。不仅如此，亚当·斯密还预测军费会不断增长，君主第一义务的实行，势必会随社会文明的进步，而逐渐需要越来越多的费用。

（二）司法费

君主第二项义务的完成所需要的费用，即为司法费。司法费"因社会各时期的不同而有费用大小的差异"。"在狩猎民族的社会，几乎谈不到有什么财产"，"当然用不着何等固定的审判官，或者何等经常的司法行政机构"。[⑧] 在游牧社会里，"君主的司法权

---

① ［英］亚当·斯密：《国富论》（下卷），商务印书馆1974年版。
② 同注①。
③ 同注①。
④ 同注①。
⑤ 同注①。
⑥ 同注①。
⑦ 同注①。
⑧ 同注①。

力，不但对于他毫无所费，而且在长时期中成为他的一种收入源泉。要求他裁判的人，总愿意给他报酬，礼物总是随求随到。君权确立以后，犯罪者除赔偿原告损失以外，还得对君主缴纳罚金”。[①] 亚当·斯密批评性地指出，司法行政像这样成为一种敛财的组织，结果，自然不免生出许多弊害。亚当·斯密主张由财政供给司法费用，安排审判官的薪俸，“禁止审判官向诉讼当事人领取礼物或手续费，与其说是为了减少费用，无宁说是为了防止腐败”。[②] 他还主张根据受益原则筹集司法经费，“司法行政的费用，亦无疑是为了全社会的一般利益而支出的。这种费用，由全社会一般的贡献开支，并无不当。不过，国家之所以有支出此项费用的必要，乃因社会有些人多行不义，势非设置法院救济保护不可；而最直接受到法院利益的，又是那些由法院恢复其权利或维持其权利的人。因此，司法行政费用，如按照特殊情形，由他们双方或其中一方支付，即由法院手续费开支，最为妥当。除非罪人自身无财产资金够支付此手续费，否则，这项费用，是无须由社会全体负担的”。[③] 亚当·斯密认为，收取手续费不会使司法行政陷入腐败危险，相反可减少政府的开支，有助于在司法行政中引入竞争机制，以确保司法行政的公平、迅速。他说：“在审判官员数非常多的法院，如果各人应分这手续费的份额，以他们各人在法院或审判委员会审理案件所花的时间及日数为标准，这更可激励各个审判官的勤勉。公家的事务，办好才给酬，并且按勤勉的程度决定酬额，这样才能办好。”[④] “英国今日的法院制度，是值得赞赏的，但一探其究竟，恐怕在很大程度上须归因于往昔各法院法官的相互竞争。”[⑤] 亚当·斯密还认为，“由各法院对受理的诉讼案件收印花税，用以维持各该院法官及其他人员，这种办法也足以提供司法行政费而不会对社会的一般收入增加负担”。[⑥] 不过，印花税可能导致手续过繁。另外，司法行政费要有稳定的财源，“以不安定的财源，充当一种应当永久维持的机构的经费，似乎不大妥当”。[⑦]

（三）公共工程和公共机关的费用

君主第三项义务的完成所需要的费用，即为公共工程和公共机关的费用。公共工程和公共机关“对于一个大社会当然是有很大利益的，但就其性质说，设由个人或少数人办理，那所得利润绝不能偿其所费，所以，这种事业，不能期望个人或少数人出来创办或维持”。[⑧] 这里，亚当·斯密明显意识到了公共工程和公共机关的外在性，以及市场供应的失灵性。正是基于这一点，亚当·斯密认为，公共工程和公共机关应由政府出面建设并维持，由政府的一般收入来开支，也可由其受益者来支付。

亚当·斯密进一步把公共工程和公共设施分为两类：一是便利社会商业的公共工程和公共设施；二是促进人民教育的公共工程和公共设施。

在便利社会商业的公共设施中，又有便利一般商业的公共设施，如道路、桥梁、运

---

① ［英］亚当·斯密：《国富论》（下卷），商务印书馆1974年版。
② 同注①。
③ 同注①。
④ 同注①。
⑤ 同注①。
⑥ 同注①。
⑦ 同注①。
⑧ 同注①。

河、港口，这类工程由政府主持建设，但其费用可取自受益者。他说："维持良好道路及交通机关，无疑是有利于社会全体，所以，其费用由全社会的一般收入开支，并无不当。不过，最直接地接受这费用的利益的人，乃是往来各处转运货物的商贾，以及购用那种货物的消费者。所以，英格兰的道路通行税，欧洲其他各国所谓路捐桥捐，完全由这两种人负担，这一来，社会一般人的负担就要减轻许多了。"[①]

在促进人民教育的公共设施中，又包括关于青年教育的设施以及关于一切年龄人民的教育的设施。在亚当·斯密看来，"一国的教育设施及宗教设施，分明是对社会有利益的，其费用由社会的一般收入开支并无不当。可是，这费用如由那些直接受到教育利益、宗教利益的人支付，或者由自以为有受教育利益或宗教利益的必要的人自发地出资开支，恐怕是同样妥当，说不定还带有若干利益"。[②] 亚当·斯密主张政府举办基础教育，意识到了教育（尤其是基础教育）的外在性，他说："国家只要以极少的费用，就几乎能够便利全体人民，鼓励全体人民，强制全体人民使获得这最基本的教育。"[③]"国家即使由下级人民的教育，得不到何等利益，这教育仍值得国家注意……何况，这般人民有了教育，国家可受益不浅呢！"[④] 亚当·斯密认为，公办教育质量低下，私立教育质量较高，因此，他主张在教育中引入竞争。在他看来，若一个学校设置研究费、奖学金、贫困津贴等慈善基金，会吸引学生进入；若将这类慈善基金分配给学生，让学生自由选择学校，将会激发各学校一定程度的竞争。基础学校教师的报酬，"不可全由国家负担，国家只宜担负其一部分，因为全部甚或大部分由国家负担了，教师马上便会习于怠惰"。[⑤]"一个普通学校或专门学校如果有了一宗捐助的基金，教师勉励的必要，就必然要减少若干。"[⑥] 如果"教师的薪俸，仅占其报酬的一部分，往往为极小的一部分，其余大部分，则出自学生的谢礼或学费，而他的薪俸，就是他由这种职务取得的全部收入。在这场合，教师孜孜教诲的必要，虽不免减少一些，却不会完全消失"。[⑦] 如果"教师被禁止领受学生的谢礼或学费，而他的薪俸，就是他由这种职务取得的全部收入。在这场合，教师的义务与利益，立于尽可能对立的地位了。每一个人的利益，在于能过着尽可能做到的安逸生活。如果对于某种非常吃力的义务，无论他履行与否，其报酬完全一样，那他的利益至少是通俗意义上的利益，就是全然不去履行义务"。[⑧] 上述种种，充分显示了亚当·斯密主张在教育领域中发挥市场的作用，包含了由市场和政府联合举办教育、政府在提供教育这一产品中只应发挥部分作用的思想。

（四）维持君主尊严的费用

除了完成君主的前三项义务以外，还有一项费用是君主的养尊费。这笔费用的大小，随社会发展时期的不同而不同，随政体形态的不同而不同。一般地，经济越发达的

---

① ［英］亚当·斯密：《国富论》（下卷），商务印书馆 1974 年版。

② 同注①。

③ 同注①。

④ 同注①。

⑤ 同注①。

⑥ 同注①。

⑦ 同注①。

⑧ 同注①。

国家，养尊费越高，君主立宪制国家的君主养尊费高于总统制国家。同样，作为维持一国元首的费用，也是为社会的一般利益而支出的，因而，理应来自全社会的一般贡献。此外，还有“国家宪法未规定由何等特定收入来开支的其他必要政费”。[①]

二、财政收入思想

（一）政府的收入结构

在《国富论》第五篇中，亚当·斯密论述了政府的收入结构。在亚当·斯密看来，政府收入主要由国有资产收入、税收收入、公债收入、收益税（使用费）收入和其他收入（包括手续费、罚金等）构成。其中，前面两种收入是政府支出的主要财源。亚当·斯密把它们分别称为“特别属于君主或国家，而与人民收入无何等关系的资源”和“人民的收入”。“特别属于君主或国家的资源或收入源泉，由资财及土地构成。”

第一，“君主由其资财取得收入的方式，与其他资财所有者不同，计有两种：一是亲自使用这笔资财，一是把它贷与他人。他的收入在前者为利润，在后者为利息。”[②]这表明，国有资产收入包括国营企业的利润、国有资产的利息、土地的地租。而国营企业的利润主要包括国营酒店、国营药店、公立银行和邮政局的利润以及铸币税。亚当·斯密指出：“以利润为王国收入的主要部分，只是最初期、最幼稚政治状态下的事情。”“小共和国的收入，有大部分是得自商业经营上的利润。”“公立银行的利润，常是更大国家的收入源泉。”“邮政局本来就是一种商业。政府事先垫款设置各邮局，并购买或租赁必要的车辆马匹，这种垫款不久即由邮费偿还，而且得有很大的利润。我相信，各种政府所经营的商业成功了的，恐怕只有这种企业。”[③]“邮政局，几乎在一切国家，除提供本身的开支外，还给君主带来一项极大的收入。”“为便利商业而铸造货币的设施，在许多国家，不但能开支自己的费用，而且能对君主贡献一笔小收入，即铸币税。”[④]“一国公家收入的若干部分，往往是得自货币的利息和资本的利润。”而“能够维持政府的安全与尊严的，只有确实的、稳定的、恒久的收入，至于不确实的、不经久的资本及信用，决不可把它当作政府的主要收入资源”。

第二，由土地取得的收入。亚当·斯密认为，“土地是一种比较确实和恒久的资源，所有一切越过了游牧阶段的大国的收入，都是以国有地地租为主要源泉”。[⑤]可见，亚当·斯密以政府收入的稳定性、确实性和恒久性为标准，发表了国有资产收入不能构成一国政府主要收入来源的观点。不仅如此，亚当·斯密还从国有土地经营效率低下出发主张国有土地的私有化，他指出：“文明国君主，由其领地获取的收入，看似对人民个人无损，但其实，这所损于全社会的，比君主所享有的其他任何同等收入来得多，所以，为社会全体利益计，莫若拍卖王室领地，从而分配给人民，而君主一向由其领地享有的收入，则由人民提供其他同等收入来代替。”[⑥]显然，在亚当·斯密看来，王室领

① ［英］亚当·斯密：《国富论》（下卷），商务印书馆1974年版。
② 同注①。
③ 同注①。
④ 同注①。
⑤ 同注①。
⑥ 同注①。

地的私有化，可以提高经营效率，刺激经济的发展。

亚当·斯密认为，国家以税收形式取得相应财政收入，这样，发展经济与增加财政收入并举。首先，他认为："公共资本和土地，即君主或国家所特有的二项大收入泉源，既不宜用以支付也不够支付一个大的文明国家的必要费用，那么，这必要费用的大部分，就必须取自于这种或那种税收。"① 这里包含了税收乃是文明国家的主要财政收入来源的思想。其次，亚当·斯密特别强调"受益税"，认为"受益税"不仅是税收公平原则的表现，更是政府的一笔收入来源，如车辆通行税、港口税、生徒付给教师的学金或谢礼等构成了公共工程和公共教育设施的建设费或维持费。最后，司法手续费以及对犯罪者的罚金，也构成了政府的小笔收入来源。

（二）税收思想

亚当·斯密认为，政府支出应主要来源于税收。在税收理论方面，亚当·斯密最大的贡献在于，发展了霍布斯的利益赋税说，系统地提出了税收原则，分析了各种税收的来源及其性质，探讨了税收的转嫁与归宿问题，分析了各种税收对经济的影响，指出地租和房产税以及奢侈品消费税是最合适的税种。在西方财税思想史上，亚当·斯密是第一个视"税收为国家存在的经济体现"并在国民财富的形成中寻找税收的形式和内容、现象与本质的经济学家。亚当·斯密的税收思想主要体现在他对赋税原则、赋税来源、各税收的性质及其税负等方面的分析。

1. 赋税原则。亚当·斯密从他的经济自由主义思想和国家观出发，从利益赋税说的角度出发，从课税不应影响财富生产和分配的"自然秩序"的观点出发，在配第等税收原则思想的基础上，具体、明确、系统地提出了平等、确定、便利和最小费用的税收四项原则。

（1）平等原则。亚当·斯密认为对人民征税，必须尽可能地按照各自能力的比例，即按照各自在国家保护下享得的收入的比例，缴纳国税，维持政府。赋税必须遍及工资、利润、地租三种收入，否则，必然是不公平的。

（2）确定原则。亚当·斯密认为，"各国民应当完纳的赋税，必须是确定的，不得随意变更。完纳的日期，完纳的方法，完纳的额数，都应当让一切纳税者及其他的人了解得十分清楚明白"。赋税虽不平等，其害民尚小，但赋税稍不确定，其害民实大。

（3）便利原则。各种赋税缴纳的日期及方法，应当给予纳税者以最大便利。亚当·斯密认为："房租税和地租税，应在普通交纳房租、地租的同一个时期征收，因为这时期对纳税者最为便利，或者说，他在这时期最容易拿出钱来。"

（4）最小费用原则，又称节约原则。亚当·斯密认为人民缴纳的税额必须尽可能多地归入国库，否则就是浪费或弊端。征税机构的经费太高，会增加人民的负担，浪费、舞弊会影响人民兴办企业的基金，或会诱导人民逃税。

亚当·斯密提出的税收四项原则，在资产阶级税收理论中一直占有重要地位。一方面，他继承了前人的税收思想，发展了税收理论；另一方面，为以后资产阶级税收理论的发展奠定了基础。例如，亚当·斯密提出的"按各自能力的比例"的观点，后来发展成了支付能力说；他提出"按各自在国家保护下享得的收入的比例"的观点，后来

① ［英］亚当·斯密：《国富论》（下卷），商务印书馆 1974 年版。

发展成了受益原则说。现代资产阶级财政学者所提出的效率原则，基本上就是以亚当·斯密所提出的最小费用原则为理论依据。

2. 赋税的来源。亚当·斯密基于其劳动价值学说和不彻底的剩余价值论，进一步考察了税收的来源问题。他从三种收入决定价值理论出发，认为税收的源泉应该是每年新创造的收入，而工资、利润、地租就是所有新创收入的三种形式，因而，他认为所有税收最终都来源于这三种收入。他说："个人的私收入，最终总是出于三个不同的源泉，即地租、利润与工资。每种赋税，归根结底，必定是由这三种收入源泉的这一种或那一种，或无区别地由这三种收入源泉共同支付的。"① 与此相对应，税种也应该分布在这三种收入来源的环节：分布于地租收入环节的有地租税、农产品税、房产税，分布于利润收入环节的有利润税、特定营业利润税、对财产转移的课税，分布于工资收入环节的为劳动工资税，分布在三种收入上的人头税和消费税（包括关税）等。这样，就形成了一个税收体系。

3. 各税收的性质及其税负。

（1）利润税及其负担。亚当·斯密将资本家垫付资本所产生的利润分为两部分，即利润和利息。

亚当·斯密从维护资本家的利益出发，从促进产业资本发展的立场出发，认为对利润征税是不合适的。他说："利润，分明是不能直接课税的对象。那是投资危险及困难的报酬，并且，在大多数场合，这报酬是非常轻微的。资本使用者，必得有这项报酬，他才肯继续使用，否则，从其本身利益打算，他是不会再做下去的。"② 他认为，对利润课税的结果往往是使资本家歇业不干，因而有害于社会生产和国民财富的增进，或者，资本家为保持其平均利润，可能采取各种方式转嫁税负。如，工业资本家可能以提高产品价格的方式，将税款转嫁给消费者承担，或是以降低资本利息率的方式，把税款转嫁到资本利息上，由借贷资本家负担；农业资本家可能以扣减地租的方式，将税款转嫁给地主负担。

亚当·斯密还认为，对资本的利息也不宜课税，因为货币资本不像土地那样有固定的形式，易于隐藏，易于流动，因而很难查清其确定数量，进而带来了课税的技术困难。不仅如此，对资本课以重税，会导致国内资本外流，进而阻碍国内经济的发展，减少国内的生产量。"一国税收如有驱逐国内资本的倾向，那么，资本被驱逐出去多少，君主及社会两方面的收入源泉，就要涸竭多少。资本向外移动，不但资本利润，就是土地地租和劳动工资，亦必因而缩减。"③

（2）地租税及其负担。亚当·斯密认为，三种收入中只有地租是最合适的课税对象。他说："在许多场合，地皮租及其他普通土地地租，同为所有者不用亲自劳神费力，便可享有的收入。因此，把他这种收入，提出一部分充国家费用，对于任何产业，都不会有何等妨害。地皮课税以后，与未税以前比较，社会土地劳动的年产物，即人民大众的真实财富与收入是不会两样的。这样看来，地皮租及其他普通土地地租，就恐怕是最

① ［英］亚当·斯密：《国富论》（下卷），商务印书馆 1974 年版。
② 同注①。
③ 同注①。

宜于负担特定税收的收入了。”① 亚当·斯密虽然认为地租是最宜于征税的对象，但他并不像重农学派那样主张单一地租税。他认为在符合四项税收原则的条件下，也可以向工资、利润及其他收入征税，但税收的主要负担最终要落在地主身上。

亚当·斯密评价了当时欧洲各国实行的地租税的两种征收方法：一是定额地租税，即英国当时流行的、按照某种标准，对各地区评定一个定额地租，评定以后不再变更。亚当·斯密指出，这种地租税在评定之初还是平等的，但由于各个地方耕作上的勤惰不同，久而久之，必然会流于不平等；而且，由于自英国评定土地税以后，地租随着农业生产发展而增多，但税额固定，这样，其中增加的地租就落入地主手中，国家则未从中得到多少好处。不过，这种定额土地税虽不公平，但因为税制明确，纳税方便，征税费用节省，因而符合税收原则的后三条。二是可变地租税，即税额随土地的实际地租的变化而变化，随土地耕作情况的改善或恶化而增减。这种地租税被重农学派称为最公平的税收，因为土地地租是最后支付一切赋税的源泉。但亚当·斯密认为，这种可变地租税有利也有弊，尽管它随地租变动而高低不同，比定额地租税更为公平，但税额的逐年变化不定，会增加征税费用。为了防止这种征收方法上的不确定性，并减少其费用，他要求在行政上设法补救，并保护地主进行土地改良的应得利益，维护地主进行土地改良的积极性。

可见，亚当·斯密对于地租税的两种征收方法的评价完全是在四项税收原则的框架下进行的，并偏重于税收的经济影响。

（3）劳动工资税及其负担。亚当·斯密也不赞成对劳动工资课税。他根据工资的自然价格等于工人必要的生活资料价格的理论，认为对工资课税，只会引起工资上涨。他说：“当劳动需要及食物价格没有变动时，对劳动工资直接课税的唯一结果，就是把工资数目提高到稍稍超过这税额以上。”② 此外，工资税表面上看来是直接对劳动工资征税，实际上是由雇佣他的资本家支出，比如，雇佣工人的是制造业主，那他就会由于多支付工资，而提高产品的价格，把税收转嫁给消费者。如果雇佣工人的是农业资本家，那他就会因为多支付了工人工资，而少交地租，把税款转嫁到土地所有者身上。总之，对劳动者工资直接课税的结果，或出自消费者，或出自地主，而与劳动者无关。

（4）人头税和消费税及其负担。亚当·斯密反对征收人头税。他认为人头税要么极不公平，要么极不确定。征收人头税有两种标准：一是纳税人的财富或收入；二是纳税人的身份。

在第一种标准下，人头税较为公平，但有很大任意性。因为一个人的财富状况日有不同，税务机关难以准确掌握。在大多数场合，人头税税额的评定极不确定，往往以估税员的意志为转移。

在第二种标准下，人头税较为确定，但不公平，因为身份相同的人，往往有不同的财富和收入。

---

① ［英］亚当·斯密：《国富论》（下卷），商务印书馆1974年版。

② 同注①。

亚当·斯密指出，对于人头税，“如企图使其公平，就要完全成为任意的、不确定的”。[①] 因此，虽然人头税的征收所费极少，较为经济，但因其任意性、不公平等弊端，不论其采取何种形式，都难以真正按照人民实际收入的比例征收。正是由于这种不可能，才导致消费税的产生。

消费品税是对消费者费用课征的一种间接税。人们的消费支出一般同其收入水平是保持一定比例的，所以，消费品税就被视为对人们的收入课征的间接税，即把税金加在消费品上。消费品有生活必需品和奢侈品。亚当·斯密反对对生活必需品征税，提倡对奢侈品征税。因为，生活必需品税必然引起劳动工资上涨，制造品价格上涨，“最终有一部分是由地主以减少地租的方式为其支付，另一部分是从提高制造品价格由富有的消费者或地主或其他的人为其支付”。[②] 这样，“对生活必需品课税和对劳动工资直接课税，其所产生影响恰恰相同”。[③] 而奢侈品消费税“最终是由课税品的消费者无所取偿地支付的，它们是不分彼此地落在土地地租、资本利润及劳动工资等收入上”[④]，往往会产生一种强制节约的效果。

三、公债思想

亚当·斯密从其经济发展观和国家观出发，依据其生产性和非生产性劳动理论，得出了公债有害的结论。他对公债持反对态度，坚决反对公债的发行。

亚当·斯密认为，国家靠发行公债来弥补政府支出，等于原工商业资本为政府所吸收，被挪用于非生产性用途，这是国内原有资本的浪费，必然会阻碍经济的发展。他说道：“固然，贷出资本的债权者，往往不仅仅收到了和该资本等价的公债年金，这年金无疑还会偿还他们的资本，使他们能进行和从前一样或更大规模的实业或贸易，就是说，他们可卖出此年金，或以此年金作担保借款，向他人取得或借入等于或多于他们所贷与政府的资本的新资本。但是，他们像这样由他人取得或借入的新资本，以前一定是存在这国家中，并且与其他资本同样用以维持生产性劳动。一旦转入国家债权者手中，虽然从某一方面来看，对这些债权者是新资本，但对该国家并不是新资本，那不过是由某种用途抽去转作其他用途的资本罢了，所以，就他们私人来说，其贷与政府的资本，虽有所取偿，但就整个国家来说，却无所取偿。如果他们不把这资本贷与政府，那国家用以维持生产性劳动的资本或年生产物，就有两份而不只一份了。”“当国家费用由举债开支时，该国既有资本的一部分，必逐年受到破坏；从来用以维持生产性劳动的若干部分年生产物，必会被转用来维持非生产性劳动。……和以本年度税收开支本年度费用的方法比较，举债方法，如果在较大程度上破坏旧的资本，也在较小程度上妨害新资本的获得或蓄积。”[⑤] 据此，他对公债的增长持坚决否定的态度，并发出警告：“举债的方策，曾经使采用此方策的一切国家，都趋于衰弱。”[⑥]“首先采用这方法的，似为

① ［英］亚当·斯密：《国富论》（下卷），商务印书馆 1974 年版。
② 同注①。
③ 同注①。
④ 同注①。
⑤ 同注①。
⑥ 同注①。

意大利各共和国，热那亚及威尼斯……它们都因举债而衰弱。西班牙似是由意大利各共和国学得此举债方策……它比它们尤见衰萎……由举债而衰弱而荒废的国家，所在皆是。”①

不仅如此，亚当·斯密还认为，用公债支付战争费，降低了人们的负担感，使战争得以长期化。亚当·斯密还尖锐批评了公债偿还的倒账解除方式。他指出，几乎没有完全偿还公债的实例，国家收入负担一般都是以倒账方式解除的。他说：“提高货币名义价值，那是公债假偿还之名行倒账之实的惯技。”②“这种办法将使私人财产受一种最普遍、最有害的破坏，而在大多数场合，将使勤劳、节约的债权者吃亏，怠惰、浪费的债务者致富；这样，国家资本的大部分，将由能使这资本增益的人，转移到只知破坏这资本的人。”③ 因此，亚当·斯密主张设立减债基金，以偿还公债，减轻人民的负担。

四、财政预算思想

亚当·斯密从其“廉价政府”观出发，主张严格控制政府支出规模，反对财政赤字，力求预算平衡，奉行“量入为出”的主张。亚当·斯密的“量入为出”的实质乃是“制入为出”，由于节制了收入，当然也就节制了支出。可见，“量入为出”并不是建立在任意收入基础之上的支出，而是通过调节收入达到既定的收入总量，然后才根据收入安排支出。亚当·斯密的这一主张，影响很大，成为“斯密教条”。

“斯密教条”在财政政策上是以年度预算平衡准则进行实施的。政府预算行为立足于节俭，以追求财政预算平衡来表明政府的责任感和高效率。亚当·斯密认为，要解除国家的公债负担，必须从增加收入和削减支出两个方面入手。他说：“非国家收入大有增加，非国家支出大有缩减，这负担的解除，是永难实现的。”④“假若英国无法由上述各源泉，取得很大的增多的收入，那么，可采用的唯一办法，就是减少费用。英国在征税方法上，在国家收入的开支方法上，无疑尚有改良余地。”⑤ 亚当·斯密主张政府的计划应符合实际，他说：“所作计划要是无法完成，自应及早放弃。英帝国的任何省份，如不能对全帝国的维持有所贡献，英国就该摆脱为防御那省份而支出的战费，摆脱任何维持那省份的平时民政或军事设施的费用，并努力使将来的企图与计划，适应它的实际情况”⑥，这段话无疑反映出了他的预算思想。

自此以后的经济学家，如大卫·李嘉图等仍沿袭“斯密教条”，“量入为出”，反对赤字，反对举债，主张在正常收入条件下的“量入为出”，保持财政平衡。这种以稳健的预算平衡为核心的财政政策理论，在资本主义经济发展中，维持了200多年的统治。

---

① ［英］亚当·斯密：《国富论》（下卷），商务印书馆1974年版。
② 同注①。
③ 同注①。
④ 同注①。
⑤ 同注①。
⑥ 同注①。

第四节

大卫·李嘉图的财税思想

大卫·李嘉图是英国资产阶级古典经济学的完成者，资产阶级财政学的主要代表人物之一。大卫·李嘉图从事经济论述的写作比亚当·斯密晚大约40年，是资本主义发展从工场手工业向机器大工业过渡时期的经济学家。产业革命使英国工业生产获得空前的发展，大大增强了英国工业资产阶级的实力。然而，当时英国的政权实际上仍旧掌握在地主阶级手里，工业资产阶级和地主阶级两大阶级围绕着议会改革、谷物法和货币改革等问题展开了激烈斗争，大卫·李嘉图对这些问题的态度和看法，都是站在工业资产阶级的立场上，维护新兴资产阶级的利益。大卫·李嘉图最著名的著作是1817年出版的《政治经济学及赋税原理》，他没有其他专门论述财税问题的著作，其财税理论主要集中于《政治经济学及赋税原理》的第8章至第15章。资产阶级财税理论经过从亚当·斯密到大卫·李嘉图的探索和发展，其理论体系的雏形已经奠定。

一、赋税论

大卫·李嘉图的赋税理论是站在其分配论的基础上，并对亚当·斯密的观点加以批判和修正而形成的。他认为，"赋税是一个国家的土地和劳动产品中由政府支配的部分；它最后总是由该国的资本中或是由该国的收入中支付的"①，而且赋税都有"减少积累能力"的意味。从这个意义上讲，"如果它侵占资本，它就必然会相应地减少一笔基金，而国家的生产性劳动的多寡是取决于这笔基金的大小的"②；"如果它落在收入上面，就一定会减少积累，或迫使纳税人相应地减少以前的生活必需品和奢侈品的非生产性消费，以便把税款节省下来。赋税的巨大危害倒不在于课税目的的选择，而在于整个说来的总效果。"③ 大卫·李嘉图以积累资本为中心，分析了税收的性质和来源、地租税、利润税、工资税等问题。

（一）税收的性质和来源

大卫·李嘉图继承了亚当·斯密的经济自由主义思想和国家观，认为国家的行为是非生产性的，反对国家干预经济，主张自由放任。他要求尽量压缩政府职能和用于消费的政府经费，减轻税收负担，并将这些措施看作是资本主义经济自由发展的必要条件。

大卫·李嘉图在论述资本主义税收性质时指出："赋税是一个国家的土地和劳动的产品中由政府支配的部分，它最后总是由该国的资本中或是由该国的收入中支付的。"④同亚当·斯密一样，他认为资本积累是使财富增值的根本原因，凡是妨碍资本积累的因

① ［英］大卫·李嘉图：《政治经济学及赋税原理》，商务印书馆1976年版。

② 同注①。

③ 同注①。

④ 王亚南主编：《资产阶级古典政治经济学选辑》，商务印书馆1979年版。

素，都有害于财富增进。资本可能由于增加生产或减少非生产性消费而增加，当政府的消费因增课税收而增加时，如果这种消费是由于人民增加生产或减少消费支付的，其赋税就会落在收入上面，国家的资本可以不受损害；但是，如果人民方面没有增加生产或减少非生产性消费，赋税就必然落在资本上面。倘若发生后一种情况，一个国家的生产量则必然会随着资本的减少而成比例地减少，其结果是，人民和国家的资源会日益迅速地趋于枯竭，贫困和灾难就会随之而来。

基于这种认识，大卫·李嘉图反对一切形式的赋税。他说："凡属赋税都有减少积累能力的趋势。"① 因为赋税的归宿不是落在资本上面就是落在收入上面。如果它侵占资本，就必然会相应减少国家用于发展生产的基金，阻碍和延缓生产扩大；如果赋税落在收入上面，它就一定会减少积累，或迫使纳税人相应地减少以前的生活必需品或奢侈品的非生产性消费。总之，无论税收是课加在资本上，还是课加在收入上，最终都要从收入中支付。大卫·李嘉图进一步指出，由于每个人都想保持自己的社会地位，保持他曾经达到过的财富或资本水平的高度，国家课征在收入和资本上的税收，也是破坏人的"天性"的。所以，他呼吁政府应当鼓励人民的上述"天性"的发展，不要征收那种必然落在资本上面的赋税，这些税收是牺牲人民的资本来维护非生产性人员，因而也是不经济的。

正是基于这种消极的赋税观，大卫·李嘉图得出如下结论：任何形式的赋税都只是流弊与流弊之间的选择问题，它若不影响利润或其他收入来源，就一定会影响支出。

（二）直接税

1. 地租税。大卫·李嘉图认为："地租是为使用土地的原有和不可摧毁的生产力而付给地主的那一部分土地产品。……但在对经过改良的农场所支付的货币中，只有一部分是付给土地的原有和不可摧毁的生产力的，另一部分则是由于使用原先用于改良土壤以及修建为获取和存贮产品所必需的建筑物所支付的资本。"② 在他看来，地租的存在必须具备两个条件：一是土地的有限性；二是土地在肥沃程度和位置上的差别性。由于土地具有这些特性，因此，农产品的价值由劣等地上最大的劳动耗费量决定。与劣等地比较，耕种优等和中等土地，因土地的劳动生产率高，可以获得更多的农产品，而产品的市场价格又统一取决于耕种劣等地的劳动消耗，这样，在优等和中等地与劣等地之间就存在一个"超额利润"。这个"超额利润"必然转化为归地主占有的地租。

大卫·李嘉图在土地级差收入形成的地租课税的负担归宿问题上，观点同亚当·斯密基本一致。他认为："地租税只会影响地租，全部都会落在地主身上，不能转嫁到任何消费阶级身上。"③ 因为地租税课征的对象是生产率最低的劣等地的产品与其他较高级土地产品之间的差额，即土地级差收入，地主不可能改变这个差额。此外，从耕种者方面看，由于他耕种劣等地既不交租，也不纳税，耕种者不可能提高农产品价格。因此，一般来说，地租税总是由地主阶级负担，而不会转嫁给消费者。大卫·李嘉图把地租视为级差地租，认为土地的自然级差地租产生生产力差异，但生产力大小不构成农产

---

① 王亚南主编：《资产阶级古典政治经济学选辑》，商务印书馆 1979 年版。

② 同注①。

③ ［英］大卫·李嘉图：《政治经济学及赋税原理》，商务印书馆 1976 年版。

品价格要素，而地租由农产品价格决定。但是，“对于地主由于人们使用他在农场上投下的资本而得到的报酬所课的税，在进步国家中就是要落在农产品消费者身上，这是极为确实的”。[①] 这就是说，租地人在以地租名义付给地主的地租中，包括了附属在土地上的各种建筑物与固定设备的利息，所以，这部分地租转嫁到农产品价格中而由消费者负担，结果使工资上涨，相应减少了利润，最终成为资本家的负担。

2. 利润税。大卫·李嘉图坚持以劳动价值论为基础分析利润，始终把利润看作是劳动生产品中扣除各种耗费后所剩余的东西，而对劳动者所消费的任何商品征税，都有降低利润率的趋势。他指出：“对于一般通称为奢侈品的那些商品所征课的税，只会落在使用者身上……但是，对必需品所征课的税，对于消费者的影响却不与其消费量成正比，而是往往高得多……凡是使劳动者工资提高的东西，都会降低资本利润。”[②]

由于资本家从事生产经营活动要受平均利润率规律制约，大卫·李嘉图关于利润课税转嫁的理论也是以保持平均利润为前提的。他指出：“对利润课征不公平的税收将使承担这种税款的商品涨价。例如，对制帽业者利润课征的税，会使帽子涨价；……对租地农场主的利润课税，将使农产品价格上升；对毛织业者的利润课税，会使呢绒制品价格上涨。”[③] 如果只对特殊行业的利润征税，而对其他行业的利润不征税，会使相应行业商品的价格上涨，该行业的利润就会降低到平均利润率以下，从而该行业会缩小行业经营规模，将资本转投于其他行业。当然，如果对所有行业的利润都按一定比例征税，则会使一切商品的价格都上涨。

大卫·李嘉图认为，有一种例外情况，即如果对本国境内为货币提供本位金属的矿业主的利润也课征同样的利润税，那么，任何商品的价格都不会提高。因为每种商品都会按相同比例从其价值中抽出一部分交给国家，个人也会按照相同比例从收入中拿出一部分纳税，所以各种商品之间的相对价值就没有发生变化。不过，“如果货币价值保持不变，所得税将改变商品的相对价格和价值。税款即使不是课加在利润上，而是课加于商品本身，也会导致价格的变动，因为只要是按照生产所用资本的价值对商品课税，商品的价格就会有同一程度的上涨”。[④]

3. 工资税。大卫·李嘉图认为，工资税“会使工资上涨，因而便会使资本利润率减低”。[⑤] 对工资课税和对生活必需品课税一样，都会促使工资提高，造成资本利润率降低。两者的区别在于：对于生活必需品课税会使价格提高，但税款通过价格上升会落在两个不同的阶级身上，即一部分由工资收入的劳动者负担，结果会反过来要求增加工资，减少资本的利润；另一部分则是对富有的消费者课征的，它不会导致工资增加和利润减少。所以，生活必需品税只是部分的带有利润税性质。但是，工资税则不同，由于负担工资税的是劳动的雇主，其他阶级如股票持有人、地主等则不会负担，因此，国家对工资课税必须全部由利润损失来弥补。

从以上大卫·李嘉图对工资税的性质及其与价格关系的分析可以看出，大卫·李嘉

---

① ［英］大卫·李嘉图：《政治经济学及赋税原理》，商务印书馆 1976 年版。
② 同注①。
③ 王亚南主编：《资产阶级古典政治经济学选辑》，商务印书馆 1979 年版。
④ 同注③。
⑤ 同注①。

图继承了亚当·斯密的观点，即对工资课税的结果是使工资上涨。但在工资税的最终归宿问题上，大卫·李嘉图不同意亚当·斯密的观点。亚当·斯密断言，农场主所支付的增加的工资，最终要通过少付地租而转嫁给地主负担；制造业者所增付的工资将通过提高商品价格的办法，转嫁给消费者。大卫·李嘉图则认为，一切可以提高工资的原因，都会降低利润率。例如，因为投在不支付地租土地上的资本，其所得收获物决定农产品价格，如果课征工资税，其负担或者是由农场主支付，减少利润，或者是通过农产品加价而得到补偿，地主是绝不会负担工资税的。此外，工资税也绝对不会使制造业主有权把这笔税款连同利润加到商品价格上，因为他不能提高商品价格。否则，如果大家都能提高商品价格，以便连本带利补偿税款，而个人又将相互消费他人的商品，那么，税款显然就永远没有人支付了。所以，大卫·李嘉图的结论是：任何税如果有提高工资的效果，就要靠减少利润来支付，工资税实际上就是利润税。

（三）间接税

1. 农产品税。大卫·李嘉图的土地租税理论，是以地租论与价值论为前提而展开的，因此，可以认为大卫·李嘉图的农产品税理论，不只是对地租的补充说明，而是又向前迈进了一步。大卫·李嘉图认为，对农产品课税会影响财富在各个阶级之间的分配。国家在对土地经营者生产销售的农产品课税后，提高产品价格是农业经营者能够支付税款，并继续从资本的这种用途中取得平均利润的一般方法。除此之外，别无选择。他既不能从地租中扣除这项税款，迫使地主负担，因为他没有向地主支付地租，同样，他也不会从自己的利润中支付这项税款，因为他没有理由在其他行业都能取得较高利润的情况下，继续从事这种利润较低行业的经营。所以，农业经营者有权按税额提高农产品价格，并使两者数额大致相等。由此，大卫·李嘉图得出结论：农产品税既不会由地主支付，也不会由农场主支付，而只能由消费者负担。

大卫·李嘉图进一步指出，加在农产品和劳动者生活必需品上的税收，不仅会提高产品价格，由消费者负担，而且最终结果还是会提高工资。由于人口原理对人类繁殖所产生的影响，最低工资绝不会持续地超过劳动者生理上和习惯上所要求的最低生活费，这个阶级无论如何也不能负担高额赋税。因此，工资增加是必然的。然而，工资增加后，利润就会下降。如果政府对国内消费的一切谷物课税，其中一部分税款由谷物消费者负担，另一部分税款由企业负担，则利润将降低，从而妨碍资本积累。

大卫·李嘉图认为，征收农产品税会产生两方面的影响：第一，它将使农产品涨价。其数额与税款相等，所以便将按照消费量的多少由各个消费者负担。第二，它将提高工资，并降低利润。他认为，农产品税既不由地主也不由农场主负担，它以价格上涨的形式转嫁给消费者。由于农产品税有提高劳动工资并相应地产生降低雇主资本家利润的作用，因而它最终将全部转嫁给消费者与资本家。

2. 什一税。其是征收土地产量的十分之一的税，这种税是对土地的全部农产品收获量征收的。由于不论劣等地还是优等地的农产品，都要缴纳什一税，并且它能够影响地租影响不到的土地，从而会提高地租税所不能改变的农产品价格，因此，农场经营者缴纳此税后，可以从农产品价格上涨中得到补偿，其税收负担会落在消费者身上。地主和农业资本家只是和一般劳动者一样，作为农产品的一般消费者负担此税，其税负轻重相当于各自消费量的比例。至于落在工资收入者身上的那一部分税款，则要通过提高工资和降低利润得到补偿。

大卫·李嘉图认为，什一税和农产品税一样都会使价格上涨，并转嫁给消费者负担，而且会使劳动工资上涨并导致利润下降，因此，他反对征收什一税，认为什一税在征税形式上不合理，不应征收总产量的十分之一，而应征收净产量的十分之一。

3. 土地税。大卫·李嘉图将土地税划分为两大类：第一类是以地租为课税对象并随地租变化的土地税。由于这种税对没有提供地租的土地不征收，也不会落在仅仅为了利润而投在土地上且从来不付地租的资本产品上，因而它不会影响农产品价格，税款由地主负担。这种土地税实际上就是一种地租税。第二类是对一切已耕土地（包括劣等土地）征收的土地税。由于劣等土地是最后投入耕种的，虽然它可以不支付地租，但因课税使土地耕种者得不到平均利润。除非农产品价格提高，以补偿课税损失，否则，不会有人投入耕种劣等土地。所以，此类土地税不可能转嫁给地主负担，而只能通过提高农产品价格，转给消费者负担。

对第二类土地税，大卫·李嘉图认为存在两种不同的征收方法。第一种是按照土地的质量及产量多少征收，它的方法基本上与什一税相类似。第二种则是一种固定税，不分土地好坏，对所有已耕种土地均按面积征收。他认为，固定土地税的征收方法是极不均等的，违反了亚当·斯密赋税四项原则中的经济原则。因为它没有考虑土地质量的差别，对所有耕地一律征收均等的土地税，必然会按照最劣等土地耕种者所支付的税额提高农产品价格。由于质量不等的土地使用等量资本，但生产出的农产品数量却极不相等，其结果是转嫁给农产品消费者负担的税款，不仅要满足国家的需要，还要在土地租期内，每年以一定数额付给优等地的耕种者，同时，在新的租约期内，又会使地主增加一定数额的地租。所以，征收这种土地税，最后通过提价形式从人民身上取得的东西要多于国家收入。相反，上述的农产品税和什一税都不存在这一缺点。虽然两者也会提高农产品价格，但由于它们从各级土地上收取的数额与土地的实际产量成比例，而不是与生产效率最低的劣等土地的产品成比例，因此，国家所得到的与产品提价后消费者所失去的基本上相等。

4. 济贫税。其是为救济贫民而征收的税。大卫·李嘉图认为，济贫税“根据不同情况而落在农产品和制造品的消费者身上、落在资本利润上和落在地租上”。大卫·李嘉图从产业资本家的立场反对济贫税，他认为，济贫税扰乱了劳动市场的需求关系，导致工资上涨。

总之，大卫·李嘉图的赋税论就是转嫁论，是从他的地租理论、利润理论和工资理论中直接推导出来的。他的赋税思想概括起来讲就是，地租税由地主负担，利润税及工资税由资本家负担。什一税与农产品税虽然能够转嫁，但其结果是工资上涨，利润下降，最终还是由雇主负担。至于对消费品课税，如果是垄断商品，则归生产者负担；如果是奢侈品则要由富有者负担；如果是必需品就会使工资上涨，负担最终落在雇主身上。

二、公债论

大卫·李嘉图以英法战争（1793—1813 年）累积的公债以及围绕减债基金制度对公债问题进行阐述。当时，由于英国对法国发动战争，财政显著膨胀，战争期间虽然增加了直接税、间接税，又另设了新税，但仍不能满足经费的需要，其差额由发行公债弥补。1786年，英国设立了减债基金制度，采取逐渐偿还公债的政策，但也未能达到预期目的。大卫·李嘉图认为，课征赋税以充战费，在战争结束后，最好的办法是应当废止该赋税，于是，大卫·李嘉图提出了利用减债基金偿还公债的具体方案。大卫·李嘉图的公债理论就是围绕减债基金制度展开的。

首先，大卫·李嘉图指出，公债存在着诸多弊端。他将英国公债比喻成一个"空前无比的灾祸"。他认为，公债的重要负担不在于利息的转移，而在于原有资本被公债本金抽走所产生的损害——公债使生产资本转化为"死亡资本"。"国家债券持有人的资本不可能变为生产性的，它实际上并不是资本。即使他出售债券，并将所得到的资本用在生产上，他也只是通过使购买他的债券的人的资本离开一种生产行业的办法才能办到。"① "一个国家的贫困是由于政府和人民的糜费，是由于借债"②，"积欠巨额债款的国家的处境是极不自然的"③。他认为，发行公债使货币资本作为国家经费（军费）用于消费，如果这笔货币资本被人民用于将来的生产，就会成为利润的来源。公债的弊病除把生产资本用于非生产性支出之外，还存在掩饰真实情况，使人民不知节俭的弊病。在举债以筹措国家经费的情况下，人民只需缴纳很少的租税以支付公债利息，从而认为自己的境况还和以前一样富足，不知节俭。动辄举债，"会使我们不知节俭，使我们不明白自己的真实境况"④。此外，在举债的情况下，还会导致资金外流，"终至使携资外迁、另觅可以免除这种负担的国家的念头变得难以抗拒"。⑤

其次，大卫·李嘉图认为，公债有迅速偿还的必要。他批评了减债基金制度，主张公债的偿还应当采取一劳永逸的办法，即征收两年至三年的财产税，予以全部清偿，也就是经过一次"断然的努力"，来消除这一"空前无比的灾祸"。另外，他还认为，如果一个负债累累的国家不采取有效的措施来减轻公债负担，这个国家就会陷入困境。因此，在和平时期，国家应该不断努力清偿战时所借的债务。

再次，减轻债务最有效的办法，就是用岁入结余即赋税收入超过经费支出的部分，或财政节余清偿债务。这就要求国家大力节约财政支出，减少铺张浪费。他指出："如果偿债基金不是从公共收入超过公共支出的部分中取得的，就不能有效地达到减轻债务的目的。遗憾的是，我国的减债基金只是徒有其名，因为我国收入并不超过支出，我们应该通过节约，使之名副其实地变为实际有效的偿付债务的基金。"⑥

最后，大卫·李嘉图在公债理论中引人注目的一大贡献是提出了李嘉图等价定理。"李嘉图等价"思想的来源是：在英法战争后，英国议会对如何偿还巨额债务发生了一场争论，一派认为应该提高税收，用税收偿还债务，另一派认为征收高税对经济发展不利，应该发行债券偿还债务。大卫·李嘉图认为，政府为筹措战争或其他经费，通过采用征收一次总赋税或发行政府公债的方式，对居民的消费和资本的生成的影响是相等的。换言之，从最终效应来看，政府为其支出筹措资金而选择何种筹措方式是无关紧要的。

---

① ［英］大卫·李嘉图：《政治经济学及赋税原理》，商务印书馆1976年版。
② 同注①。
③ 同注①。
④ 同注①。
⑤ 同注①。
⑥ 同注①。

大卫·李嘉图在《政治经济学及赋税原理》的第17章“农产品以外的其他商品税”中，论证了政府征税和发行公债对经济的影响是等价的思想。他说：“如果为了一年的战费支出而以发行公债的办法征集2 000万镑，这就是从国家的生产资本中取去了2 000万镑。每年为偿付这种公债利息而征课的100万镑，只不过是由付这100万镑的人手中转移到收这100万镑的人的手中，也就是由纳税人手中转移到公债债权人手中。实际的开支是那2 000万镑，而不是为那2 000万镑必须支付的利息。付不付利息都不会使国家变穷或变富。政府可以通过赋税的方式一次征收2 000万镑；在这种情况下，就不必每年征课100万镑，但这样做并不会改变这一问题的性质。”[①] 这段话至少包含三层含义：(1) 在政府为战争筹资的情况下，征收2 000万镑的公债，就会使一国的生产资本减少2 000万镑。(2) 在发行公债的情况下，政府每年偿付的利息不会使一国的财富发生增减变化。(3) 无论是征税还是举债都会使一国净损失2 000万镑，减少居民的消费支出。

上述分析说明了李嘉图等价原理的基本观点，即征税与举债对经济的影响恰好是对等的，通过增加税收或向公众销售政府债券来为增加政府支出筹集资金，两种融资方式之间不存在任何区别。公共选择理论的代表人物詹姆斯·布坎南把大卫·李嘉图的这一思想称为“李嘉图等价定理”。其理由在于，政府债券只不过代表未来的纳税义务，它们的贴现值正好与替代的本期税收支付相等。在债券与税收之间进行的选择不会对纳税人的经济行为产生影响。

李嘉图等价原理之所以能够成立，是因为虽然现在启用债券替代税收来为政府支出融资，将导致税收的减少，但税收削减返回到纳税人手中的所有收入都会被用来购买新的政府债券，纳税人从可支配收入中并未看到他们的实际财富有任何变化，因此，他们在本期的消费行为不会发生变化。在未来时期，尽管债券的到期还本付息可以增加他们的收入，但同时政府的税收也会增加补偿对到期债券的支付，税收的增加与收入的增加相抵，实际可支配收入不变，消费行为仍不会发生变化。

事实上，因为大卫·李嘉图认为公债存在诸多弊端，对公债持反对态度，所以尽管他认为征税和举债对经济的影响是相等的，但在征税或是举债以筹措政府经费的选择上，大卫·李嘉图明显倾向于征税而反对举债。

三、对补贴制的批判

在英国早期重商主义阶段，从保护父权论的消费者立场出发，为了防止谷物的不足，专制王权采取了控制农产品出口、许可进口的经济政策。到了晚期重商主义阶段，英国又制定了谷物法令，经济政策转变为控制谷物、家畜等农作物的输入及奖励出口的政策，这样就保证了地主及农场主对国内市场的垄断。然而在这期间，由于产业的迅速发展与人口的增加，英国成了谷物进口国。1802—1804年，英国农作物获得大丰收而使小麦价格下跌，地主及农场主要求提高谷物价格，1804年制定了新谷物条例。当时谷物价格上涨，农场主预见到价格上升的趋势，开始在公有地附近开发耕地。但由于同

---

① ［英］彼罗·斯拉法主编：《李嘉图著作和通信集》（第1卷），《政治经济学及赋税原理》（中文版），商务印书馆1983年版。

样的想法，佃农也有资本投向土地，签订了地租昂贵的合同。因此，谷物价格的大暴跌，对地主、农场主、佃农造成了巨大的损失。英国议会于1815年通过了小麦价格上升到80先令，禁止谷物、面粉、肉食进口的所谓“谷物法修正案”。其后，谷物法几经修改，结果是对地主、农场主越来越有利，对产业资本家和工人越来越不利。围绕谷物法的存废问题，农场主和产业资本家展开了激烈争论。大卫·李嘉图从产业资本家立场出发，主张谷物的自由贸易。这就是大卫·李嘉图批判补贴制产生的历史背景。

大卫·李嘉图认为，由财政支出负担的补贴，由出口补贴与生产补贴两部分构成。出口补贴又分为农产品补贴和工业制造业补贴两种，两种补贴有不同的作用和效果。出口补贴“决不会影响其自然价格或实际生产成本。种植谷物既不需要更多的劳动，也不需要更多的资本。因之农场主的资本利润以前如果只等于其他行业的资本利润，现在在谷物价格上涨之后就一定会高得多。由于提高了农场主资本的利润，这种补贴便可以对农业起促进作用，使资本从制造业中撤出，改投在土地上，一直到国外市场上扩大的需求得到满足时为止”。[①] 因此，对于地主和农场主来说，谷物出口补贴是一项永久获益的政策，但因为产业资本家也转向利润高的农业部门投资，其结果也就不那么有利可图了。而对产业资本家来说，工业制造业出口补贴则只带来了暂时的利益。

对于生产补贴，大卫·李嘉图认为，“由于改变了各种商品和谷物的相对价值，我们就大大刺激自然价格减低的商品的输出，并同样刺激自然价格提高的商品的输入。这的确会有利于外国，而对于采取这种荒谬政策的国家却非常有害”。[②]

本章小结

17世纪，英国资本主义生产方式迅速发展，封建生产关系处于最后瓦解阶段。这一时期，英国在经济、政治、思想领域发生了新的变化，产生了英国古典经济学。

威廉·配第首次将经济学的研究由流通领域转向生产领域，试图揭示生产领域的经济规律，其财税思想初步奠定了古典学派财税理论的基本框架。

亚当·斯密讨论了政府收入和支出对国民财富的影响，他从资本主义早期发展的实际情况出发，崇尚自由竞争和自由放任，反对政府干预经济，主张充分发挥市场机制的效率，让“看不见的手”来调节和促进经济发展。政府收入主要由国有资产收入、税收收入、公债收入、收益税（使用费）收入和其他收入（包括手续费、罚金等）构成。在税收理论方面，亚当·斯密最大的贡献在于，系统地提出了税收四项原则。亚当·斯密对公债持坚决的反对态度，反对公债的发行；主张严格控制政府支出规模，反对财政赤字，奉行“量入为出”的主张。

大卫·李嘉图的赋税理论是站在其分配论的基础上，并对亚当·斯密观点加以批判和修正而形成的。大卫·李嘉图继承了亚当·斯密的经济自由主义思想和国家观，认为国家的行为是非生产性的，反对国家干预经济，主张自由放任。大卫·李嘉图反对一切形式的赋税，并认为公债存在诸多弊端，对公债持反对态度；他认为，征税与举债对经

① ［英］大卫·李嘉图：《政治经济学及赋税原理》，商务印书馆1976年版。
② 同注①。

济的影响恰好是对等的，通过增加税收或向公众销售政府债券来为增加政府支出筹集资金，两种融资方式之间不存在任何区别。

英国古典经济学经过威廉·配第、亚当·斯密和大卫·李嘉图等的创建、修正、发展与完善，最终创立了近代资产阶级的财税理论体系。

本章思考题

1. 简述威廉·配第的财税思想。
2. 简述亚当·斯密的政府制度论。
3. 简述大卫·李嘉图的公债理论。
4. 如何评价亚当·斯密的财税思想？

第三章

法国重农学派的财税思想

重农学派是作为和重商主义相对立的思潮出现在经济思想史上的，是法国新兴资产阶级在经济实践中，批判酿成法国专制主义体制危机的重商主义而形成的。重农学派的经济理论体系是法国古典经济学体系的表现形式。重农学派从自然法则出发，主张经济自由，重视农业，强调只有农业是唯一生产纯剩余的生产部门。由于重农主义者研究的中心都是农业问题，人们为了突出这一学说的中心内容，也将之称为“关于农业体系的学说”，或者干脆把它称为“重农主义”。重农学派阐述的经济理论体系包含了较为丰富的重农主义财税思想，其中，对后世影响较大的是布阿吉尔贝尔（Pierre le Pesant de Poisguillebert，1646—1714 年）的财税思想和弗朗斯瓦·魁奈（Fraocois Quesnay，1694—1774 年）的土地单一税理论。本章主要学习布阿吉尔贝尔和弗朗斯瓦·魁奈的财税思想。

第一节

重农学派概述

一、重农学派产生的历史背景

重农学派于 18 世纪 50—70 年代在法国盛行的时期，正是法国资产阶级革命的准备时期。重农主义经济理论体系就是作为法国资产阶级革命准备时期新兴资产阶级意识形态的一种表现形式出现的。马克思指出，重农主义经济理论体系的出现，“是同刚从封建主义中孵化出来的资产阶级社会相适应的。所以，出发点是在法国这个以农业为主的国家，而不是在英国这个以工业、商业和航海业为主的国家”。[①] 法国和英国都是资本主义发展较早的老牌资本主义国家，但与英国相比，法国资本主义的发展要缓慢得多。当时，法国仍处在封建制度的统治之下，农业在国民经济中仍占主要地位，而且基本上属于封建性农业。在农业中，除少数地区有了一些资本主义式的经营外，绝大多数农民仍处于封建农奴的状态，受尽封建统治阶级的剥削和压迫。封建制度的牢固统治成为法国社会经济发展相对缓慢和落后的根本原因。从整体上说，封建制度的牢固统治，使法国农业受到严重阻碍而得不到发展，工商业的发展也受到严重阻碍，导致直接生产者极端贫困，国家财政持续发生危机。这一切表明，旧的封建制度已日益成为束缚生产力发展的桎梏。

法国重农主义经济理论体系的形成，还与法国17—18世纪推行重商主义政策屡遭惨败的深刻教训有关。路易十四在1665—1683年推行柯尔培尔的重商主义政策，用牺牲农业的办法来发展工商业，不仅严重地破坏了农业，使农村经济遭到严重破坏，而且最终带来工商业和对外贸易的不振和恶化，导致法国整个国民经济濒临绝境。

继路易十四而统治的路易十五专制王朝，非但没有从经济困境中汲取路易十四时期实行重商主义政策的教训，反而继续推行重商主义政策，试图从流通领域内创造财富，以挽救法国的财政危机。1718—1720年，路易十五采纳英国资产阶级经济学家、银行家和冒险家约翰·罗（John Law，1671—1729年）的建议，进行通过开办银行、发行不可兑现的银行券来增加国内财富的试验。结果是约翰·罗的信用货币制度彻底破产，法国财政经济状况更加恶化。

柯尔培尔主义和约翰·罗信用货币制度惨败的事实带来了极为深刻的教训，即如果不在生产领域中打好基础，妄想仅从流通领域内寻找致富之道，那将是徒劳无功的。这就从反面促使了重农主义的产生。正如马克思指出的：“重农主义的产生，既同反对柯尔培尔主义有关系，又特别是同罗氏制度的破产有关系。”[②] 针对法国当时的社会经济状况，法国的新兴资产阶级代表，纷纷提出了发展资本主义、改善经济状况的要求，提出恢复和振兴农业的设想，创立了比较完整的重农主义理论体系。重农学派最早系统地研究了资本主义生产方式，在资产阶级的视野内对资本主义进行了考察和分析。

二、重农学派的主要经济理论

（一）自然秩序说

自然秩序是重农学派思想体系的精髓或理论基础，贯穿于重农学派的全部理论之中。所谓“自然秩序”，即合乎理性的秩序，它既包括自然规律，也包括不以人们的意志为转移的社会规律。在重农学派看来，自然秩序是上帝赋予的，人们的责任只是在于了解它，并使人为秩序与之相一致。他们在承认客观规律的同时，实际上把资本主义看作符合“自然秩序”的永恒的社会制度。他们认为，政治经济学的任务在于阐明“自然规律”，使人为秩序符合自然秩序。

重农学派认为，自然秩序是判断一个社会健康与否的标准。当人为秩序同自然秩序

---

① 《马克思恩格斯全集》（第26卷）（Ⅰ），人民出版社1972年版。

② 同注①。

一致时，社会便处于健康正常状态，人类才能享受最大幸福。因此，人为秩序的确定应以自然秩序为准则，否则，社会政治统治将陷入黑暗、混乱和没有秩序的状态①，社会也就陷入不正常的疾病状态。实现社会秩序同自然秩序保持一致的最好办法是自由放任。自然秩序旨在以最少支出获得最大满足，而这只有在自由放任的条件下才能做到。因此，重农学派反对重商主义者奉行的国家干预经济的政策，主张自由放任政策。

但自由放任只是政府很少作为，而并非无所事事。政府应将私有财产权和个人自由置于首位，其职责或行为应限于驱除一切妨碍私有财产权和个人自由的人为障碍，惩罚侵犯这些权利的人，并根据自然秩序来指导整个社会。按照重农学派的观点，"开明君主"最能体现"自然秩序"的寓意，他就像社会上的教师和医生一样，在健康状态时，他把"自然秩序"的观念灌输到人民意识中去；当社会处于疾病状态时，就进行医治，使社会回到"自然秩序"上来。基于这种观点，王权和贵族受到崇敬，这就为重农主义的传播并在法国上层阶级中风靡一时创造了条件。

（二）重视农业的思想

重农学派继承了其先驱者重视农业的思想，并加以发展建立起系统的理论。他们认为，社会财富是从土地上生产出来的农产品，农业是社会财富的真正源泉。他们感受到重商主义给法国社会经济带来的损害，猛烈地抨击了重商主义者对社会财富及其来源的观点，指出货币并不是真正的财富，对外贸易并不是国家致富之源。重农学派还认为，工业是"非生产的"劳动部门，它不能增加社会的财富，正如魁奈所讲的："……一切利益的本源，实际是农业。正是农业，供给着原材料，给君主和土地所有者以收入，给僧侣以 1/10 税，给耕作者以利润。正是这种不断地再生产的本源的财富，维持着王国其他一切的阶级，给所有其他职业以活动力，发展商业，增殖人口，活跃工业，因而维持国家的繁荣。"②

重农学派的结论是，只有农业才是国家致富的源泉，才是一个国家繁荣富强的根本。重农学派不论是在理论上，还是在政策实践方面，都十分重视农业的发展。他们提出，国家的任何政策和措施，包括赋税政策，都应当以有利于农业发展为宗旨。

（三）纯产品和社会阶级结构理论

纯产品学说是重农学派理论体系的核心和基石。以魁奈为代表的重农主义者根据自然秩序说，认为交换是等价的，总是一定量价值的一种财富和相同价值量的另一种财富之间的交换。因此，流通领域和商业是"不生产的"，而并非像重商主义所说的那样是一国财富的源泉。同样，工业只是对农业所生产的原料进行加工，只能改变物质财富的形式，并不能使物质财富的数量增加。所以，他们把农业看作是唯一创造财富的生产部门，将农业劳动看作是唯一的生产劳动。只有农业劳动才能使物质财富的数量增加，才能生产出纯产品，即农产品扣除生产费用后的余额。在重农学派看来，一方面，认为纯产品是自然的恩赐，另一方面，又认为只有使用雇佣劳动的大农场才生产纯产品。

可见，纯产品实质上是雇佣劳动创造的剩余价值。他们对纯产品的研究，实际是对剩余价值及其所体现的资本主义关系的研究。重农学派将经济学的研究由重商主义所崇

---

① ［法］魁奈：《魁奈经济著作选集》，商务印书馆 1979 年版。

② 同注①。

尚的流通领域转向生产领域，以此来研究纯产品即剩余价值的源泉问题，这是他们在经济学说史上的历史功绩。

魁奈以纯产品理论为基础，最早对资本主义社会阶级关系进行了经济分析。他将当时的法国社会划分为三大阶级：一是生产阶级，即从事农业而生产纯产品的阶级，包括租地农场主和农业工人；二是土地所有者阶级，即以地租形式占有纯产品的阶级，包括地主及其仆役，还包括君主、官吏和教会等；三是不生产阶级，即不生产纯产品的阶级，包括从事工业的资本家和工人等。

魁奈是资产阶级经济学家中最早划分社会阶级并按阶级分析社会现象的，但是，他并不是从对生产资料的占有及其使用的情况来划分社会成员的阶级结构的，因而他不能科学地揭示出资本主义生产关系。按照他的划分，生产阶级不仅有农业劳动者，还包括农业资本家；在不生产阶级中不仅包括工商业资本家，还包括工商业劳动者。这种不看阶级本质的划分，掩盖了资本家与雇佣劳动者的阶级区别，也隐蔽了工人和资本家之间的阶级矛盾和斗争。

继魁奈之后的另一个重农学派的代表杜尔哥，更加明确地区分了农业劳动者和农业资本家，指出了纯产品是由农业雇佣劳动者创造，却被土地所有者占有，从而比魁奈更为正确地理解到剩余价值的问题。

（四）社会总产品的再生产及流通理论

魁奈根据纯产品理论和社会阶级结构的划分，第一次对社会总资本的再生产和流通进行了探索和研究，并将其研究成果反映在著名的《经济表》中。

《经济表》是魁奈在政治经济学史上的一个创见和杰出贡献，在《经济表》中，他分析了社会总产品的再生产及其在三大阶级之间的流通和分配。其中，包括了各阶级收入的来源、资本和收入的交换、生产消费和个人消费，并把农业与工业两大部门间的流通看作再生产过程的要素，这无疑是第一次对资本主义再生产过程进行的系统分析。对此，马克思给予了高度评价，认为它是资产阶级“政治经济学至今，提出的一切思想中最有天才的思想”。[①] 魁奈试图通过对社会总资本再生产过程的分析，以便以农业作为基础，为改造当时的社会经济状况提供依据。

三、重农学派财税思想的特点

重农学派的出现在经济学说史和资本主义发展史上都有着重要意义。它是最早的对资本主义生产方式进行了系统研究，是对资本主义生产方式的第一个系统的理解，对亚当·斯密的经济理论体系的建立，产生了相当大的影响。重农学派所倡导的经济自由思想，对法国资本主义的发展起到了一定的促进作用。

（一）土地单一税理论

作为法国古典政治经济学的杰出代表，魁奈提出了土地单一税理论，反映了那个时代新兴资产阶级的利益和愿望。马克思针对魁奈的主张，指出：实行土地单一税，“表面上是有利于土地所有权，不是为了工业的利益而是为了土地所有权的利益”，但事实上是对工业和农业资本家有利，是有利于资本主义生产发展的。“在重农学派本身得出

① 《马克思恩格斯全集》（第1卷），人民出版社1956年版。

的结论中，对土地所有权的表面上的推崇，也就变成了对土地所有权的经济上的否定和对资本主义生产的肯定。一方面，全部赋税转到地租上，换句话说，土地所有权部分地被没收了——而这正是法国革命制定的法律打算实施的办法，也是大卫·李嘉图学派的充分发展的现代政治经济学的最终结论"①，这也正是隐藏在重农学派全部理论中的真实目的。

当然，魁奈的土地单一税制设想，理论上的片面性和错误也十分明显。尽管如此，这一主张仍对后来的少数统治集团和一些经济学家产生了较大影响，如将单一土地税理论发展到顶峰的美国经济学家亨利·乔治，提出了消费税单一税制，就是这一影响的典型。

（二）实物税

重农主义是在同法国重商主义的斗争中产生的一个经济学流派，但在反对将货币等同于财富的同时，又走向了另一个极端。他们主张废除货币和货币税，退回到物物交换，实行实物税，这一点在布阿吉尔贝尔的财税理论中表现尤甚。

由于受历史和经济理论的局限，布阿吉尔贝尔从否定货币是财富，走向否定货币税的观点是错误的。他不懂得货币本身也是具有价值的物质财富，否则，货币就不可能具有流通手段和支付手段职能。同样，他也不可能理解，如同货币本身是商品交换发展的产物一样，货币税也是在实物税的基础上，随着商品货币经济关系发展而必然出现的一种课税形式，由货币税代替实物税反映了税收发展的历史进步。他错误地将封建国家和赋税承包人利用货币税作为剥削广大农民的手段同货币职能相混淆，因而主张废除货币税，恢复实物税，这不仅在商品货币经济高度发达的近现代不可行，即使在西欧封建社会的中后期，也是不现实的。

（三）赋税包征制度

在重农学派的赋税思想中，尤其值得称道的是他们对赋税包征制度的批判。自古以来，税收都是与法相连的一种分配形式。这种分配方式本质上要求实行依率征收，具有固定性或确定性，即政府应当将征税的对象、数量比例、完纳方法用法律形式预先告诉纳税人，实行依率计征，依法治税。

但是，当时的法国皇帝实行包税制，造成税收极不确定，弊端丛生。以魁奈为代表的重农学派，痛斥了封建的包税制，不仅表现出他们欲将法国工商业和广大农民从封建重赋、横征暴敛下解放出来的强烈愿望，同时，他们在批判封建包税制过程中所倡导的税收法治思想，也为后来资本主义立宪征税制度的创立提供了理论基础。

第二节

布阿吉尔贝尔的财税思想

布阿吉尔贝尔是法国资产阶级古典经济学的创始人，法国重农学派的先驱者之一。布阿吉尔贝尔生长在路易十四统治的时代，曾亲眼目睹当时法国经济的混乱景象，深切

① 《马克思恩格斯全集》（第26卷）（Ⅰ），人民出版社1972年版。

同情劳动人民沉重的捐税负担和痛苦不堪的生活，对法国因推行重商主义政策而带来民穷财尽的困局表示强烈的反感。针对当时法国商业和工业靠牺牲农业而得到发展所带来的种种弊端，布阿吉尔贝尔从维护农业的立场出发，勇敢地对重商主义政策进行猛烈抨击，提出了一系列改革经济和赋税制度的理论和政策主张。

布阿吉尔贝尔没有写过专门论述财税的著作，他的财税思想是在批判重商主义税收政策和揭露法国当时沉重、不合理的税制弊端中形成的。他的主要经济学著作有《法国详情》（1695—1696 年匿名出版）、《论财富、货币和赋税的性质》（1705 年）、《谷物论》（1706 年）和《法国的辩护书》（1707 年）。

一、减轻农民税收负担

布阿吉尔贝尔不同意重商主义关于财富就是货币、财富来源于商业，特别是财富来源于对外贸易的观点，公开宣称社会财富的源泉是农业中生产出来的农产品，农业的发展和耕种者的繁荣是一切其他等级财富的必要基础。因此，他对重商主义关于金银货币即财富的观点及其所推行的财税政策，进行激烈抨击和批判。

他认为，当时法国经济凋敝、人民生活贫困的主要原因，在于沉重的赋税破坏了发展农业的基本条件。他指出，“如果我们看到一块以前耕种得很好的土地，而现在却荒废了，这就是因为土地的产品不足以支付某些新的赋税，只得放弃耕种，于是就破坏了一切靠它为生的人们的生活。在全国没有一个行业不是靠土地的产品来维持生存的”。[①]

基于这些认识，布阿吉尔贝尔提出要减轻农民的税收负担，振兴法国经济。他建议取消关税、出口税和渡口税等国内通行税的征收，因为这些税收阻碍货物的运输，限制了货物输出。当时法国产品的出口量不到以前的 1/4。由于这些产品不能输出，造成本地产品过剩，腐烂变质，从而使生产者遭受损失，致使农业萎缩。另外，他还建议降低税负，如将酒等货物的间接税由 25% 降至 12.5%，以促进农业经济的恢复和发展。

二、改革法国税制

在分析法国税制时，布阿吉尔贝尔指出，当时法国产生消费不足的原因是税收的变化无常和分配不公，他以法国财政收入重要来源的达依税[②]为例说明旧税制的不合理。他指出，达依税存在三个弊端：

1. 不固定。达依税完全被任意规定，没有固定税则，且税率变化无常。他说：“达依税税率变化无常——打击便由此开始，使所有受到打击的人不得不放弃各种消费，甚至不进行任何会声张出去的贸易：只有最普通的面包和水才能使一个人安全地活下去，要是他的邻人看到他买了一块肉或一件新衣，那他就要成为其邻人的牺牲品了；如果他偶尔有一点钱，他就必须把钱藏起来，因为只要别人稍微听到风声，那这个人就完蛋了。”[③] 达依税的征收根本不是按照实际的产业和富裕程度征税，而完全是税务官随意

---

① 王亚南主编：《资产阶级古典政治经济学选辑》，商务印书馆 1979 年版。

② 达依税是一种以产业和收入为征课对象的税名——编者注。

③ [法] 布阿吉尔贝尔：《布阿吉尔贝尔选集》，商务印书馆 1984 年版。

征收的。

2. 税负分配不均。合理的税收应该是按照财产的多少征收的，财产多的多征，财产少的则少征。而达依税在确定税收负担时，不是根据纳税者的财产来规定税额数量，而是按照身份和职务的原则来确定，这种对富有状况丝毫不加区别的纳税标准是极为荒谬的。布阿吉尔贝尔嘲讽说道：达依税"完全任意配征而无固定的税则，只有一点固定不变，即愈穷者纳税愈重，……相反，愈富的人纳税愈轻"。例如，在同一教区，收取三四千利弗尔的人，只不过付出 30 个利弗尔的达依税，只收取三四百利弗尔地租的人却需缴纳 100 个利弗尔，这已是司空见惯的事。

3. 征税方式不合理。出于增加财政收入的目的，达依税在征收方法上把过高的税率压在已经不堪重负的老百姓身上，这从某种意义上说，是要他们充当一部分从来不可能收齐的税款的纳税担保人。其结果，一方面导致老百姓彻底破产，另一方面造成无数达依税的收税者被长期关进监狱。

鉴于达依税存在的上述弊端，布阿吉尔贝尔主张要按照固定、公平、合理的原则改革旧税制。他提出了改革旧税制的具体措施：（1）实行普遍征税，取消捐税方面的特权。（2）根据富者多缴、贫者少缴的原则提出公正配征原则，即按照配赋税方式改革上述弊制。配赋税方式就是财政官员在对其整个稽征区的财产进行逐个调查和平衡的基础上，按拥有财产的比例，把每一稽征区的人口税摊派给每个人，以革除人口税不固定、税负分配不均的弊病，实行累进税制，收入越多缴税越多。

三、主张谷物输出自由化，输入课以高关税

法国当时颁布了一道法令严格禁止谷物输出，其理由是防止谷物输出造成粮食减少引起灾荒。实际上，当时法国是一个农业国家，粮食除了满足本国需要以外还有大量剩余，本来这些剩余应当出口，但国家为了保护工商业的利益，严禁谷物出口，从而形成谷物的供给远远大于需求，使谷物价格长期低于实际的价值。而长期压低谷物价格，使农民出卖粮食以后获得的货币不足以补偿生产费用和一切附带的负担，如地租、赋税等。于是，一部分农民必然放弃耕种，使土地荒芜，农业收益下降。

布阿吉尔贝尔认为，在谷物的生产贸易中，人为压低谷物价格的低价格政策有害于农业的发展。他提出建立谷物的自由市场，通过谷物自由贸易与扩大市场，允许谷物价格的自然上涨，取消对谷物出口的限制，主张谷物输出自由化，但禁止谷物输入法国，对输入粮食要课以高税率关税。

总之，布阿吉尔贝尔观点的立足点是允许经济自由竞争，认为越能在市场上反映商品的真实价值，对经济的发展越有利。

四、反对货币税，实行实物税

布阿吉尔贝尔在批判重商主义理论，反对将货币等同于财富的同时，却又片面地否认货币本身也是财富，甚至主张退回到物物交换，废除货币。在他看来，如果各种商品价格符合于各部门分配的劳动，而且相当稳定或变动很少，并到处都可以按比例交换，那就可以不用贵金属作货币，直接进行物物交换。在税收课征实体的选择上，他主张与其征收货币不如直接征收实物，因为金钱这个商品交换中的残酷的中介物，由于它的职

能，糟蹋了大量的商品。就税收而论，货币税形式对于税收分配的不公平、不合理具有掩盖作用，例如，对酒类征收的货币税，不考虑生产者能否收回成本，无中生有，强征那些不可能有的东西。所以，他愤慨地指出，实行货币税的恶果较之于强盗抢劫，有过之而无不及，“因为后者所抢劫的东西，仍然留在国内，他只是犯了法；而在前者的情况下，货物却化为乌有”。[①]

对于布阿吉尔贝尔的财税思想，值得肯定的是：第一，他虽然身为路易十四的法官，但却热情而又勇敢地替被压迫阶级声辩，表现出了一个资产阶级进步思想家的可贵品质和胆量。在他的著作中，分析和揭露了当时法国的赋税制度、政策和征税方法的残酷剥削性质及其给广大农民和国家财政经济带来的灾难性后果。第二，他提出的固定、公平、合理的赋税原则，反映了新兴资产阶级要求平等纳税、铲除封建贵族享有的一切不纳税特权，尽快登上历史舞台的强烈愿望，具有历史的进步意义。

第三节

魁奈的财税思想

弗朗斯瓦·魁奈是法国资产阶级古典政治经济学奠基人之一，法国重农学派的重要代表人物。他一生研究过化学、植物学、数学和哲学等多种学科，最擅长医学。当法国重商主义政策失败后，法国经济陷入困境，谷物价格和赋税问题成为当时人们普遍关注和经济学界讨论的中心。年近60岁的魁奈此时也投身并热心研讨这些问题，创立了完整的重农主义理论体系，并在他的理论基础上提出了改善法国状况的纲领以及一整套政策主张和措施。魁奈的经济著作主要有《租地农场论》（1756年）、《谷物论》（1757年），都说明法国农业的衰落，其根源在于政府对农业方面的苛捐杂税和对谷物出口的限制。此后，魁奈写了《人口论》和《赋税论》，强调人口的增长依赖于农业所生产财富的增长，反对关于人口构成一国财富的重商主义观点，主张从“纯产品”中征收地租税的单一税制。后来，又发表了著名的《经济表》（1758年）、《农业国经济统治的一般准则》（1758年）、《经济表的分析》（1766年）等。魁奈的财税思想散见于《谷物论》《赋税论》以及《农业国经济统治的一般准则》等著作中。

一、发展大农业经济

魁奈主张发展农业经济，但不是一般的农业经济，而是大农业经济。魁奈根据他对法国农业状况所进行的考察，指出当时法国农业从耕作方法上看，主要有两种方法：(1) 大农业经营，或者说用马耕作的方法；(2) 小农业经营，或者说用牛耕作的方法。他以事实和数字对比说明了大农业经营可以促使农业振兴，而小农业经营使农业衰落。魁奈指出，小农业经营想获得很大利益是不可能的，只有把土地集中形成大农业经营，才有可能增置较好的设备；只有大农业经营的租地农场主才可能有足够的资金支付农业

① 王亚南主编：《资产阶级古典政治经济学选辑》，商务印书馆1979年版。

经营所需的费用，能实行人力的节约，可以用较少的支出进行生产，从而获得较大的生产量，取得更多的纯产品，获得较多的利润。因此，他认为，要发展大农业经济，必须很好保护富裕租地农场主的地位，广泛推行大农业经济。这样，大农业经营得到发展振兴，小农业经营自然就会完全消失。

在这里，魁奈主张发展的大农业经济，实际上就是资本主义的大农业生产。但魁奈主张以资本主义大农业经营代替小农业经营，绝不是没有地主的农业，他的主张毫不损害土地所有者阶级的利益。魁奈所想到的是，随着农业生产率的提高和纯产品的增加，土地所有者阶级的收入和国家的赋税也将按比例增加。

二、整顿税收，征收土地单一税

在魁奈的赋税思想中，最具特色的是他关于土地单一税的理论。从纯产品理论出发，魁奈主张废除其他赋税，实行只向土地所有者阶级征收单一的地租税。因为在他看来，只有纯产品才是财富的增加，从而是唯一的可供分配的新财富。因此，无论是征收直接税还是间接税，也无论向哪个阶级征收赋税，“它总是落在同一本源上，因为它总是靠土地的收入来支付”。[①] 基于这种认识，魁奈主张直接向纯产品的占有者征税，即只对土地的收入征收单一税，其数额应与土地所有者阶级的收入成比例。

魁奈指出：“将赋税的分配重新调整，采取负担较小的征税形式，绝不向农业本身征税，而只是向农业提供的收入，以及靠农业收入维持的各种工作征税，这是非常重要的。”[②] 在魁奈看来，土地所有者从纯产品所分配的土地的收入，是由土地耕种者以地租或租借费形式付给土地所有者的，而这部分土地收入又是耕种者通过生产预付和劳动，并得到自然力的协助而生产出来的，它本来就不应当属于土地所有者。相反，土地所有者从自己土地上取得的盈利或收入，是国家、君主和国民的财富，是为国家需要服务的财富，国家的赋税只能出自这些财富。所以，魁奈认为，对土地的收入课税，是符合所谓“自然秩序”和“自然法则”的。

在阐述土地单一税的理由时，魁奈进一步指出，赋税不应当加在除土地所有者以外的其他阶级身上。

首先，不应当向工商业阶级征税。因为它们属于不生产阶级，工业和商业都不能创造出比投资资本更多的任何新财富。工业生产出来的产品价值与它的费用相等，如果向它们征税，自然会引起商品价格提高，其后果，就会使农业资本家收入减少，这样，农业中的资本也就会减少。对工商业阶级和手工业者的商品或制造品课征的税款，最终都来源于土地的收入，并由土地所有者负担。魁奈认为，赋税与其间接地由土地所有者负担，倒不如直接对土地所有者课征单一土地税。

其次，魁奈指出，国家不仅不宜对工商业课税，也不应当对土地的经营者即农业资本家征税，而且对于耕种者用于再生产的财富或预付也不能课税。因为“补偿支出的再生产财富不应当看作是新财富，它只是抵补了为使土地生产满足人们经常需要的产品而预付的支出。为取得盈利而使用的财富，应当看作是能带来收获的种子，它必须从收获

① ［法］魁奈：《魁奈经济著作选集》，商务印书馆 1981 年版。

② 同注①。

物中分离出来，以便下一年再播种”。[1] 魁奈认为，对用于补偿生产费用的那部分农产品是不宜征税的，如果向这部分农产品征税，农产品就不能再生产，一切公民就得不到生活资料。所以，魁奈反对把税收负担加到农业资本家身上。他在《农业国经济统治的一般准则》中告诫法国当时的统治者，在任何情况下都不要忘记，赋税的课征都只能以收入，即土地每年的纯产品为对象，而不能以农业经营者的预付、劳动的工资，以及销售的商品为对象，否则，那就不是赋税，而是强夺。它会断绝再生产，破坏土地，使租地农场主、土地所有者和国家陷于毁灭的境地。所以，他主张必须尽快废止对租地农场主预付资本的课税，以便使国家的收入不致陷入完全枯竭。

再次，魁奈不主张对从事农产品贸易和把农产品运往国外按好价出售的商人征税。因为他们手中的财富是为发展农业生产，增加国民财富所必需的。他指出，应当取消危害本国对外贸易、不利于本国农产品倾销并使生产缩减的赋税。这种有害的赋税的数额妨碍了贸易和农业的恢复，取消这种赋税产生的损失，可以从贸易和农业丰收中得到百倍的补偿。魁奈反对重商主义关于在外贸中采取低税或免税奖励输出、高税限制输入的保护关税政策，主张实行自由贸易。不论是对进口产品，还是出口产品，都不应当课税，解除妨碍对外贸易和国内贸易的一切禁令和规定，这样才能有利于粮食的生产和贸易，增加国家的财富和收入。

最后，魁奈还反对征收财产税和向个人课征人头税或劳动所得税。就前者而言，他认为，对私有财产课税会减少个人的消费和支出，从而降低农产品的售价和产量。对后者征税，更有悖于“自然法则”，并且极不公平、极为有害。因为人头税有害于土地的耕种和农业生产，且增加人民负担，加速他们的贫穷和破产。

以魁奈为代表的重农学派主张实行的土地单一税，是根据租地农场主支付给土地所有者的租金收入，按一定比例课征的。魁奈认为，实行这种土地单一税制的好处是：(1) 由于土地所有者以租借费形式收取的收入足够缴纳土地税，并且这笔租借费在租约中已经规定，对其数额租地农场主一清二楚，即使今后土地所有者和租地农场主重新订立租约时，租地农场主的竞争也经常会使土地所有者处于弱者地位，并使后者的收入同土地的产量相适应。(2) 由于土地单一税是比例于纯产品对继续再生产的财富源泉的课税，因而它是最合理的税种。(3) 因为全国实行只对土地收入征收单一税，所以就简化了税制和税务机构，节省了征税费用和人员，抑制了税务官员对人民的欺压。(4) 对土地所有者来说，课征土地单一税比以农产品和其他商品征税的负担要轻。因为在后一种情况下，土地所有者进行消费和花钱时，不仅负担了税款，还要支付农产品和商品征税的巨额费用，而在土地单一税情况下，则无须支付此项费用。

对土地单一税的分析，魁奈在其其他著作中作了总结性的概述：“事实上，满足国家需要所必需的赋税，在一个农业国家里，除了向能生产满足需要的财富的东西征收以外，不可能有另外的来源，这个来源毫无疑问就是依靠预付和人的劳动而耕种的土地。因此，国家所需赋税总额不可能是别的，只不过是土地所有者的土地的年产品中取得的一部分；赋税也不可能是别的，只不过是土地所有者的土地产品的一部分，扣除花在农

---

① [法] 魁奈：《魁奈经济著作选集》，商务印书馆 1981 年版。

作物上的劳动支出及其他支出所得到的剩余部分，就是纯产品，它构成国家的收入和土地所有者的收入”。

三、倡导轻税政策

魁奈不仅是一位土地单一税论者，还是一位竭力主张实行轻税政策的资产阶级学者。他认真总结了法国当时实行重税，导致城乡经济凋敝的教训，提出税收负担不应当过重到破坏国民经济的程度，而应当和国民收入的数额保持均衡，尽量随国民收入的增加而增加。他具体分析道：合理的租税，就是没有掠夺化的不良课税形式的租税，应当把这类租税看作是由农业国家土地的纯产品所派生出的收入的一部分。只有这样，才会使租税建立在国民财富和收入的基础上，并且使税收对于负担纳税义务的国民生计具有相适应的比例关系。

魁奈不仅不赞成对租地农场主的生产性财富征税，因为这意味着破坏国家每年再生产财富的源泉，而且，他还认为，对农民、雇农或短工的征税也要适度，不要过分，并使他们对租税的数额能够放心。如果任意征收不适度的税，他们就会对自己的工作不抱任何希望。同时，对商人和手工业者的征税也不能使他们感到负担过重。

总之，魁奈认为，要使国家富强，税收就不应当过重，对租地农场主，即农业资本家应实行免税，对农业劳动者要征轻税，对商人的税负不宜过重，从而使税收的增长建立在国民收入增长的基础上。魁奈认为，同一切征税对象成比例、负担适度的税是对全体人民有利的。

四、改革税收征管方式，废除包征制

魁奈一方面主张建立土地单一税、减轻人民的税收负担，另一方面又十分重视税收征管方式在实现上述目标中的作用。他在《赋税论》中指出，对国家造成巨大危害的不是征税本身，而是征税的方式。他认为最重要的是要找到对国家负担最轻的征税方式，即：一是要实行土地单一税；二是要改革陈旧的税收征集方式，按比例课征，彻底废除当时盛行于法国的包征制。

法国当时实行包征制的基本做法是，国家成立税务管理局，设置租税包征人，依靠这些包征人来代理征税业务，帮助征收赋税。由于许多包征人在征税过程中，层层盘剥、敲诈勒索，从而使整个国家和全体人民负担了比税收本身还要多的负担。因此，魁奈主张要废除包征制。而当时，反对取消包征制的理由是君主急需资金，包征制可以提供资金的巨大来源。魁奈针对这种理由进行了有力的驳斥。他指出：“在一个繁荣的国家里，是不需要这种会促使国家破产的资金的。君主能够乞助于一个更加富裕得多的源泉，即自己国民的财富，向他们征收临时的非常税，这种税不会引起国民财富的增加。例如，十分之一税能使他的收入比现在增加两倍，而农民的负担要比现在在包征制的情况下减轻一半。”①“取消对国家负担很重的租税包征制，而简单地把税收包征制给予君主的收入直接付给君主，会促使赋税大大减轻。”② 他认为，取消包征制后，“如果有良

---

① ［法］魁奈：《魁奈经济著作选集》，商务印书馆 1981 年版。

② 同注①。

好的行政，在很短的时间内，就可以使租税大大增加。此外，再把破坏性的课税也废除掉，并且促进谷物、葡萄酒、羊毛、亚麻布等的对外贸易，就能使国民富裕起来”。[①]

本章小结

重农学派是作为和重商主义相对立的思潮出现在经济思想史上的，是法国新兴资产阶级在经济实践中，批判酿成法国专制主义体制危机的重商主义而形成的。重农学派的经济理论体系是法国古典经济学体系的表现形式。在重农学派阐述的经济理论体系中，对后世影响较大的是布阿吉尔贝尔的财税思想和魁奈的土地单一税理论。

布阿吉尔贝尔提出了一系列改革经济和赋税制度的理论和政策主张，主张要按照固定、公平、合理的原则改革旧税制。

魁奈是法国资产阶级古典政治经济学奠基人之一，法国重农学派的重要代表人物。在魁奈的赋税思想中，最具特色的是他关于土地单一税的理论。从纯产品理论出发，魁奈主张废除其他赋税，实行只向土地所有者阶级征收单一的地租税，倡导改革税收征管方式，废除包征制。

本章思考题

1. 简述重农学派的主要经济理论。
2. 简述魁奈的财税思想。
3. 如何评价魁奈的土地单一税理论？

① ［法］魁奈：《魁奈经济著作选集》，商务印书馆 1981 年版。

第四章

庸俗经济学派的财税思想

根据马克思的分析，在自由竞争资本主义阶段，资产阶级政治经济学的发展经历了古典政治经济学和庸俗政治经济学两个阶段。[①] 如果说以亚当·斯密和大卫·李嘉图为代表的古典学派，作为无产阶级与资产阶级之间的阶级斗争尚未发展的产物，尚能比较客观地研究资本主义经济现象的内在联系的话，那么，资产阶级庸俗经济学派则完全抛弃了古典政治经济学中的许多科学成分，只限于描述经济现象的外部联系，转而为资产阶级进行辩护，宣扬阶级调和，用各种各样的辩护理论，维护资产阶级利益，其实质是将古典经济学理论庸俗化。庸俗经济学派的代表主要有法国的让·巴蒂斯特·萨伊（Jean Baptiste Say，1767—1832 年）、英国的托马斯·罗伯特·马尔萨斯（Thomas Robert Malthus，1766—1834 年）和约翰·斯图亚特·穆勒（John Stuart Mill，1806—1873 年），本章主要介绍萨伊和穆勒的财税思想。

第一节

庸俗经济学派概述

一、庸俗经济学的产生

资产阶级庸俗经济学产生于 18 世纪末和 19 世纪初。曾在法国 18 世纪发生过重要

① 资产阶级庸俗经济学，是指那些在理论体系上不去研究资本主义生产关系的内部联系，而只限于描述经济现象的表面联系的资产阶级经济学。马克思说："庸俗经济学无非是对实际生产当事人的日常观念进行训导式的、或多或少教条式的翻译，把这些观念安排在某种合理的秩序中"（《资本论》第 3 卷，《马克思恩格斯全集》第 25 卷，人民出版社 1974 年版）。

影响的重农学说，到18世纪末已经趋于衰落。法国人引入英国经济学后，进一步加速了重农学说的衰落进程。亚当·斯密的《国富论》一经出版就被译成多种文字，仅1779—1802年就在法国和欧洲其他国家出了四种版本，从此，欧洲大陆产生了一批亚当·斯密理论的信奉者和传播者。他们按各自的理解，讲解和注释《国富论》，清理《国富论》中的含混说法，重新安排政治经济学体系，并尽可能在其中加上自己的见解。这些经济学家，主要有法国的萨伊、英国的西尼耳、马尔萨斯以及穆勒，其中，萨伊在这一传播中起了非常重要的作用。

1794年法国大革命后，法国最突出的矛盾是新兴资产阶级和封建制度的矛盾。但是，在反封建斗争中，劳动人民的彻底战斗精神给资产阶级敲响了警钟。在这种情况下，法国资产阶级所要求的自然不会是反映阶级对立的大卫·李嘉图学说，而是要求另外一种经济学，它既能为法国资本主义的自由发展作论证，又可以把资本主义发展的一切矛盾掩盖起来。萨伊正是适应了当时资产阶级的这种需要，将亚当·斯密经济理论中的非科学成分分离出来并加以阐释和发挥，创立了法国资产阶级庸俗经济理论。

在英国，19世纪初，资本主义的发展和工人运动的壮大促进了社会主义和共产主义思想的传播，也促进了新的社会学说的产生。以大卫·李嘉图为代表的古典学派开始解体，并丧失了在经济学中所占据的主导地位。马尔萨斯及其门徒抓住大卫·李嘉图不能在价值规律的基础上说明资本和雇佣劳动的交换和等量资本获得等量利润的规律，力图推翻大卫·李嘉图的价值学说和剩余价值学说。

穆勒进行的社会活动始于19世纪40年代。当时，他目睹了工人阶级在资本主义社会中的悲惨遭遇，看到了尖锐的阶级对立和阶级斗争。因此，他不能不承认资本主义社会存在矛盾。与英法两国其他资产阶级经济学家不同，他从亚当·斯密和大卫·李嘉图的基本经济理论出发，看到了资本主义制度的弊端，从主观上来看，他是在想方设法寻找真理，以克服资本主义矛盾和改善这种社会制度的方法。但是，由于他的资产阶级世界观的限制，使他不可能与传统的经济理论决裂。因此，穆勒的这种矛盾思想的存在，充分地反映到了他的经济理论中。他企图将资产阶级和雇佣劳动的利益和要求调和起来：一方面，他崇信自由竞争原则的资产阶级经济理论；另一方面，又宣扬资产阶级人道主义和社会改良主义，提出改善资本主义的经济政策和社会改革纲领。但事实上，穆勒没有也不可能从中得出必须改造现存社会的结论，而是站在资产阶级的立场上，企图采取一些改良主义方法，调和日益尖锐的阶级矛盾，维护资本主义制度的长治久安。马克思评价穆勒的经济理论体系，是“企图调和不能调和的东西”①，是一个毫无生气的混合主义、折衷主义。

二、庸俗经济学的主要经济理论

萨伊的经济理论主要包括政治经济学的“三分法”、效用价值论、生产三要素、“三位一体”分配论和销售论等，对以后资产阶级政治经济学的发展有着深远的影响，并为后来一些经济学家所继承。

萨伊的经济理论研究是从政治经济学的性质和研究对象开始的。长期以来，政治经

① 《马克思恩格斯全集》（第23卷），人民出版社1972年版。

济学同阐明政府与人民之间、国与国之间关系的政治学混在一起，同农业、商业等特殊部门的特殊技艺混在一起。亚当·斯密虽然避免了这种混同，但未能提防另一种混同，即没有将政治经济学这门研究事实之间联系的科学，同阐明这些事实本身的科学（如统计学）区别开来。萨伊认为，政治经济学是研究有关财富如何生产、分配和消费的科学，它的任务在于阐明财富生产、分配、消费的一般原则，至于这些原则的实际运用，就不属于政治经济学的范围了。这样，萨伊就把政治经济学体系明确划分为三个相对独立的组成部分：(1) 财富的生产；(2) 财富的分配；(3) 财富的消费。这种所谓“三分法”，使萨伊成为近代资产阶级政治经济学体系的首创者。这种分法虽然在形式上使政治经济学更加条理化，但在内容上仍是以亚当·斯密的劳动价值论学说为根本，他将劳动价值论予以了通俗的意义。

萨伊从政治经济学“三分法”出发，在价值理论上，提出了生产三要素论和生产费用论。首先，他把资本主义生产归结为生产一般，把资本等同于生产工具，认为劳动、资本、土地是一切社会生产所不可缺少的三个要素。在他看来，物质是既定的量，并非能够为人力所创造，因此，生产不是创造物质，而是创造效用（使用价值），商品价值的大小取决于它的效用。这样，他就把劳动、资本、土地三个生产要素，不仅看成创造商品使用价值的要素，还看成创造商品价值的要素。其次，萨伊认为，这三个要素在创造效用的过程中各自提供了“生产性服务”，分别创造并获得了相应的收入，作为对自身耗费的补偿。工资、利息、地租就是分别为取得劳动、资本、土地的生产性服务所付的代价，因此，三项收入便构成创造效用的生产费用，确定商品的价值。这样，萨伊就从生产三要素创造效用，从而创造价值的庸俗“效用论”，转到了工资、利息、地租三种收入（或三种生产费用）决定价值的生产费用论。

萨伊将效用价值论和生产费用论延伸到分配领域，必然得出“三位一体”的分配论。他认为，既然生产三要素都是创造价值的源泉，各个生产要素的所有者理所当然可以依据各自提供的生产性服务，取得相应的收入，即劳动取得工资、资本得到利息、土地获得地租。这种“三位一体”公式分配论，掩盖了剩余价值的真正来源和资本主义的剥削关系。

另外，萨伊的经济理论在当时的资产阶级学者中受到广泛推崇，还在于他关于市场问题的论述。萨伊所处的时代正值资本主义生产过剩的矛盾逐渐累积，普遍的经济危机即将发生的阶段。针对这种资本主义生产过剩，萨伊认为，人们常常抱怨产品找不到销路，缺乏需求，其实是一种片面的看法。用来购买产品的手段，“由同样是劳动、资本和土地的果实的其他产品组成。这个事实使我们得到一个乍看起来似乎是很离奇的结论，就是生产给产品创造需求”。[①] 于是，他得出了“供给会自动创造出自己的需求”的结论。这个结论，不仅为自由贸易作了进一步的论证，也为资本积累是经济增长的基本源泉的命题提供了理论前提。既然供给本身创造需求，那么，不论资本以多大规模积累，也不论生产以多大规模增长，都不会遇到产品销售的困难，都不会出现生产过剩的危机。萨伊的这一销售理论，为大卫·李嘉图以及后来的许多资产阶级经济学家所接受，被称为“萨伊定律”，它对资产阶级经济学的发展以及经济政策的确定产生了深远

① 王亚南主编：《资产阶级古典政治经济学选辑》，商务印书馆 1979 年版。

的影响。

萨伊的销售理论把货币仅仅理解为交换媒介，把资本主义的商品交换还原为买同时又是卖的物物交换，从而得出了供给本身创造需求的结论。如果从作为流通手段与支付手段及蓄积手段的货币本身的机能来考虑，其谬误是很清楚的。

穆勒是庸俗经济学派的另一位重要代表，其经济理论体系的显著特点就是折衷主义。他的代表作《政治经济学原理》问世的1848年前后，世界上发生了一系列重要的历史事件。1848年前后，英国资本主义正处于自由资本主义向垄断资本主义发展的过程中，资本主义的各种矛盾在政治、经济、社会各个领域中暴露出来。与此同时，空想社会主义理论正不断浸透到工人阶级之中，逐渐取代了亚当·斯密和大卫·李嘉图的古典经济学。在这样的历史背景下，穆勒的《政治经济学原理》集古典经济学之大成，同时，接受时代的要求，对古典经济学作了修正，形成了折衷主义经济理论。

穆勒的折衷主义经济理论集中反映在《政治经济学原理》中，他把经济学分成理论与政策两部分论述，其特点有：（1）生产、分配、交换三篇，论述了经济学的一般的规律性——理论经济学，大多沿袭亚当·斯密、马尔萨斯、大卫·李嘉图等的理论，称为静态理论。（2）第四篇“社会进步对于生产及分配的影响”，把社会主义理论视为经济社会发展过程中的一般规律，这说明穆勒的经济理论又是企图解释经济学最终趋势的所谓动态论。（3）穆勒的政治经济学原理既继承了古典学派理论，又用新的理论来补充他的理论，因此也可以说是集古典学派之大成。（4）穆勒以动态理论作为理论与政策的桥梁，在第五篇中阐述了政府经济政策影响下的财政理论。

同时，穆勒经济理论的折衷主义特点也体现在他对生产规律和分配规律的论述。生产规律和分配规律在穆勒的经济理论体系中占重要地位。在《政治经济学原理》一书中，穆勒反对亚当·斯密和大卫·李嘉图关于经济规律都具有普遍性和永恒性的观点，认为生产规律和分配规律具有不同的性质：生产规律具有自然规律的性质，不随社会制度的改变而变化，是永恒不变的、自然的规律，财富的分配规律则不同，它完全是人类制度的问题，受人的意志支配，是一种社会规律，由社会的各种条件所决定，是可以改变的。

穆勒认为，生产规律和分配规律具有不同性质的观点是错误的。他未认识到生产规律和分配规律是一定历史发展阶段的产物，是属于一定的生产关系的，它们的性质是一致的。在资本主义的生产关系下，绝不可能随意改变分配的形式。因此，他把大卫·李嘉图的经济规律分割为生产规律和分配规律的目的，就是幻想通过改善分配方式，在不触动资本主义生产的基础上，来改善资本主义分配，缓和当时日益尖锐的劳资矛盾，为他的社会改良主义政策纲领提供理论依据。穆勒的分配规律认为，通过政府活动即推行政策是可以改良的，这里“财政”作为一种政府活动的财政就成为左右分配规律的手段。

另外，穆勒经济理论的折衷主义特点还体现在他对庸俗经济理论的综合的方面。他不赞成大卫·李嘉图的劳动价值论，只是综合地重复了前人的生产费用论和供求论；在利润问题上，他接受了当时另一位庸俗经济学者西尼尔的观点，把利润视为资本家“节欲”的报酬；在分析资本主义再生产问题时，他采用了“萨伊定律”来说明生产过剩危机；等等。

三、庸俗经济学派财税思想的特点

庸俗经济学派的经济理论某种程度上都带有庸俗成分，其财税理论无疑也或多或少地打上庸俗成分的烙印。但由于财税理论在传统政治经济学中具有相对独立性，而财税思想的发展又具有历史继承性，这就决定了即使是在庸俗经济学派的经济理论体系中，也不乏一些有益的财税理论见解和闪光的财税思想，且这些思想都对近现代财税理论的发展产生过重大影响。

（一）对国家职能理论的发展

古典经济学家亚当·斯密提出了国家的三项职能，与亚当·斯密相比，庸俗经济学派的国家职能理论有了一定的发展。萨伊认为，国家消费具有再生产的意义，并从"消费有益"的角度为政府职能划分了一个大致范围，指出政府的活动必须产生预期的社会收益，否则，就是对社会资源的浪费，因此，政府的职能应当局限于对社会产生预期收益的范围。

穆勒则把政府职能分为必要的职能和选择的职能，主张应当按照一般便利原则从制度角度理解职能的范围。他认为，政府除了保护人们免遭暴力和欺诈两项职责之外，还有诸如对自然资源如何被共同享用作出规定、安装路灯、打扫街道、筑造或铺设道路、修建或扩建海港、建造灯塔、筑造海堤和河堤、提供初等教育以及对土地和海洋进行勘测以绘制精准的地图和海图等方面，都有待于政府履行职能。

古典经济学关于政府职能的阐述，主要见于亚当·斯密、萨伊和穆勒三位经济学家的著作中。他们是资本主义市场制度的崇拜者，但他们并没有走向极端，而是从客观实际出发，承认在某些特殊情况下市场有其不胜任之处，需要政府制度的替代。为此，亚当·斯密提出了政府的三种职能，萨伊也对公共服务提供的范围加以探讨，穆勒的国家职能论则对政府制度运行的各方面作了更为详尽的探讨。

（二）对公共品理论的探索

古典经济学家信奉的是自由放任的经济学说，但他们也注意到了政府必须履行向社会提供某些产品和服务的职责，同时，还触及了公共品在受益方面的不可排他性和"搭便车"问题。穆勒用导航灯塔的实例进行了具体论证，"灯塔案例"的提出在公共品理论的演变过程中具有重大意义。之后的一些著名经济学家将其作为公共品由政府提供的经典案例。庸俗经济学派对公共品的探索尚属于一种纯粹现象的分析和问题解决的零星解答，但这一探索无疑为后世公共理论的发展提供了一个有价值的研究思路。

（三）部分地修正了古典学派的财税理论

穆勒的财税学说摒弃了那种认为人民向政府纳税乃是向国家提供资财、服务的相应补偿的古典学派财政理论的课税原理，主张均等牺牲乃至最少牺牲学说。例如，对于课税，穆勒在原则上主张比例课税的论点，主张对最低生活费与储蓄实行免税，劳动所得从轻课税，对不劳所得的遗产税、赠与税宜采用累进税率。换言之，他回避通过自由资本主义的所得不平等、贫富差别结构形成的工人阶级的运动来进行经济社会变革，承认通过课税维持社会经济体制，以改变所得分配的不平等现象，也可以说是容许了国家对国民经济的干预作用，这些思想意味着从自由资本主义所具有的财政中立性的意识形态后退了一步。又如，与古典学派的公债有害论不同，他还赞同在垄断资本主义阶段存在过剩的闲置资本的前提下发行公债。由此可见，穆勒虽然沿袭了古典学派的财税观点，但也适应了时代的要求，通过修正古典学派财税理论，尽力使自己的理论与时代的要求相吻合。

第二节

萨伊的财税思想

让·巴蒂斯特·萨伊是法国资产阶级庸俗经济学派的创始人，也是西欧各国庸俗经济学的主要奠基者。他出生于法国里昂一个大商人的家庭，很早就从事商业活动。曾赴英国接受教育，在英国学习期间，他不仅看到了英国产业革命发展的情况，同时，也接触到了亚当·斯密的学说。他回国后担任一家保险公司的经理克拉维尔的秘书。当亚当·斯密的著作《国富论》被译成法文后，萨伊就一直积极地传播和诠释亚当·斯密的学说，重构政治经济学体系，并阐述自己的一些见解。1803 年，他出版了《政治经济学概论》，这本书成为亚当·斯密经济学在欧洲和北美的最主要的传播途径。1814 年他回到巴黎，出版了《政治经济学概论》第二版，其副标题为“财富的生产、分配和消费”。1828—1830 年，他又写了一部六卷本的《政治经济学教程》。萨伊所具有的连贯有序的表述天赋，使《政治经济学概论》成为 19 世纪早期宣传亚当·斯密思想的最重要的著作。

萨伊在庸俗经济理论的基础上发表了对财税问题的看法，其财税理论从总体上看包括一些不科学并为资本主义制度作辩护的成分，但在许多方面也继承和发展了英国古典学派的合理内容，其中，某些思想在当代仍然有着积极的启示意义，以至成为当今供给学派财税理论的主要来源之一。

一、国家职能论

萨伊赞同亚当·斯密关于国家职能的观点。他指出：“除那些从私人消费得到满足的个人需要与家庭需要外，还有由于个人集合组成社会这种情况而产生的新的种类的需要，就是说，社会作为整体的需要，满足这种需要是公共消费的目的。社会购买并消费，管理它的事务的各部部长的个人劳务，保护它不受外国侵略的军人的个人劳务，以及保护它的各个成员的权益不受侵害的个人劳务，所有这些不同职业都有它们的用处。”① 萨伊认为，政府为了行使其一定的职能便需要消费，而这种消费是有用的：“如果政府或个人是这样消费，以致能生产比消费的更大的产品，生产劳动的努力便有好结果。”②

与亚当·斯密的观点不同的是，萨伊认为，国家消费具有再生产的意义。他说：“军需品和粮食同用于有效地保卫国家的文武官员的时间与劳动，尽管消费掉或消灭掉，

① ［法］让·巴蒂斯特·萨伊：《政治经济学概论》，商务印书馆 1982 年版。

② 同注①。

却是用得其宜。"[①] 尽管萨伊没有像亚当·斯密那样明确地划分政府应该履行的几种职能，但毫无疑问，他同样不会赞成随意扩大政府的职能。他从"消费有益"的角度来为政府制度的运行划分了一个大致的范围："唯一的利益是需要的满足，如果需要不存在，消费肯定是个祸害，因为它是无目的的消费。公共消费也是这样，为消费而消费，故意浪费对国家的消费来说也是一样。"[②] "而公共消费和私人消费比起来更是犯罪行为，因为个人所消费的只是那些属于他的东西，而政府所浪费的却不是它自己的东西，它事实上仅是公共财富的托管人。"[③] "由于国家或代表国家的政府的消费，带来价值的损失，因而带来财富的损失，所以，只在牺牲的价值能给国家产生相当利益的条件下，消费才是适当的消费。"[④]

从萨伊的论述中可以看出，政府的活动必须产生预期的社会收益，否则，它便是对社会财富的浪费，而这种纯粹浪费财富的政府活动是应该被禁止的。因此，政府制度的运行应该局限于对社会产生预期收益的范围。政府应善于随时权衡所要作的花费与所预期的社会利益，应当把生产无形产品的官员的劳动看作生产性的劳动，并把官员的劳动看作政府能力，认为"政府的得不偿失的举动，都是愚蠢行为或犯罪行为"。[⑤] 这里，萨伊同样没有系统地且没有说服力地解释哪些政府活动能产生预期收益，而哪些又是不能产生社会收益的，也许对这些问题他还来不及细加探索。但萨伊显然已经注意到了他所处的时代，法国政府的官僚机构臃肿造成对社会资源的浪费这一事实，因此提出节约公共消费就应当"改革臃肿而浪费的国家机构"。

另外，萨伊还提出了公共消费的适度规模问题。他指出，公共消费在"国家总消费中占那么大的部分，有时达到社会总消费的六分之一、五分之一甚或四分之一，以致政府所施行的制度，必定对国家繁荣的增进或衰退有很大的影响"。[⑥] 对于公共消费的限度即公共部门与民间部门的资源分配，萨伊指出："一个国家的消费不可超过它的国民收入。"[⑦]

二、经费论

萨伊的经费论见于《政治经济学概论》第三篇第七章"关于公共支出的主要对象"，其中论述了有关国家消费的各项支出，包括行政费、司法费、国防费用、公共教育经费、救济机关费用、公共土木工程费用和公共消费。

（一）行政及司法费用

萨伊认为，行政及司法费用由人民负担，但其经费额则要根据人民的风尚来确定，主要随专制王权体制或民主体制有所不同。官员的薪俸应该根据其职务的重要程度有所区别。行政机构的复杂增加了不必要的官职，加重了纳税人的负担。萨伊认为，对有才

---

① ［法］让·巴蒂斯特·萨伊：《政治经济学概论》，商务印书馆1982年版。
② 同注①。
③ 同注①。
④ 同注①。
⑤ 同注①。
⑥ 同注①。
⑦ 同注①。

能的官员的服务报酬应与他向人民所提供的利益相称，即使这样的报酬会很高，也会给国家带来好处；对于那种因财政困难而设立出卖官职的制度，是把人民的一般利益出卖和调换为特权利益，这种权利买卖的后果，对国家来说要付出高昂的代价。另外，官员为保全自己，既欺骗国王也欺骗人民，所以，萨伊认为官员的薪俸应按公务的重要性来支付。

（二）国防费用

萨伊认为，国防费用不断增加的原因是战争。他认为，战费增加的原因包括：一是地主与资本家靠纳税逃避服军役，形成职业军人制度，成为国王实现野心与施行专制的工具；二是战争推进了一切技术及其专业化。除了直接战费之外，对别国贸易利益的损失也应列入战费之中。此外，战争不管以交战国哪一方为战场，该国繁荣的产业都要遭到某种程度的浩劫，这种损失也应计入战费之中。

（三）公共教育经费

萨伊认为，公共教育经费能增进国家财富，纯正风俗，提升人民的道德品质。因此，国家必须支持办好初等教育和高等教育。[①]

（四）救济机关费用

萨伊认为，应该从经济观点来比较救济机关为社会服务承受的牺牲与社会由此而获得的利益。

（五）公共土木工程费用

萨伊认为，建设公路与运河需要巨额费用，但它们对社会所提供的利益远远超过它们的费用。他指出，如果计算一年中通过任何一条公路的一切物品在这条公路不存在的假设下的运费，并把它和其存在情况下的运费相比较，那么，这两者的差额，就是那些物品消费者所得的利益，也就是社会所得的确实的、纯粹的净利益。[②] 对没有效用的公共建筑物，如宫殿、凯旋门、纪念碑等，都是国家的奢侈品。[③]

土木工程或建筑物每年的支出是由地租、利息和维修费用构成的。

（六）公共消费

萨伊认为，在现代民主国家，公共消费由国有财产上缴收入与赋税收入作为其支出。那时，国家提供给人民消费的公共消费品利益必须和他们向国家所负担缴纳的费用相对称。[④]

三、赋税论

萨伊在《政治经济学概论》第三篇第八章中阐述了赋税的本质、赋税的原则以及直接税与间接税的利弊等问题。

（一）赋税的本质

萨伊继承了亚当·斯密的自由放任思想，他从发展资本主义经济的立场出发，反对

---

① ［法］让·巴蒂斯特·萨伊：《政治经济学概论》，商务印书馆 1982 年版。

② 同注①。

③ 同注①。

④ 同注①。

国家对资本主义生产和经营的任何干预，主张发展生产和鼓励生产性消费，限制政府的非生产性消费和赋税规模。萨伊所持的这种消极的国家观和财政观，在他关于赋税本质的论述中体现得较为充分。他认为，"所谓赋税，是指一部分国民产品从个人之手转到政府之手，以支付公共费用和公共消费"①，或者定义为："政府向人民征收他们的一部分产品或价值"②。与国家所提供的财货和劳务的使用效益相比照，萨伊主张所谓课税的利益学说，即"对纳税者来说，他从公务员的服务所得的好处，或从为达到公共目的而作的消费所得的好处，却是实得的利益"。③ 课税是指纳税人交给的货物的价值——货币的收受，即纳税人被没收的财富的数额。纳税人付出赋税就是损失了货币，赋税一旦被政府或其官员消费，对整个社会来说其价值便消失了。④ 因此，课税在本质上是国民所作的牺牲，这种牺牲的价值或来源于国民劳动、土地与资本的年产品，或来源于以前的储蓄和贮积的资本。从这一价值判断出发，他认为"使非生产性消费不利于再生产的原因，也使课税不能促进再生产"⑤，甚至对再生产起破坏作用。

上述观点是基于"萨伊定理"而提出的。在萨伊看来，一种产品是生产另一种产品的手段，征税减少社会用于生产的产品，必然使生产力下降，而且，课税是把私人的一部分财产充作公用，其所课征的价值一旦从社会成员手中拿走，就不再返还给纳税人。萨伊不同意所谓租税负担能够促使各个生产阶级不得不加倍努力，因而有利于扩大社会生产的观点。这是因为，他认为，任何发展生产的努力都必须借助资本的帮助，租税则是从人民手中拿走的累积的资本产品；而且，由于专为纳税需要而创造出的价值都被赋税所吞并，它不会增加任何社会财富。由此，萨伊得出结论：赋税一般都有害于再生产，那种设法尽量减少课税对人民的损害，厉行节约、不搞竭泽而渔的做法，早已成为政府或国王"最不常有的美德"。

（二）赋税的原则

萨伊基于赋税有害论提出了赋税征收的原则。他认为，课税有多大比例被用作非生产性消费，国民经济的再生产所需的资源便被削减多大的比例。为了将赋税对国民和社会生产所造成的损失降低到最低限度，建立起萨伊所希望的最好或危害最少的赋税，他提出了反映资产阶级要求的赋税五项原则。

1. 税率最适度原则。萨伊认为，每一个纳税人的消费，不论是生产性消费，还是非生产性消费，总要受其收入总额的限制。政府征税拿走其收入的一部分，必然会按照同一比例缩小他的消费规模，从而降低他对不再消费的那些物品的需求。产品需求量减少，产品供给量必然随之下降。同时，纳税人收入的减少，也会减少他用于再生产的资本产品的数量。这样，不仅使纳税人的"享受"和生产者的利润下降，国王的收入同样也会减少。所以，他指出，高税率政策对统治者说来，无异于是一种"自杀政策"。因而，他得出结论："最好的财政计划是尽量少花费，最好的赋税是最轻的赋税。"⑥

① ［法］让·巴蒂斯特·萨伊：《政治经济学概论》，商务印书馆 1982 年版。
② 同注①。
③ 同注①。
④ 同注①。
⑤ 同注①。
⑥ 同注①。

2. 各阶层人民负担公平原则。萨伊认为，“课税是一个负担，当大家一样负担时，每一个人的负担必然最轻。当赋税不公平地归于一个人或一个产业负担时，它不但是直接负担，而且还是间接负担”。[①] 所谓直接负担是指个人或产业因税负过重难以经营发展；所谓间接负担则是指因为税负不公，就使税负较重的那个人或那个部门不能按照同等条件与其他人或其他部门竞争。他认为，“豁免一个制造业的税收，往往使其他几个制造业破产；在税收上对一个人徇私情，就是对所有其他人的不公正”。[②] 不公正的税收不但损及个人利益，也损及国家的收入，因为那些税负过轻的人，不会要求增加税收，而那些税负过重的人，又很少能够按期足额纳税，这样，国家的收入就在这两方面都将遭受损失。

3. 课税必须最小限度烦扰纳税人原则。在萨伊看来，政府以货币形式从纳税人那儿抽取的赋税，是纳税人交给政府的得不到补偿的价值。这个价值经过无代价的转移和随之而来的交换行为，最终要归于毁灭。赋税和征税费用一样，并未归还社会。因此，政府应当尽量减少那些加重人民负担、烦扰纳税人且对国库又毫无裨益的课税。

4. 课税对再生产的妨碍最小原则。依照萨伊的看法，几乎所有的赋税都可以说有害于再生产。例如，他认为，对固定财产课税，使纳税人必须把已经用于投资的资本抽出一部分用于缴税，这就妨碍了生产性资本的积累；同样，对财产转移的课税，会阻止财产的合理流动。由于财产转移具有倾向于增加立约双方的收入和国民收入的功能，如果由于对财产转移课税而增加了费用，就使财产所有者不愿意转移财产，结果就会影响国民收入的增加。

萨伊还认为，不仅对资产课税有碍于再生产，而且课税还会对某些生产部门与社会消费产生消极作用，具体表现在两方面：一是产业发展受到与它有关的租税的直接影响；二是还受到与它所生产物品的消费有关的租税的间接影响。因为再生产所消费的产品，大都是原材料，对原材料课税，特别是对工业原材料课税，会产生连锁反应，那么，对再生产的影响就更大。

5. 有利于国民道德增进原则。萨伊认为，赋税不仅在财政收入方面有着积极作用，它还是政府掌握的有力工具。它既可以败坏国民道德，也可以改善人民道德；它可用以促进勤劳，也可以助长懒惰；它可以鼓励奢侈，也可用以鼓励节俭。一个公正且税负适当的税收能够促进国民道德的提高，有利于普及社会有用或有益的习惯。相反，过高或不公正的课税，则会助长人们欺诈、虚伪和作伪证等一些不正当、不道德的行为。

可见，萨伊的赋税原则，基本上继承了亚当·斯密的赋税四项原则，但他在亚当·斯密四项原则的基础上增加了“有利于国民道德”的原则。

（三）直接税与间接税的利弊

萨伊在《赋税论》中，论述了直接税和间接税的利弊得失。对于间接税，他指出，间接税最终转嫁于消费者负担，使商品价格增高，使商品需求减少，所以，实际上是减少了生产者的收入。消费者所负担的部分变成了国库收入，因此他以价格理论来讨论间接税的利益。在赋税转嫁论中，他认为对必需品课税会转嫁给消费者。至于对生产者课

---

① ［法］让·巴蒂斯特·萨伊：《政治经济学概论》，商务印书馆 1982 年版。

② 同注①。

征直接税是否转嫁，他的观点是：其中一部分由于生产者利润减少而转嫁给生产者负担，而土地税的课征由地主负担，房产税则转嫁给房产拥有者负担。①

萨伊在论述直接税与间接税的利弊得失时，没有把作为税源的各项收入联系起来进行考察，而是在生产与消费、需求与供给的对比中，有时加上道德的观点来考察，这是他赋税论的特点。

此外，在税制的选择上，萨伊主张实行复税制，反对单一税制度。他认为复税制度可以推进“各阶层人民负担公平分配的原则”。②

四、公债论

萨伊对公债进行了辩证的分析。一方面，他认为公债所筹集的资金，使国家的一部分民间资本，从生产性投资转向非生产性消费，促进了通货膨胀；公债是后代的赋税负担，在课税上优待公债持有者是公债的弊害。另一方面，萨伊又认为，公债也有优点：它能够把意外紧急事件所需的费用在若干年内分摊，“如果公债数额不大，所收到的债款很好地或适当地花费在有益事业上，就是给那些不懂得好好利用资本的少数人提供投资机会”。③

基于此，他主张应当以减债基金制度作为公债递减政策，来缩减财政支出，并主张依靠税收偿还公债。

第三节

穆勒的财税思想

约翰·斯图亚特·穆勒（John Stuart Mill，1806—1873 年）是 19 世纪中叶英国实行自由主义财政时期的最著名的折衷主义经济学家、哲学家、逻辑学家，他是英国古典经济学派的总结者，同时，又是英国近代财政学的奠基人。他的学说对 19 世纪后叶——完成自由产业资本主义阶段——到 20 世纪期间的英美财政学产生了很大影响。穆勒的重要经济学著作是 1848 年出版的《政治经济学原理》，这部著作总结了 19 世纪初以后的资产阶级政治经济学，形成了一个新的折衷主义理论体系，《政治经济学原理》曾在很长时间内被资产阶级经济学界奉为经济理论的“圣经”。他的重要著作还有《逻辑体系》（1843 年）、《论自由》（1859 年）、《功利主义》（1863 年）、《孔德与实证主义》（1865 年）等。

一、政府职能论

穆勒的整个财政理论与他的政府职能理论有着内在关联。他在《政治经济学原理》

① ［法］让·巴蒂斯特·萨伊：《政治经济学概论》，商务印书馆 1982 年版。

② 同注①。

③ 同注①。

第三篇“论政府一般的职能”中，将政府职能分为必要的职能和选择的职能两大类。

（一）必要的职能

必要的职能是指那些“根本不能与政府观念分开，且为一切政府行使的习惯上从未有人提出异议的职能”。[①] 穆勒批判了对国家职能的狭义理解，即将政府职能看作是只应保护人民不受强者侵扰和诈者欺骗。穆勒认为，政府的必要职能除了狭义的理解外，还应该包括严格执行法律、履行契约、预防争端、制定行政司法等诸多项目。

此外，穆勒认为，还有大量情形需要广大民众授权政府采取强制的方式来履行，其不仅包括铺设街道、安装路灯、建设港湾、修筑堤防，还包括制定度量衡标准、造纸、铸币、绘制地图等。在穆勒看来，这些都属于政府的必要职能，政府的职能范围相当宽泛，而且划分“必要”的界限是不言自明的，即能带来巨大的利益，因此，也不需要什么特别的说明。

（二）选择的职能

所谓政府的选择职能，是指在政府可履行的各项职能中，那些是否确定应由政府履行，但尚未确定或尚有疑问的职能，这类职能诸如保护本国产业、限制高利贷、实行商品价格统制和垄断，以及取缔工会等。穆勒认为，政府对经济活动采取上述干涉措施会导致许多弊病，因此，他对政府的选择职能持否定态度。

政府履行职能意味着对社会生活的干涉。穆勒将政府的干涉区分为权威性干涉和非权威性干涉。前者指的是由政府发布命令，强制执行；后者指采取劝告等方式予以实施。他认为，政府的权威性干涉弊害较多，应当尽可能将政府的权威性干涉限制在较小范围；对那些非干涉不可的社会事业，也应尽可能根据自由放任的要求，采取非权威性干涉的方式，这些领域主要有教育事业、保护劳动者、公共事业、殖民地开发事业和救济事业等。

穆勒提出的国家职能观点，是以“一般便利”的原则从制度上理解政府运行的恰当范围。从总体上看，他继承了亚当·斯密的政府职能观，坚持自由放任主义，抨击政府的干涉政策，但又修正了亚当·斯密“廉价政府”的观点，比亚当·斯密前进了一步。而且，穆勒对某些产品为何需要公共提供的分析也比亚当·斯密更明确，但仍不够准确，例如，他强调“灯塔”的公共提供是因为收费难，而我们现在知道，即使收费可行，但以此方式为社会产品筹集资金仍然是无效率的。但是，这一切都不能动摇穆勒的自由放任主义思想，他仍坚持以市场为基础，严厉抨击政府制度的无效率。

二、赋税理论

（一）赋税原则

在赋税原则问题上，穆勒基本上同意亚当·斯密的赋税四项原则，但是他对于“平等原则”的内容或本质的理解与亚当·斯密截然不同。亚当·斯密的赋税平等观是以“利益说”为基础，认为国民纳税的多少应与各个国民享受政府利益的多少相适应。但是，穆勒赋税平等观的哲学基础则是边沁的功利主义，即绝大多数人的最大幸福应为个别单位的总和。从这种思想出发，穆勒反对赋税“利益说”或“交换说”，提出应当用

① ［英］约翰·斯图亚特·穆勒：《政治经济学原理》，世界书局1936年版。

"全体最少牺牲"的标准，来分配税收负担，以实现税收公平。

所谓"最少牺牲"的基本原理是指，在一定条件下，全体纳税人对于国家课税的负担总是一个定量。如果纳税人甲负担过轻，必然是纳税人乙负担过重的结果。倘若要在每个纳税人之间实现平等纳税，则应当使每个人的纳税牺牲均等，这样才能使社会全体的牺牲最少。所以，穆勒指出，"课税的公平作为政治格言，意味着牺牲的公平，因而，个人对所支付的赋税感到痛苦，其他一切人对他那一分的体验，是不大也不小，意味着对政府的经费按各自名分的成数筹集"。[①] 穆勒将这种在税收上要求一切人均等牺牲的原则，称为赋税平等原则。他认为，赋税平等或公平原则，是政治上一般应有的方针，而不能仅仅用受益标准来衡量。

穆勒对税收利益说进行了批评，他指出：第一，"利益说"所提出的保护人身和财产安全，不是政府的唯一目的，政府的目标要宽泛得多，政府的存在是直接或间接地为谋取一切福利，消除一切灾害而成立的，因此，"利益说"的保护概念显得过于狭窄。第二，政府与纳税人的关系不能用价格关系表现，对人民来说，政府提供财货与劳务是均等的，而且很大部分无法用价值来评价，因此，不能用交换关系来说明。

（二）累进税和比例税的选择

根据"平等牺牲"的赋税原则，穆勒主张在制定税制时对累进税和比例税应当进行谨慎选择。他对按照同一百分比纳税是否意味着每个人平等牺牲的问题，给予了肯定回答，他主张实行比例税，反对累进税。在他看来，对较高的所得额比对较低的所得额按较高的税率课税，是对勤勉和节约的课税。税收侵犯私有权虽是不得已而为之，但对某些人多征，对某些人少征，就不合理了。因此，穆勒反对累进税，在很大程度上是基于维护私有财产制度的考虑。

穆勒虽然倡导实行比例税，但他认为实行比例课税有一定的前提条件：一是对所得课征比例税，应当扣除最低生活费用，使课税符合均等牺牲原则；二是对贫民消费的生活必需品应课征最低限度的税收，以保证这个阶层支付生活必需品的能力；三是承认累进税对于限制财产在不劳而获者手中的积蓄有积极作用。

穆勒作为庸俗经济学者，反对对资本家的利润征收累进税。他把资本家剥削雇佣劳动者取得的利润看成是勤劳节俭的所得，认为对利润课征累进税，"无异于是课勤劳节俭的赋税，无异于处罚较为勤劳节俭者"。为此，他要求资产阶级国家给予资本家——"能够忍欲的富者"以各种减免税特权。另外，他又主张对赠与财产、遗产和土地自然增值额予以课税。他认为，这类财产或所得属于不劳而获的部分，赋税"应当限制的是不劳而获的财产，而非劳而后获的财产"。

由此可见，穆勒一方面美化资本家阶级，将他们无偿占有的剩余价值说成是勤劳节俭的结果，要求对资本家免税；另一方面，又主张对不劳而获的财产课以重税，表达了他对这部分不劳而获财产的痛恨和厌恶。穆勒的这一自相矛盾的赋税思想充分反映了他"毫无生气的折衷主义"经济理论的特征。

（三）直接税和间接税

穆勒把赋税划分为直接税和间接税的依据是他提出的均等牺牲原则。

---

① ［英］约翰·斯图亚特·穆勒：《政治经济学原理》，世界书局1936年版。

所谓直接税，穆勒指的是“要由谁支付即由谁支付的赋税”。[①] 这类税收可以分为两类：一类是以所得为对象，如对地租、利润、工资和一般所得课征的税；另一类是以支出为对象，如对房屋、乘马和马车课的税。

穆勒所称的间接税是指“课加在这个人身上但原意要使这个人牺牲别人来赔偿自己的赋税”。[②] 这类赋税在当时的英国有国产（货物）税、关税等。穆勒对间接税作了进一步分析，指出，就间接税的负担关系来看，又可以分为两类：一类是对少数种类商品的课税；另一类是对全部商品课征并且与商品价值严格成比例的赋税。他认为，征收前一类间接税后，会使商品的价值与价格提高，使税收转嫁给消费者负担。但在普遍征收间接税的情况下，则不会提高商品的价值与价格，从而使税收无法转嫁，成为资本利润的负担。

穆勒还分析了直接税和间接税的优劣。1848 年前后，在英国发生了一场关于直接税和间接税的优劣问题的争论。当时，许多英国人非常清楚间接税的转嫁性质，但他们都非常厌恶直接税。穆勒指出，人们对直接税反感的原因，与其说是直接税本身，还不如说是这种课税行为。因为英国人不愿见税务人员，不愿忍受他们专断的要求。此外，直接税的征税结果也会增加公众对于课税的厌恶，而那些从滥用公款获利的阶级，则会利用这些公款去干那些有利于自己的勾当。穆勒本人也不赞同直接税，认为由直接税供给国家经费开支，会使国民税负加重。但是，他并不主张废除直接税，而是主张通过提高财政支出的效率来减轻直接税的负担。

对于间接税，穆勒持赞成态度，认为间接税利大于弊。其有利之处在于：间接税征收的时间和方法对纳税者最为便利，不存在额外负担，直接税却很难做到负担公平。所以，穆勒主张以间接税作为赋税的收入来源，除非国家紧急需要，否则不宜课取直接税。但是，间接税也并非完美无缺，在穆勒看来，间接税不论采取什么方法，总归是个人利益的牺牲，而且间接税的适用范围或对象也应当有所选择，例如，对奢侈品就非常适合征收间接税。但作为保护关税而征收的消费税和对必需品或生产这些必需品所用的原料或工具所征的消费税，则因其对国民财富有害而不应当课征。

基于以上的分析，穆勒提出征收间接税应遵循以下原则：（1）尽可能选择奢侈品课税；（2）直接向消费者课税；（3）根据消费者从消费物品过程中所得的利益或快乐征税，如烟税、酒税、茶税等；（4）间接税的课征对象应集中于少数商品，以减少征收费用；（5）从重征收酒税，以抑制饮酒的弊害；（6）间接税的负担不宜过高，以免助长逃税等违法行为。

穆勒对直接税与间接税所持的观点，是他从拥护产业资本家的立场出发并吸收了当时工人阶级的社会要求而形成的，向地主、农场主阶级课取直接税是不得已而为之，这种观点隐蔽了资本主义赋税所具有的一般矛盾，试图以社会改良来探讨赋税问题。

三、公债论

关于公债问题，穆勒没有触及公债的起因，他仅就公债的作用、财源及其对公债的

---

① ［英］约翰·斯图亚特·穆勒：《政治经济学原理》，世界书局 1936 年版。

② 同注①。

看法等问题进行了讨论。穆勒和亚当·斯密、大卫·李嘉图一样，把公债的作用看成筹划财源，以供给“战争或其他非生产性支出”。[①] 他认为，“公债是从资本取出来的借款，所以必定要使国家贫困”。[②] 但是，当以公债为财源而实施大型财政支出时，尽管其是非生产性支出，但是也谈不上减少国家财富和资源，而是迅速增大财富和资源，显示了国家繁荣。

穆勒认为，公债“在国家资本中有一部分是由工具、机械和建筑物构成的，借款决不能从国家资本的这一部分取出。要由另一部分支出，即用来支付劳动者的部分，劳动者遂要受苦”。[③] 也就是说，穆勒认为保证公债的财源是从流动资本中，即由雇佣生产工人的工资基金中扣得到的，所以，对劳动阶级不利，只对资本家有利。

穆勒认为，资本能够当作国内生产资本使用，而把能够使用的资本吸收为公债，是坏的财政手段。穆勒在批评公债制度时说：“由这种迂回的方法从劳动者身上榨下来的价值，将不为国家所用，而为劳动的雇主所得，国家除负有债务之外，尚负有永久付息的义务。在这种情形下，公债制度可以说是最不良的政府筹款方法，但在文明的现状下，这样的制度依然是政府筹款方法的一种。”[④]

对于政府究竟是选择公债或赋税来筹划临时非生产性支出的问题，穆勒主张：“一般说来所付出的都只能由年收入中取出国家所生产的财富全部及每一部分，都将形成某人的年收入。在赋税形态上取去金额所必致惹起困苦，在借款的形态上亦不能避免。困苦不曾被避免，只是掷在劳动阶级身上。这一阶级最缺乏负担困苦的能力，也最不应当负担这种痛苦，同时，为不断支付利息而课加的赋税，在生理上、道德上、政治上所引起的一切不便，又成了纯粹的损失。”[⑤] 穆勒认为，被公债所吸收的资本并不是非生产性支出，如果将这种资本投在国内的生产事业上，当公债由外债或国内的过剩游资应募时，则劳动阶级不受损害，也不会扰乱国家产业且会发挥有利的作用。[⑥]

穆勒认为，公债发行若只能限于由过剩资本额——闲置货币资本来筹措的时候，则除支付利息外，不至于引起国民生活水平的下降，在由公债收入供给经费支出期间，直接购置陆海军士的劳务，还可有益于劳动阶级。但是，“在财富日益增多的国家，为政府所必需的经费，它和资本或人口，不会依照相同的比例增加，所以，负担的感觉将会一天一天地减少”[⑦]，而政府的非常经费支出如果是正当的，由于这一代价所换取的利益还将造福于后代，那么这一代人不负担经费，而让后人来负担，也不是不公道的。

关于公债的偿还方法。穆勒认为公债的偿还有两种方法：第一，立即由一般的捐助偿还；第二，逐渐由剩余收入偿还。前一种是即时余额偿还法，它又可分为两种方法：一是偿还财源单独依靠课取财产税；二是偿还财源依靠一般税收。

---

① ［英］约翰·斯图亚特·穆勒：《政治经济学原理》，世界书局 1936 年版。
② 同注①。
③ 同注①。
④ 同注①。
⑤ 同注①。
⑥ 同注①。
⑦ 同注①。

穆勒认为由财产税立即偿还公债是不适当的。理由是：公债的利息偿还问题，“现代人仅应以所受于前代人的资产，不应以自己这一代产业的生产物，偿付前代人的债务”。[①] 穆勒认为，从前代继承的不只是财产；从前人继承的已经开垦的土地、道路、运河、城市、工厂等遗产，不是属个人的特定所有物，而是当代一切人所共有的遗产。因此，公债的利息负担，当代人理应负责偿还。但对继承特定遗产的人们，因其处于享受共同利益范围之外，所以应该考虑从重课取遗产税与赠与税。总之，穆勒主张应以继承财产税作为支付公债利息的财源。

穆勒反对由遗产税来充当偿还公债的财源，主张应由一般赋税来供给。但他认为，即使用这种方法也有问题，其理由是，偿还公债的赋税来自有财产的人及一般的税收，为了公债一时的偿债还要巨额的租税。对于有财产的人，可牺牲财产的一部分来支付分内应纳的税额，财产所有者的年所得没有变化。但如果是无蓄积而仅有所得的工人阶级，为偿还公债而被重课，不能以其所得支付税金，而不得不为纳税借债。借债又无充分担保，不得不借高利贷，高利贷的利息甚至比他过去为偿还公债利用课征的税额大得多，他就会因偿还公债而受到损害。同时，为支付公债利息而课征的赋税，是适应其所得而征课的，当集合起来支付公债利息时，俨然是纳税人的相互保险。而且，失去财产及所得，则免除课税，如果只对有财产及所得能力的人课税，则在他失去所得时，对他来说，依然是永久的重负。

穆勒认为，偿还公债的财源，包括国有土地在内的国有财产。卖掉国有财产所得的现金，可以充当偿还公债的财源，任何偶然的利得或淌来（天赐）的利得，也应当用于这个目的。[②] 此外，“还有一个公平而可实行的减债方法，那便是用岁入的结余”。[③] 这里所说的结余收入，意味着赋税的自然增收。穆勒主张，财富不如“留在人民的钱袋中，任其孳生”。就是说，如果把这个数额留在人民手中，人民便会储蓄它，把它转化为资本。穆勒这种认为岁入结余数额留在人民钱袋中，不如用它来偿付公债的论点，要具备一定的条件，即以结余的岁入来偿还公债，虽然可以废除部分不良赋税，但在不良的一部分课税之外，还有些更不良的赋税，废除这些赋税，比把另一些赋税废除对人民来说更有利益可得。因此，他认为结余收入与其用来偿付公债，还不如用来废除恶税。而且，只要不宜作为永久赋税制度的那部分赋税不存在，剩余收入就应当能够减轻纳税者的负担。在此以后“由课税产生进一步增加起来的岁入结余，我认为，即不应豁免，而应用以偿还公债。”[④]

穆勒认为，政府举债将削弱资本的力量，但并未予以反对。穆勒所经历的时期，正处于英国资本主义的成熟阶段，国内存在着过剩的闲置资本，作为活用闲置资本的方法，他同意发行公债。但在那种场合，穆勒主张与其以超收岁入抵充减债基金，一次偿还公债，还不如以超收岁入充作减税财源，在尚有超收岁入时再用作偿还公债。

---

① ［英］约翰·斯图亚特·穆勒：《政治经济学原理》，世界书局1936年版。

② 同注①。

③ 同注①。

④ 同注①。

本章小结

资产阶级庸俗经济学产生于18世纪末和19世纪初，重要代表有法国的萨伊、英国的马尔萨斯和穆勒。庸俗经济学派的经济理论某种程度上都带有庸俗成分，其财税理论无疑也或多或少地打上庸俗成分的烙印。但由于财税理论在传统政治经济学中具有相对独立性，而财税思想的发展又具有历史继承性，这就决定了即使是在庸俗经济学派的经济理论体系中，也不乏一些有益的财税理论见解和闪光的财税思想，且这些思想都对近现代财税理论的发展产生过重大影响。

庸俗经济学派有影响的财税思想主要在于：一是发展了国家职能。古典经济学家亚当·斯密提出了国家的三项职能，与亚当·斯密相比，庸俗经济学派的国家职能理论有了一定的发展。萨伊认为国家消费具有再生产的意义，并从“消费有益”的角度为政府职能划分了一个大致范围，指出政府的职能应当局限于对社会产生预期收益的范围。穆勒则把政府职能分为必要的职能和选择的职能，主张应当按照一般便利原则从制度角度理解职能的范围。二是对公共品理论的探索。穆勒提出“灯塔案例”，为后世公共理论的发展提供了一个有价值的研究思路。三是部分地修正了古典学派的财税理论。穆勒虽然沿袭了古典学派的财税观点，但也适应了时代的要求，通过修正古典学派财税理论，尽力使自己的理论与时代的要求相吻合。但他回避通过自由资本主义的所得不平等、贫富差别结构形成的工人阶级的运动来进行经济社会变革，承认通过课税维持社会经济体制，以改变所得分配的不平等现象，也可以说是容许了国家对国民经济的干预作用，这些思想意味着从自由资本主义所具有的财政中立性的意识形态后退了一步。与古典学派的公债有害论不同，穆勒还赞同在垄断资本主义阶段存在过剩的闲置资本的前提下发行公债。

本章思考题

1. 简述萨伊的财税思想。
2. 简述马尔萨斯的财税思想。
3. 简述穆勒的财税思想。

第五章

德国历史学派的财税思想

古典经济学的分化不仅表现为庸俗经济学派对它的庸俗化，而且除了社会主义者之外，古典经济学也遭到来自不同国家的其他经济学家的攻击和批判。这些经济学家，有的批判古典经济学某些重要观点，有的反对古典经济学常将仅适用于一国一定时期的经济原则，当成是适用于所有国家和各个时期的普遍规律，也有攻击古典经济学的方法论，只从事抽象的分析，忽视了各个国家及其在不同经济发展阶段的特殊历史因素等。发生在19世纪初的德国历史学派就是与古典经济学相对立的经济学派，他们把理论批判的矛头直接指向鼓吹自由贸易的英国古典经济学。德国古典经济学派的著名代表人物有历史学派的先驱弗里德里希·李斯特（Friedrich List，1789—1846年）、史泰因（Stein，1815—1890年）、阿道夫·瓦格纳（Adolf Wagner，1835—1917年）等。本章主要介绍李斯特、史泰因、瓦格纳的财税思想。

第一节 德国历史学派概述

一、历史学派产生的时代背景

德国是一个后起的资本主义国家，与英国发达的自由主义经济状况相比，经济相对落后。直到19世纪初期，德国仍然是一个以宗法式的农业为主体的封建国家，后进的德意志各邦国处于四分五裂、政局动荡的封建割据状态。如何克服德国资本主义的后进性，赶超先进国家，就成为德国经济学家最关心的问题。

社会经济的不发展导致了经济理论的贫困。18 世纪下半叶以前，德国经济思想中占主导地位的是所谓的“官房学派”，实际上是重商主义在德国的变种，着重于国家的财政管理方面。19 世纪初期以后，英、法资产阶级经济学作为一种“舶来品”输入德国，一些德国经济思想家开始从资产阶级古典经济学中汲取营养。然而，不幸的是，德国经济学家对于他们的“英国老师”的理论并不真正理解，而只是拼凑一些词句，加上原有的旧教条，形成为一个大杂烩。但这一时期，德国经济思想的发展也有例外。一些注重实际的经济思想家，力图从德国自己的民族实际出发理解英、法资产阶级政治经济学，强调政治经济学的民族性，这就是以李斯特、亚当·缪勒为代表的德国“国家经济学”的产生，李斯特的民族主义经济学开创了德国经济学中“反古典”的传统。

19 世纪 40 年代以后，随着德国资本主义的进一步发展，德国开始产生了自己独立的政治经济学——历史学派，这个学派把同英、法古典经济学的对立发展到了极端的地步。在理论上，历史学派继承了国家经济学反对世界主义，将政治经济学看作是研究一国经济特殊发展道路的科学的观点；在经济学研究方法上，从根本上否定了古典学派的抽象演绎法，极力推崇所谓的“历史方法”。

历史学派在其发展过程中经历了两个阶段：19 世纪 40—70 年代称为旧历史学派，70 年代以后称为新历史学派。旧历史学派的主要代表是缪勒、李斯特、W. 罗雪尔、B. 希尔德布兰德、K. 克尼斯；新历史学派也被称为社会政策学派，其主要成员有施穆勒、史泰因、谢夫勒和瓦格纳。直到 19 世纪末 20 世纪初，历史学派一直占据德国经济思想的主流，对近代德国政治经济学的发展产生了深远影响。此外，历史学派还对美国资产阶级政治经济学产生了一定影响。例如，美国出现的制度学派经济学，在某些方面就受到德国历史学派的影响，在经济学方法上强调所谓制度研究，以求对资本主义现实作出新的解释。

二、历史学派的经济观

德国历史学派的先驱是国家主义派。在理论上，历史学派继承了国家主义派反对世界主义，将政治经济学看作是研究一国经济特殊发展道路的科学观点；在方法论上，沿袭李斯特的历史比较方法，反对古典经济学派的抽象法和对经济的孤立研究。由于历史学派的代表人物只是埋头于经济史的研究，包括经济史料的搜集、整理和归纳，强调具体史实的探索，轻视经济理论本身的研究，因此，他们在经济学方面基本上没有什么称得上是理论的东西，也未能提出较有意义的系统的理论范畴，只能说有一些基本的经济观点。

旧历史学派的经济理论具有如下特点：

（1）反对古典经济学的抽象演绎法，反对进行任何经济理论抽象，主张用所谓的历史方法代替科学的抽象法。特别是否认人类社会经济发展存在着普遍的客观规律，认为各个国家和各个民族应当努力寻找适合自己社会经济发展的特殊道路。

（2）反对古典经济学所倡导的自由放任，主张国家对经济的干预，强调国家在民族的经济发展过程中的决定作用。

（3）在理论上为普鲁士式的资本主义发展道路作辩护，鼓吹阶级利益调和，反对各种社会主义学说。

（4）宣扬日耳曼民族的优越性，鼓吹民族沙文主义，从理论上证明德国对外进行侵略扩张的合理性。旧历史学派的这些特征，反映了其学说为德国资本主义制度辩护的庸俗性质。

19 世纪 70 年代，德意志帝国建立，资本主义经济得到迅猛发展。资本主义的迅速发展引起了国内阶级矛盾的激化和工人运动的发展。在这一历史条件下产生的新历史学派，承袭了旧历史学派的传统，在经济学方法上依然同古典经济学相对立，否认经济规律的普遍意义。同时，适应容克资产阶级的现实需要，他们极力鼓吹国家的超阶级性，鼓吹阶级利益调和，宣扬社会改良主义。新历史学派的基本经济观点主要有以下三个方面：

（1）强调心理的、道德的因素在经济生活中的地位和作用。例如，施穆勒认为，社会经济关系诸如生产、分配、分工和交换等就不仅是物质范畴，同时也是道德范畴，所以，经济问题只有和伦理道德联系起来，才能够得到说明和解决。从这一认识出发，他认为，当时德国社会现实中广泛存在的劳资矛盾、工资问题等都是一种伦理关系，可以通过道德观念的变化而得到解决。这一观点成为新历史学派的改良主义政策主张的理论依据之一。

（2）强调法律对经济的制约关系。瓦格纳系统地论述了这一观点，他认为，个人的社会经济地位不是决定于启蒙学者所说的“自然权利”，而是起源于法律制度，而法律制度又是历史的产物。因此，各种经济关系如经济自由、财产制度、契约关系等都可以找到法律方面的依据；反过来，法律的变化可以调整一定的经济关系。新历史学派主张利用法律手段进行社会改良的依据正在于此。

（3）强调国家在社会经济发展中的特殊地位和作用，鼓吹国家的“超阶级性”。施穆勒特别强调国民经济是作为一个整体而发生作用的。他认为，由于国家和法权的存在，有国家的干预，就可以创造出必要的国民经济的统一体，建立起社会的和谐。只有由国家作为社会经济的中心而发挥作用，国民经济才能获得高度发展。为了强化国家的社会作用，他们倡导由国家通过法律实行自上而下的改良，并以其方法论和基本观点为基础，提出了社会改良主义的经济政策主张。

历史学派是资产阶级庸俗经济学在德国的表现形式。它不同于英、法庸俗经济学的主要特点：英、法庸俗学派对于国家的作用，基本上是站在自由放任的立场上持消极态度，主张由市场这只“看不见的手”调节经济运行。德国历史学派的经济学家则竭力宣扬国家在经济生活中的重要作用，力图用国家的力量来保护和促进德国资本主义的发展，以及应对日益高涨的工人阶级斗争。正因为如此，德国历史学派也形成了一套完全不同于英法古典经济学派的独特的财税思想和财政政策。通过 19 世纪前半叶的历史学派的重要代表人物李斯特、罗雪尔等的努力，德国确立了国家保护主义的政治经济学体系，并以此作为德国财政学的理论基础，取得了财政学研究的丰硕成果。

三、德国历史学派财税思想的特点

历史学派是德国的资产阶级庸俗经济学派，它的产生和发展与英国资产阶级古典学派和庸俗学派相比有很大差别。德国在振兴本国工业和发展资本主义的过程中，面临着十分复杂的社会环境，所有这一切，都决定了德国历史学派必须要选择与英国古典经济学迥然不同的经济理论和财税政策。

(一) 以社会政策税收为中心的财税理论

历史学派反对传统古典学派关于“中性税收”的理论和政策，主张推行积极的社会政策税收。亚当·斯密等主张压缩国家权力及职能范围，提出以“税收中性”为特征的税收原则，反对税收对经济的任何干预，而瓦格纳等的观点恰好相反。他们提出了所谓“社会国家”的概念，即主张不应当把国家的任务局限于法律目的的狭隘范围以内，而必须使复杂的国家活动实现社会目的的需要，扩展政府职能。从这一认识出发，历史学派不再仅仅把税收作为筹集国家经费的纯财政手段，更重要的是将其作为改变国民收入分配的工具，赋予税收广泛的经济调节和社会职能，使一般财富的分配职能从属于社会政策的目的。

社会政策税收思想是历史学派理论的精髓。在他们看来，只有通过这种政策来改变财产、所得分配不公正的矛盾，才能稳定德国资本主义发展所必需的社会秩序。例如，瓦格纳就着眼于课税是强制地从个人手中转移财产这一点，认为在个人利己主义的社会秩序和自由竞争制度下所进行的财产和所得分配是不公正的，应该实行社会政策性的税收予以矫正。为此，他提出了累进税、最低生活费免税、对奢侈品和不劳而获的所得加重课税等具体措施，以此作为缓和阶级矛盾的手段。

(二) 税收再生产理论

历史学派的主要代表反对古典经济学关于税收与经济关系的消极观点，提出税收再生产理论。英国古典经济学派主要代表大卫·李嘉图就把国家看成非生产性的消费主体，税收当然也具有非生产性，所以，在他看来，凡属赋税都有减少积累能力的趋势。法国庸俗经济学者萨伊也断言，赋税一般都有害于再生产。历史学派则不然，史泰因就把国家和税收视为社会再生产过程中不可缺少的一个因素，认为人民向政府纳税和政府向人民提供物质资料或服务，两者之间形成的良性循环，构成社会再生产运动的一个重要方面。继史泰因之后，瓦格纳也认为税收自身具有再生产力，他指出，国家课税虽然形成纳税人的负担，但不久就会变成国家活动赖以发挥有效作用的能力，这种能力又可进一步形成新的税源和再生产能力。

(三) 实行保护关税政策

历史学派反对古典经济学派的自由贸易理论，主张实行保护关税政策。早在古典学派产生前的重商主义理论中，就曾竭力主张实行保护关税政策，加速资本原始积累。当英、法等资本主义国家的工业发展起来后，以亚当·斯密和大卫·李嘉图为代表的古典学派转而宣扬自由贸易理论，以便为本国资本主义发展开辟更加广阔的市场。然而，在德国，李斯特、瓦格纳等历史学派则竭力反对自由贸易政策，强调保护关税制度对德国工业发展的重要意义。李斯特等提出的保护关税理论，一方面，反映了德国资产阶级发展本国工业的历史需要；另一方面，又为后来的俾斯麦政府实行保护关税政策提供了理论依据。俾斯麦上台后，为德国提出了两大“社会措施”，其中一项就是以高关税税率保证德国资产阶级独霸国内市场，因为自 1874 年开始，德国的工业危机一年比一年严重，引起了工业界要求从自由贸易政策向保护贸易政策的彻底转变，不仅钢铁工业、纺织工业，甚至连东普鲁士的大地主，也要求提高进口税率，以保证对国内市场的垄断。

保护关税政策在一定时期内起到了保护德国工业发展的作用，但从根本上看，这种政策也会阻碍德国资本主义的发展。受益于这种政策的基本上是大的垄断企业，广大人民则成为这种政策的受害者，因为保护制度的执行不仅直接增加了国家支出和税收，而且由于人民必须以更高的价格购买国内和进口消费品，也导致人民的间接支出增加。

第二节

李斯特的财税思想

弗里德里希·李斯特是德国历史学派的先驱，德国关税保护主义的倡导者。他不仅是一位资产阶级的经济学家，还是积极的社会活动家。李斯特的经济思想反映在他的大量的关于现实社会经济问题的文章和演说中，这些思想在他的主要经济著作中得到了系统阐述。其主要著作有《美国政治经济学大纲》（1827 年）、《政治经济学的自然体系》（写成于 1837 年，1961 年正式出版）、《政治经济学的国民体系》（1841 年）等，其中，《政治经济学的国民体系》集中代表了他的经济思想。

李斯特从当时德国具体的历史条件出发，极力反对作为一种“世界主义经济学”的古典经济理论，强调政治经济学的民族性，竭力主张建立一种新的学说体系，即他所谓的“国家经济学”。他写道：“作为我的学说体系中一个主要特征的是国家。国家的性质是处于个人与整个人类之间的中介体，我的理论体系的整个结构就是以这一点为基础的。”① 李斯特把自己的主要经济著作称作《政治经济学的国民体系》，最恰当地表明了他的学说的这一本质特征。基于这种国家经济学，李斯特反对普遍的自由贸易，主张在德国实行关税保护制度。李斯特最具特色的财税思想就是保护关税的理论。

一、政府制度论

李斯特所生活的 19 世纪前叶，通过移植亚当·斯密的《国富论》和萨伊的《经济学概论》，古典学派自由资本主义经济学逐步渗透德国经济学中，逐渐成为德国主要的经济学说。但是，古典学派自由主义经济学，尤其是自由贸易论与德国现实的经济政策不能有机地融合在一起，又由于受到德国历史学派的思想影响，于是德国掀起了重新估价古典经济学的思潮。李斯特批判了亚当·斯密和萨伊等的劳动生产性与非生产性理论，认为一个国家并不直接生产价值，提出“某些法律，某些公共设施，在生产或消费生产力上，都要起或强或弱的作用”。② 李斯特认为，正是因为维持法律及制度、公共设施，人民才得以创造生产力，所以政府制度运行所需的国家经费支出具有生产性，这就使他的观点完全不同于古典经济学者亚当·斯密等，李斯特以此为基础形成财政理论，后来成为德国财政学说“国家经费生产论”的先驱。

综上所述，李斯特的政府制度运行范围至少比亚当·斯密、萨伊等的国家职能范围

---

① ［德］弗里德里希·李斯特：《政治经济学的国民体系》，商务印书馆 1961 年版。

② ［日］高木寿一：《近代财政思想史》（日文版），转引自：［日］坂入长太郎：《欧美财政思想史》，中国财政经济出版社 1987 年版。

要宽广得多，即国家除了履行三大职能外，还应在保护贸易、保护关税方面发挥作用，以便使德国的经济发展迅速赶上英国等发达国家。

二、保护关税理论

英、法古典经济学家从他们所处的已经进入发达的资本主义经济现实出发，以他们的分工和价值理论为基础，把全面的自由贸易看作各个国家之间合理分配劳动和资源，从而最有利于生产的天然的制度。李斯特则从当时德国的具体的历史条件出发，激烈抨击了英国古典学派的自由放任和“世界主义”政策，认为其忽视了国家的作用和不同国家经济发展的民族特点，竭力反对自由贸易，主张在德国实行关税保护制度。为了论证德国实行保护关税的必要性，李斯特提出了著名的生产力理论和经济发展阶段论。

（一）生产力理论

在李斯特看来，财富的生产力要比财富本身重要得多。他认为，向国外购买廉价商品，似乎可以增加财富，比较划算。但从长远来看，其将会阻碍德国工业的发展，使德国长期处于从属国地位。为了培养德国的生产力，政府必须采用保护关税政策。他说：“保护关税如果使价值有所牺牲的话，它却使生产力有了增长，足以抵偿损失而有余。由此使国家不但在物质财富的量上获得无限增进，而且一旦发生战事，可以保护工业的独立地位。工业独立以及由此而来的国内发展，使国家获得了力量，可以顺利经营国外贸易，可以扩张航运事业，由此，文化可以提高，国内制度可以改进，对外力量可以加强。”① 在这里，李斯特把由于实行保护关税而暂时出现的工业品价格的提高和利润的丧失，看作是国家为了达到工业上的自主发展所必须付出的代价。

（二）经济发展阶段论

为了进一步说明在德国实行关税保护制度的必要性，李斯特还提出了经济发展阶段论。他认为，一个国家实行什么样的贸易政策，在不同的经济发展阶段是不一样的。他认为，“世界主义经济学”的一个致命错误，就在于不顾具体的历史条件和经济发展水平，抽象地主张在世界各国普遍实行自由贸易。他提出，一个国家的经济一般必须经过五个阶段，即“原始未开化时期、畜牧时期、农业时期、农工业时期、农工商业时期”。②

李斯特认为，一个国家在不同的阶段应该实行不同的政策。当一个国家从原始未开化时期向畜牧时期、农业时期和农工业时期过渡时，对经济发展最有利的政策是自由贸易。只有自由地与先进国家进行贸易，才能打破原有的封闭和愚昧状态，促进工业的发展，使经济向更高阶段发展。到了农工业时期，则必须实行关税保护政策，只有这样，才能保证本国的工业免遭外国工业的竞争。当进入农工商业时期以后，由于国家的幼小工业已经成长起来，具有了同其他先进国家的工业竞争的能力，因而，自由贸易原则又重新得以适用。

李斯特认为，当时的德国正处于经济发展的第四个阶段，即由农工业时期向农工商业发展的时期，而英国古典学派所主张的自由贸易适用于经济发展的第五个阶段。这对于当时英国的情况是适合的，但不适合他自己所处时代的德国，德国的工业相对于英国

---

① ［德］弗里德里希·李斯特：《政治经济学的国民体系》，商务印书馆 1983 年版。
② 同注①。

发达的工业体系来说是很幼小的，因而，必须采取关税保护制度，以发展德国的民族工业，提高德国的工业生产力。

为了发展德国的制造业，李斯特建议通过征收进口关税来建立保护制度。不过，他认为，在采用这种制度时必须逐步进行，以免不正当地损失现有利益。而且，当受到保护的工业建立起来之后，应当将进口税率降低。他提出：最初的保护税率可定为40%；待新工业建立后，课征的保护税率为20%—30%；当这种发展完成之日，应终止执行保护关税政策。

第三节

史泰因的财税思想

史泰因是19世纪后半叶德国著名的财政学者，社会政策学派的主要代表之一。其代表作有《财政学教科书》和《财政学序说》等，在近代西方财税思想史上，其突出建树是提出了税收再生产理论。

一、国家职能观

德国社会政策学派理论的一个重要特点，就是根据德国的历史条件及经济发展状况，抛弃英国古典学派的自由主义经济理论、消极的国家观和财政观，广泛地扩展了国家职能及其财税作用的范围。史泰因把财政学理解为庞大的国家机体的一个组成部分，或者是国家学的基础。他的国家财政观概括地说，就是在“国民生活与国民经济的所有领域国家正在扩大行政职能”。[①]

从这种所谓“积极”的国家财政观出发，史泰因认为，国家财政在行政方面具有三大职能：一是对国家生活予以节度；二是维持国家生活的秩序；三是由其本身“再生产”自行消费的经济力。其中，在国家的第三种职能中，他提出了国家经费开支的生产性和税收再生产学说。

二、财政再生产学说和税收再生产学说

史泰因把国家和税收视为社会再生产过程中不可或缺的因素，认为人民向政府纳税和政府向人民提供物质资料或服务，两者之间形成的良性循环，构成社会再生产运动的一个重要方面。

史泰因提出的财政再生产理论的基本思路是，世界上的任何生活、任何经济及国家经济，如果自身不能再生产出其存在的条件，它就不能存在下去。同理，国家的收入与支出若不建立在相互的再生产关系上，非生产的行政支出就要使收入减少，这样行政就变成了简单再生产，甚至缩小再生产。

由财政再生产理论决定税收再生产学说的基本思想是，税收数额应当同国家职能的

① ［日］坂入长太郎：《欧美财政思想史》，中国财政经济出版社1987年版。

经济价值，即国家向人民提供的物质资料和服务相适应。如果国家从国民中课征税收的价值超过政府行政提供的物质资料或服务的价值，那么，国家这种非生产性的财政将引起作为国家收入源泉的个人生活水平的下降，其结果势必导致资本形成能力下降或衰退。

在阐述上述税收再生产理论时，史泰因指出，赋税应当有助于所有个别经济的资本形成，由各个资本形成的负担赋税的经济实力，就是国家财富。如果国家课税能够加强个别经济的生产性的经济力量，不阻碍个别经济的资本形成，就会加强国民经济的基础，并再次形成国家收入的更多源泉。此外，税收的再生产性表明，一方面，国家所有的国民应向政府提供赋税；另一方面，政府则应向所有国民提供物质资料与服务。当这种投入与产出形成有机循环且健全有力时，就会增强国家的经济实力。

三、赋税原则

史泰因关于税收再生产学说的内容，体现在他的赋税原则之中。他从税收的再生产理论出发，提出了赋税的三大原则，即经济原则、财政原则和国家经济原则。

所谓经济原则，是指税收必须以资本产生的所得作为来源，不得课及资本自身，更不得课征重税，以免妨碍资本积累。

所谓财政原则，是指税收不得超过国家现实的总需求，即税务行政应尽量减少征税费用；国库收缴的税金在作为经费支出以前，应当有效地使用，以减少损失和浪费。

所谓国家经济原则，是指“负税力产生税收、税收产生行政、行政再生产负税力”，即“经济—税收—经济—税收”的良性运行准则。

第四节

瓦格纳的财税思想

阿道夫·瓦格纳是德国新历史学派的重要代表人物。在他生活的时代，一方面，德国资本主义正向垄断阶段过渡，社会的阶级矛盾十分复杂，德国基本形成了由资本家、工人阶级以及保守的容克地主阶级三足鼎立的社会结构。1872 年，德意志帝国的诞生，促进了垄断资本主义的发展，中小手工业体系开始瓦解，工人和资本家之间的对立日趋激化。另一方面，德国资产阶级正在致力于加强德国产业的国际竞争能力和开辟海外市场。因此，如何缓和国内的劳资矛盾，调整经济以利于对外扩张，成为当时德国资产阶级急需解决的首要问题。正是在这样的社会政治经济背景下，瓦格纳在李斯特旧历史学派理论的基础上，提出了国家实行社会政策的主张，打出了“讲坛社会主义”的旗帜，提出了社会财政学及社会政策税收思想的观点。

瓦格纳是德国历史学派财税思想的集大成者，他通过吸收、整理、总结以前社会政策学派的代表人物的观点，如史泰因、谢夫勒等的思想及观点，逐步形成了自己独特的、以社会财税思想为核心的理论体系，他的财政学理论也被称为“社会政策财政论”。从 19 世纪末开始直到 20 世纪，瓦格纳一直是德国财政理论的代表人物，雄踞社会主义财政学的顶点。

一、国家观

在国家观问题上，瓦格纳首先明确了国家的职能。他认为，国家不是由人类自由创造或废止的东西，而是历史的产物，是人类生活中的最高形式。他把国家当作处于一切个别经济之上而结合起来的强制共同体。以此为出发点，他强调国家的职能不应仅限于用法律保护人身、财产安全这一狭窄的范围内，还应增加发展教育文化与福利的目的。换言之，瓦格纳不再满足于古典学派的“自由国家”和“夜警政府”观，也不再满足于亚当·斯密提出的国家三大职能的提法，而是将国家职能或政府制度的运行扩展到了使国民享受文化财富的领域，从而确立了“社会国家”的理论。在他看来，从“夜警政府”向“社会国家”的转变，就是要使复杂的国家活动满足社会目的的需要。

瓦格纳认为，“‘社会政策’的国家的目的比‘市民时代’的国家有着明显的扩大”。[①] 为确保完成国家目的的财源，国家必须“扩大国有财产，实行铁路、保险、银行的国有化，施行新的特权及烟草专卖，坚决贯彻煤气、水道、交通设施的公有化，另一方面，必须按照社会的赋税政策积极地改变人民所得的分配”。[②] 瓦格纳认为，不仅维持军队、社会治安、解决社会问题等费用具有生产性，其他一些干预经济的活动同样也具有生产性。他指出：“国家财政是获得并消费有形财富即货币的一种强制经济。这种强制经济产生无形财富（公共福利、公共利益等），因为这种创造表现出有形财富向无形财富的转移过程，而无形财富对国民经济生活来说也是不可缺少的，所以，国家的财政经费是生产性的。”[③]

当然，国家职能的扩大，并不意味着政府可以随意使用国家资财，“国家活动的本性与范围，必须以履行各种目标为导向，而这些目标是为人民所认可和由人民的利益所决定的”。但在实际中，要使国家活动完全符合人民的利益是很难做到的，瓦格纳显然已经意识到了这一点。他说道：“由于拥有统治权，国家可以自由确定自己的任务，确定执行职责的手段以及确定提供给人民的服务数量与种类，而无须考虑人民对这些服务的要求。国家执行这些任务是依靠自己的财政权利或力量，诸如它在特殊领域征集收入的统治权。国家能够通过强制性手段取得所需要的收入，而无须提供特定的利益回报。这种强制获取，尤其是通过一般性的税收制度，是国家作为强制性集体经济的最高形式的典型方式，以获得对我们的私人企业经济资源的控制。”[④] 这段话，深刻地揭示了政府制度运行的本质特征，即它是依靠强制力来获取资源的，虽然理论上要求这部分资源应用来履行国家职能以促进社会财富的增长，但在实际中很难保证政府制度的运行轨道不出现丝毫偏差。

综上所述，瓦格纳认为，自由经济向垄断资本主义的过渡必然使政府制度运行理论

---

① ［德］阿道夫·瓦格纳：《财政学》（第1卷）（德文版），转引自：［日］坂入长太郎：《欧美财政思想史》，中国财政经济出版社1987年版。

② 同注①。

③ ［德］阿道夫·瓦格纳：《财政学》（第2卷）（德文版），转引自：［日］坂入长太郎：《欧美财政思想史》，中国财政经济出版社1987年版。

④ Masgrave, R. A. & Peacock, A. T.: “Classsics in the Theory of Public Finance”, London: MacMillan &: Co. Ltd, 1962, P.5, P.6.

也发生相应的变化——自由经济时代的“廉价政府”和“夜警政府”应向垄断资本主义时代的“高价政府”和“社会政策国家”转变，政府职能的扩大是一个必然的规律。瓦格纳旗帜鲜明地反对古典经济学派的财政中性论，提出政府要积极地干预国民经济。应该说，这种观点是符合当时德国的垄断资本主义现实的，具有一定的合理性和先进性。同时，瓦格纳还深刻揭示出了政府制度运行的本质特征，即它的强制性。

二、赋税理论

（一）社会政策税收思想

瓦格纳的上述国家观表明，国家不仅维持对内的法律秩序和对外的防御任务，还必须给予人民越来越多的享受文化财富的机会。在这种国家观的基础上，瓦格纳提出了他的社会政策税收思想。

瓦格纳认为，资本主义国家通过推行某些社会政策，干预经济生活，以调和阶级关系，从而实现“国家社会主义”。在他看来，资本主义国家并不是一个单纯的“守夜者”，还是一个“圣诞老人”，他可以给穷人带来福利。要充分利用掌握在国家手中的税收分配工具，不仅要满足国家支出的需要，以实现其财政目的，而且还要矫正社会财富分配的不均等，以达到社会公正的社会政策目的。即不仅仅把税收作为筹集国家经费的纯财政手段，更重要的是将其作为改变国民收入分配的工具，赋予税收广泛的经济调节和社会职能，使一般财富的分配职能从属于社会政策的目的。

在《财政学》一书中，瓦格纳就是从国家上述两方面的性质和目的上定义赋税的。他指出：“所谓赋税，从财政的意义上讲，就是公共团体为满足其财政上的需要，凭借其主权，作为对公共团体的事务性设施的一般报偿，依据一般原则和准则，以公共团体一方所决定的方法及数额，强制地向个人征收的赋课物；再从社会政策的意义上说，所谓赋税，就是以满足财政上的需要的同时，或者说不论财政上有无必要，以纠正国民所得的分配及国民财产的分配，借以矫正个人所得和以个人财产的消费为目的而征收的赋课物。”① 瓦格纳认为，赋税不能理解为单纯的从国民经济年产物中的扣除部分，赋税还包括有纠正分配不公平的积极的目的。

可见，瓦格纳的赋税理论是一种二元论。一方面，他认为赋税有获得财政收入的纯财政的目的，即获得国库收入的目的；另一方面，赋税还具有对所得和财产分配进行干预和调整的社会政策目的。

（二）税制体系和税收政策

瓦格纳从自己的关于税收可以矫正个人所得和财产分配的思想出发，按照课税客体的性质，将税收划分为收益税系、所得税系和消费税系，并提出了按照各个课税客体的负担能力不同，贯彻量能负担原则的观点。

他认为，在个人利己主义社会秩序和自由竞争制度下，财产和所得的分配是不公正的，改变这种分配制度，除了要采取纯财政性的税收外，还需要社会政策性的税收，以便干预财富分配关系，使之趋于公正。具体地说，他认为，凡是由土地和资本两个生产

---

① ［日］龙本美夫：《瓦格纳财政学》（日文版），转引自：［日］坂入长太郎：《欧美财政思想史》，中国财政经济出版社 1987 年版。

要素所带来的收入，因为它们具有持续和永久的性质，所以税收负担能力强，应当多课税，尤其是对“不劳而获的所得”或偶然所得，应课以比普通所得更重的税；而劳动力这一生产要素，由于经常受疾病的侵害和事业的威胁，它所带来的收入具有不稳定性，因而赋税负担能力也弱，应当少课税。也就是说，资本主义国家中国民收入分配的不公平，主要是由于不同生产要素本身创造的价值大小各异所造成的，因而要矫正这种分配不均，就必须对来自土地和资本两个生产要素的收入多课税，对来自劳动力这一生产要素的收入少课税。实现这一目的的最好办法就是把课税客体按性质不同区分为来自土地和资本的持久收入与来自劳动力的不稳定收入，并相应地划分为收益税制和所得税制，对这两类不同性质的收入课税。如，他指出，对奢侈品、继承的财产的课税，要比对劳动所得课税更重，对赌博利得和行情利得等“不劳而获的所得”，应课征财产税与资本税，以利于缩小收入差距。

至于那些仅能取得维持基本生存需要的最低生活费用的人，由于他们缺乏税收负担能力，应当对他们免税。为了有效地调节个人财富和财产的分配，瓦格纳主张征收累进税。他认为，赋税应当适应经济的支付能力进行平等的课征，其标准应当因时因地而有所不同。所得越大，税率应当越高；所得越小，税率应当越低。

除了上述以收入所得和资本所得作为课税客体的税系以外，瓦格纳还补充设置了一个消费税制系统。在这个系统内部，一方面，选择一些为一般人所共同消费的商品设立的税种（如盐税），以实现普遍征收的原则；另一方面，选择一些主要为某些高收入者所消费的商品设立的税种（如烟、酒），以实现按支付能力征税的原则。在消费税系中，对一般人所共同消费的商品课以轻税，而对奢侈品课以重税，以提高征税的道德性。

这样，瓦格纳就设计了一个既有以收入为课税客体的收益税制和所得税制，又有以支出为课税客体的消费税制所构成的税制系统。这一税制系统，从社会政策的角度看，由于同时就收支两个方面调节社会分配不均，并且更多地采用累进税率形式，能更好地发挥社会税收政策的作用，以缓和无产阶级和资产阶级之间日益尖锐的阶级矛盾。从财政角度看，由于是就收支两个方面组织收入，将大大减少逃税漏税的可能性。

瓦格纳提出的调整收入分配关系的一系列税收政策，部分地调整了社会生产关系，适应了当时德国垄断资本主义发展的要求，不仅对当时的德国，对一些现代资本主义国家也产生了深远的影响。当然，这套社会政策的税收措施不可能从根本上改变资本主义国家税收加在普通劳动者身上的沉重负担。

（三）赋税原则

为了制定和实施社会政策税收的目标，瓦格纳提出了著名的“四端九项”赋税原则。瓦格纳认为，赋税原则是课税政策及课税技术所应遵循的准则。一方面，他的赋税原则虽然在实质上仍然同过去的资产阶级税收原则一样，侧重于财政政策的需要；另一方面，他又特别强调社会政策性税收在改变财产、所得分配不公正过程中的重要作用。后者正是瓦格纳称为“精髓”之所在。瓦格纳认为：“赋税的最后原则不是一个，所以很难使单一租税适合这些原则；而应当结合各类性质不同的多数赋税，形成一个赋税体系，在其全体上，尽可能去实现一切原则。”①

---

① ［德］阿道夫·瓦格纳：《财政学》，商务印书馆1931年版。

瓦格纳所要强调的税收原则，基本内容包括“四端九项”：第一，财政政策原则：课税的充足性、课税的可能性；第二，国民经济原则：正确税源的选择、税种的选择；第三，公正原则或公正赋税分配原则：课税的一般性、课税的均等性；第四，税务行政原则：课税的明确性、课税的便利性、最小课税费用。

瓦格纳虽然从财政、国民经济、公正、税务行政四项政策的立场建立赋税原则，但在四项原则中，财政政策原则与税务行政原则同属于国家收入立场的原则；国民经济原则与公正原则中，公正原则是社会政策原则。这种社会政策与国民经济政策都是基于财政与国民生活基本关系构成的赋税原则。

1. 财政政策原则。所谓财政政策原则即课税能充足而灵活地保证国家经费开支需要的原则，也称为财政收入原则或为国家筹集开支经费的原则，该原则包括收入充分和收入弹性两个原则。

（1）课税的充足性。课税的充足性体现为收入充分原则，指赋税必须能够满足国家的财政需要。瓦格纳认为，收入充分原则包含两个方面的内容：一是赋税是为满足国家经费的开支。这一原则旨在说明，筹集国家财政收入是税收的基本目标。二是当由赋税以外的财源不能支付国家经费时，必须增加赋税。该原则旨在说明，赋税收入要随着财政需要的增加而能以适当的方法增加，即收入弹性原则。依据这项原则，瓦格纳认为，可以把间接税作为主要税种，因为它能够随着人口的增加、课税商品的增多而使课税收入增加。

（2）课税的可能性。瓦格纳认为，赋税是经济增长的函数，赋税收入要适应于经济增长的变化，也表现出增减变化的可能性，所以它是赋税充足性原则的补充。瓦格纳举例说，消费税虽然能够随人口的增加、国力的增进及税目的普及等而自然地增加，具有弹性，但由于经济、财政和社会上事态的变化，其收入不够稳定，因此，通过这种税难以随时得到充分的收入。而且，即使提高税率，也不可能得到预期的收入。所以，消费税在临时有必要增加收入的场合不是很有效率的大财源，因而不能不以所得税和财产税来弥补消费税收入不充分的缺点。

2. 国民经济原则。所谓国民经济原则就是国家征税不能阻碍国民经济的发展，以免危及税源，在可能的范围内，应尽量有助于资本的形成，促进国民经济的发展。这项税收原则包括正确选择税源原则和正确选择税种原则两项内容。

（1）税源选择原则。税源选择原则是指要正确地选择税源。能够作为政府税源的有三类，即所得或收益、资本或财产以及消费。瓦格纳认为，正确的税源选择应以国民所得为税源，不能以资本所得和财产所得作为税源，否则，势必逐步减少财产，侵蚀、削弱国民经济基础，从而导致税源枯竭。但他又指出，所谓税收不能课及财产或资本，一般限于国民财产或资本，不包括个人财产或资本。例如，遗产税虽然减少个人资本，但根据税款的用途不同，它不一定减少国民资本。因为，这笔税款如果用于公私经济投资或劳动保险、教育等方面，用于可以增强低级劳动人民能力的场合，则损于一方而得益于另一方，国民财产不会因此受损失。更何况，征收遗产税还是实现财富公正分配的重要手段。

（2）税种选择原则。税种选择原则是指要考虑税负转嫁的作用。瓦格纳认为，税种的选择要考虑赋税转嫁的作用，要选择最佳税种，将税负归之于应该负担税收的人；

应尽量选择难以转嫁或转嫁方向明确的税种。他认为，确定课税物和纳税人是税制的权力，但是，要预先规定税收负担者是不可能的，因此，只能通过税种选择来预期税负的分配。国家应根据国民经济的要求，尽量选择那些难以转嫁或能够预先知道转嫁方向及作用的税种，选择不影响国民经济发展的客体课税。瓦格纳以是否能预先知道税收转嫁为标准，将那些能够预先规定由纳税人负担而征收的税种称为直接税，而将那些预先规定使纳税人不负担而转嫁他人负担的税种称为间接税。他认为，税种选择不能不考虑转嫁问题，但对于转嫁程度和倾向不明确的税种，也有课征的必要，否则，就难以得到充分的收入。比较合理的选择方法是，既要有由上层阶级负担的税收，同时也要有由下层人民负担的税收，应当尽量使彼此相补，以期税收负担得到公正的分配。

3. 公正原则或公正赋税分配原则。公正原则或公正赋税分配原则即税收负担应普遍和平等地分配给各个阶级、阶层的纳税人，该项原则包括普遍和平等两个原则。

（1）普遍原则。普遍原则的实质就是课税应毫无遗漏地遍及社会上的每个人，不能因身份、地位等而有所区别。他认为，每一个享受国家提供利益的国民，都应当向政府履行纳税义务，赋税应当普遍，而不能偏于某一阶层、某一职业或某一地区。

（2）平等原则。平等原则就是社会上的所有人都应当按能力的大小纳税，能力大的多纳税，能力小的少纳税，无能力（贫困者）的不纳税，实行累进税率。平等原则在有关分配赋税负担的原则中成为核心的原则。以瓦格纳为代表的历史学派的税收平等观不同于古典学派，后者强调在自由竞争制度下，不论人民所得收入的数量如何、税源的种类如何，都负有同样的纳税义务，即使是生存必需品也不例外。因此，古典学派主张的赋税公平是比例于个人的所得课税，不主张实行累进税。瓦纳纳则针锋相对地指出，自由经济不是不可侵犯的，也因为财产分配不均，所以税收不仅是国家取得财政收入的手段，同时又是矫正财产分配、实现社会政策的工具。所谓税收的平等原则，就是要根据社会公正的要求，不得以财产收入的多少按比例税率征收，而应当依照每个纳税人的纳税能力，按照累进税原则征收。收入多、负担能力强的多纳税；收入少、负担能力弱的少纳税。他还主张，对下层人民生存必需的收入应减轻负担，甚至可以直接免除其税负；对于间接税，能够废止的，也应废止。

普遍原则要求人人纳税，而平等原则又要求对有些人免税，这两项原则是否抵触？从瓦格纳的分析来看，这两项原则没有矛盾。平等原则要求税制中要有最低课税限度标准、低所得者免税等规定，主要是从纳税人的经济状况或负担能力来说的，而普遍原则要求不能从纳税人的非经济因素来袒护某类人。

4. 税务行政原则。所谓税务行政原则是指税法的制定与实施都应当便于纳税人履行纳税义务。该原则包括三项内容：

（1）确定原则。即税法要简明扼要，应将纳税的数额、时间、地点和方法清清楚楚地告诉纳税人，防止征缴过程中发生曲解和误解。

（2）便民原则。即国家征税的方法要简便，尽量方便人民。

（3）最少征收费用原则。即税收的课征费用应当尽量节省，做到节时省费高效率。最少征收费用原则，不仅要求税务部门的稽征费用要小，而且纳税人应服从税法，履行纳税义务所发生的费用也应尽可能小。

以上三个原则实际上是继承了亚当·斯密的赋税原则，并从课税原则的角度，把这一原则解释得更准确、更科学。

由上述分析可以看出，瓦格纳的赋税原则要比亚当·斯密的课税原则完善得多。第一，瓦格纳的财政原则要求税收收入既要充分，又要根据收入体系、经济发展的变化而富有弹性。第二，瓦纳纳明确提出以国民经济作为课税原则，要求政府在课税的过程中注意保护税本，培植税源。此外，瓦格纳在其课税原则中阐明的若干思想，为此后的财税理论发展奠定了基础。如收入弹性原则为建立弹性税制奠定了理论基础；平等原则为建立累进税率制度奠定了理论基础；最少征收费用原则被后人发展成为纳税费用理论。

三、财源选择理论

瓦格纳考察了国家经费中关于财源选择的问题，把财政需要区分为经常费与临时费。他认为，在公共经济中是否能求得收支的平衡，取决于财源选择是否得当。在国家经费中无条件地以经常收入（赋税）满足其固定的最低界限，实际上就是经常部分。在利用临时收入（公债）的场合所能达到的最高限度，同时表示所许可的最高限度(最大限度)。瓦格纳认为，从财政支出的目的及作用来看，当临时收入的筹集比经常收入的筹集对国民经济有积极的影响而允许利用临时收入时，他认为应当选择临时收入。但瓦格纳指出，经常支出与经常收入处于适当程度时，至少应该遵守由经常收入来满足经常支出总额的原则。

瓦格纳探讨了赋税与公债的作用。他认为，当选择公债代替赋税时，按构成公债源泉的资本种类，区分为三种公债：一是来自国民经济中现实处于自由资金状态的资本公债；二是来自外国国民经济资本公债（外债）；三是来自国内资本的公债，这些资本是从国内其他生产部门那里夺来的。以这三类资本为源泉的公债，可以用来满足临时财政需要，满足私人经济投资、国家经济投资、固有的临时费（战费及其他开支）。

瓦格纳对三种公债的作用与课税的关系作了探讨，如下：

第一类：关于为吸收国内闲置货币资本而发行的公债。他说："资本浪费在投机事业时，能以公债来避免危机，在繁荣之后的停滞时期以公债吸收资本是胜过课税的手段。"为吸收战后及萧条时期的闲置资本，瓦格纳提出政府征借方案，以增加就业。美国的塞莫·哈利斯（Seymour Edwin Harris，1897—1974年）教授认为，瓦格纳把政府开支与景气变动结合起来是一项伟大功绩。在这种意义上可以说，瓦格纳是早期财政政策的倡导者。

第二类：来自外国资本的公债。瓦格纳认为，只要它具有使国内资本增加的作用，就可以断定它对全体是有利的。当时有人批评说借外债将给国民经济带来偿还本息对外负债的不利影响。瓦格纳指出，如果借入外债，当即投之于生产，显然会得到特殊的好处。利用外资发展整个国民经济，这种场合所获得的利益可能更大些。他认为国民经济所得及国民财产的增加，即使扣除外债利息及以后年度还本的对外支付之外还会有余。

第三类：至于发行公债靠夺取国内其他部门的生产投资吸收国内资本的做法，瓦格纳认为这种公债的作用利少弊多。

瓦格纳认为，从国民经济的立场来看，满足一国临时财政需要的方法和课税相比，采取第一类及第二类方法比采取赋税要好，必须避免第三类方法，此时，必须以课税取代之。瓦格纳认为，发行公债比课税更不利于国民经济，其不利之处在于国家负担经费，即全体的牺牲比对现代个别经济课税所造成的分配的不平等、不公正更严重，同时，加重了工人阶级的痛苦，公债的这种不利作用将在长期内危害国家财政。

本章小结

德国历史学派是19世纪初产生的、与鼓吹自由贸易的英国古典经济学相对立的经济学派，主要代表人物有李斯特和瓦格纳。历史学派在其发展过程中经历了两个阶段：19世纪40—70年代称为旧历史学派，70年代以后称为新历史学派。历史学派竭力宣扬国家在经济生活中的重要作用，力图用国家的力量来保护和促进德国资本主义的发展，应对日益高涨的工人阶级斗争。正因为如此，德国历史学派也形成了一套完全不同于英、法古典经济学派的独特的财税思想和财政政策。

李斯特是德国历史学派的先驱，反对普遍的自由贸易，主张在德国实行关税保护制度。李斯特最具特色的财税思想就是保护关税的理论。

瓦格纳是德国历史学派财税思想的集大成者，他通过吸收、整理、总结以前社会政策学派的代表人物的观点，逐步形成了自己独特的、以社会财税思想为核心的理论体系。其主要观点有：第一，国家的职能不应仅仅限于用法律保护人身、财产安全这一狭窄的范围内，还应增加发展教育文化与福利的目的。第二，社会政策税收思想。他认为，一方面，赋税有获得财政收入的纯财政的目的，即获得国库收入的目的；另一方面，赋税还具有对所得和财产分配进行干预和调整的社会政策目的。第三，按照课税客体的性质，瓦格纳将税收划分为收益税系、所得税系和消费税系，并提出了按照各课税客体的负担能力不同，贯彻量能负担原则来设计税制和实施税收政策。第四，瓦格纳提出了课税政策及课税技术应当遵循“四端九项”赋税原则。第五，瓦格纳考察了国家经费中关于财源选择的问题，并探讨了赋税与公债的作用。

本章思考题

1. 简述李斯特的经济理论。
2. 简述史泰因的财税思想。
3. 简述瓦格纳的社会政策税收思想。
4. 试述瓦格纳的“四端九项”赋税原则。

第六章

新古典经济学派的财税思想

新古典经济学派是19世纪末20世纪初西方资本主义向帝国主义过渡时期由马歇尔开创的一种既不同于古典学派，又以古典学派为基础的理论。新古典经济学派既继承了古典学派的经济自由主义传统，又以供求论为媒介，吸收了边际效用论、生产费用论、节欲论、边际生产力论等，使传统的经济学成为一个经过“新理论”改造的折衷主义经济学体系，被称为新古典经济学，也称为英国剑桥学派。该学派重要的代表人物主要有阿尔弗雷德·马歇尔（Alfred Marshall，1842—1924年）和阿瑟·塞西尔·庇古（Arthur Cecil Pigou，1877—1959年）。本章主要学习马歇尔和庇古的财税思想。

第一节

新古典经济学派概述

一、新古典经济学派产生的历史背景

19世纪中后期到20世纪初，资本主义经济发展由自由竞争向垄断阶段过渡。从18世纪60年代到19世纪30年代末40年代初，英国基本上完成了产业革命。产业革命实现了机器大工业对工场手工业的替代，提高了生产的社会化程度，引起生产和资本的高度集中，促进了大企业的形成，加强了资本家对工人的剥削程度，作为一个阶级的无产阶级开始形成。伴随着资本主义经济的发展，资本主义社会的政治经济矛盾开始激化。市场机制的不足不断暴露，经济高度发展和财富日益丰富之后，财富分配不均现象也渐

趋突出，极端贫困与巨额财富相伴，经济危机也频繁加剧，资本主义阶级矛盾、经济矛盾作为社会核心问题引人关注。新古典经济学家顺应时代的要求，从社会经济福利的角度出发，提出了一套政府从微观方面驾驭市场机制的理论。

二、新古典经济学派的主要经济理论

新古典经济学主要以人的主观因素和心理因素为基础，认为“经济学是一门研究财富的学问，同时，也是一门研究人的学问”。[①] 人类从事经济活动无非是基于两种动机：一是追求“满足”，促进人类的某种经济行为；二是避免“牺牲”，制约人类的某种经济行为。在方法论上，新古典经济学派运用所谓的“连续原理”来分析经济现象。同时，也运用边际增量分析方法来分析各种经济因素之间的关系，还善于运用局部均衡分析的方法来分析相反经济力量之间的关系。

（一）需求理论

《经济学原理》第三篇《论欲望及其满足》是论述消费方面的需求理论，即消费论。马歇尔需求理论的出发点是人的欲望。在他看来，需求是欲望的满足，人的欲望必须由各种物品的效用加以满足，因而效用可被视为欲望的相关词，效用是用货币间接加以计算的。其间接地用人们因欲望而愿意支付的价格即需求价格加以衡量，从而将需求转化为需求价格，用边际需求价格去衡量边际效用。人的欲望是无止境的，但每一个别的欲望又是有其限度的，人类的这一基本倾向可用欲望饱和规律或效用递减规律来说明。马歇尔认为价格与需求之间存在着内在联系，他以商品“茶”为例说明需求规律：“要出售的数量越大，为了找到购买者，这个数量的售价就必然越小；或者，换句话说，需要的数量随着价格的下跌而增大，并随着价格的上涨而减少。”[②] 这说明需求的一般规律是价格低需求量则多，价格高则需求量少。

（二）供给理论

供给理论主要论述生产要素的供给及其变动的规律。供给和需求相反，供给价格高则供给多，供给价格低则供给少。

（三）均衡价格理论

均衡价格理论实质上是供求论在价值决定问题上的翻版。均衡价格就是一种商品的需求价格与供给价格相一致时的价格，或供给与需求的价格在市场上达到均衡状态时的价格。

（四）分配理论

分配理论是均衡价格理论的延续，是均衡价格理论在分配领域中的具体运用。国民收入是由各生产要素共同努力创造出来的。各生产要素在国民收入中所占的份额大小，取决于它们各自的均衡价格，即取决于各生产要素的供给和需求。所谓的工资、利息、利润和地租都是以其均衡价格为基础来确定的。

（五）经济发展观

经济发展是渐进的、缓慢的，经济发展又是连续的、不中断的，同时也是和谐的，

---

① ［英］阿尔弗雷德·马歇尔：《经济学原理》（上卷），商务印书馆 1964 年版。
② ［英］阿尔弗雷德·马歇尔：《经济学原理》（上卷），商务印书馆 1983 年版。

会让全体社会受益。

三、新古典经济学派财税思想的特点

（一）以福利性政府为主体的财政理论

新古典经济学家塑造的财政理论具有福利性政府的主体特征。他们利用边际效用价值论，论证了政府利用累进税进行收入再分配的合理性，从而第一次塑造了一种公平机制。在正统经济理论基础上，新古典经济学家明确指出：市场机制只有在私人利益与社会利益一致时才能使社会福利最大化，而现实经济生活中的经常现象乃是私人利益与社会利益不一致，边际私人成本与边际社会成本相偏离，边际私人收益与边际社会收益相分歧。在这种情况下，社会总福利不等于个人福利的加总，对个人有益的事情并不一定就对社会有益，自由竞争的市场机制不会自动使社会福利的最大化。相反，政府干预可以增进社会经济福利。政府可以通过补贴、赋税和法规，促使边际私人利益与边际社会利益、边际私人成本与边际社会成本相一致，从而促进社会经济福利向极大化逼近。

（二）政府的微观干预拓展到资源配置和收入分配领域

新古典经济学家论证了政府的微观经济作用，界定了政府微观领域的干预范围，即收入分配和外部性问题。政府不仅可在资源配置方面弥补市场机制的失灵，也可以在收入分配方面克服市场机制的不足。具体来说，在资源配置方面，政府可以干预垄断和外部性问题，改善资源配置效率；在收入分配方面，政府可以采用累进税和遗产税以及生活必需品补贴等措施来改善市场收入的分配格局。自此，政府的经济职能无论从广度还是深度方面来说，都远远超过了古典经济学家所谓的“服务性政府”的范围。

总体上看，新古典经济学家的财政理论具有明显的过渡性色彩。在古典经济学的基础上，以自由经济为前提，以古典经济学的全部理论分析为出发点，一方面，他们意识到自由经济制度的功效和好处就在于降低和削弱政治权势的价值，同时，也看到了自由经济制度的弊端，从而主张政府对自由经济制度加以改良，以扬其所长、避其所短。另一方面，他们还怀疑政府机制的效果，对政治家的才能与意愿心存疑虑。新古典经济学家怀疑政府的思想为之后公共选择学派的产生埋下了伏笔。

新古典经济学家在研究的问题上，继承了古典经济学家的传统，其特征表现在两方面：一方面，经济学家总是从供给角度出发研究经济问题，因为在古典经济学和新古典经济学时代，经济的发展，财富的增加，效率的增进是第一位的经济问题，研究分配效率也是为提高生产效率服务的。另一方面，把充分就业的收入水平当作不言而喻的前提。在他们看来，市场机制的自由调节可以使资本主义经济达到充分就业的均衡状态。正是在此前提下，新古典经济学家着重考虑了既定资源的配置和国民收入的分配问题。因而，新古典经济学家的理论实质是一种在自由放任的市场机制下稀缺资源的配置理论，是一种以充分就业为前提，以萨伊定律为基础，以均衡价格为中心的微观分析。

第二节

马歇尔的财税思想

阿尔弗雷德·马歇尔是19世纪末20世纪初最为有名的经济学家，英国剑桥学派的创始人。1861年，马歇尔进入剑桥大学学习数学，后转为研究经济学。1877—1884年，他先后在布里斯托尔大学和牛津大学讲授政治经济学，1885年受聘为剑桥大学的经济学教授，直到1908年退休。他主要著作有《经济学原理》（1890年）、《工业经济学》（1892年）、《工业与贸易》（1919年）、《货币、信用与商业》（1923年）。其中，《经济学原理》一书奠定了马歇尔经济学体系的基础，被后人称为划时代著作，并与亚当·斯密的《国富论》、大卫·李嘉图的《政治经济学及赋税原理》、穆勒的《政治经济学原理》相提并论，成为英美等国经济学的基础，对现代西方经济学仍然有着很大的影响，构成了现代西方微观经济学的基础。

一、马歇尔的财政思想

马歇尔试图寻求政府进行微观干预的理由，以便论证政府驾驭价值规律的合理性。

首先，在分析资源配置问题时，马歇尔从社会总满足出发，以消费者剩余概念为工具，分析了政府干预行为的成本代价及其社会福利效果。他在《经济学原理》第五篇第十五章探讨正常需求和正常供给变动的理论同最大限度满足原理的关系时，对政府对不同行业进行不同干预做了成本效益分析。他指出，对于报酬不变的商品不宜课税，因为课税导致的消费者剩余的损失额大于国家获得的税收收入额，也不宜补贴，因为补贴所带来的消费者剩余的增加额小于政府的补贴额，所以，对于报酬不变的行业，政府应保持不干预的中立立场。他说："如果商品是生产中遵守报酬不变规律的一种商品，从而，它的各种不同数量的供给价格都相同，那么，生产者剩余的减少将多于对生产者报酬的增加，因此，在征收某种税的特殊场合下，将超过国家的总收入。因为就商品消费继续保存的那部分来说，消费者之所失等于国家之所得；而就因价格上涨而被毁的那个消费部分来说，消费者的剩余被毁灭了；当然，生产者或国家都没有因此而得到补偿。反之，由对遵守报酬不变规律的商品的补贴所引起的消费者剩余的增益小于补贴。因为在补贴以前所存在的那部分消费方面，消费者剩余的增加恰等于补贴量，而在补贴所引起的新的消费方面，消费者剩余的增益小于补贴。"①

对于报酬递减的商品可以考虑征税，因为征税而导致的消费者剩余的损失额小于政府的税收收入，但不宜考虑补贴，因为补贴总额会大于因补贴而带来的消费者剩余增加额。马歇尔说："如果商品遵守的是报酬递减规律，某税通过提高它的价格并减少它的消费，将降低它的生产费用（除税外），结果将是供给价格的增加，所增之数小于全部税额。在这个场合，税的总收入也许大于由此而来的消费者剩余的损失，如果报酬递减

① ［英］阿尔弗雷德·马歇尔：《经济学原理》（下卷），商务印书馆1964年版。

规律的作用是如此强烈，以致消费稍有减少就使生产费用（除税外）大大减少，那么，税的总收入将大于消费者剩余的损失。另一方面，对遵守报酬递减规律的商品的补贴，将导致生产增加，并将使耕作边际扩大到生产费用（不包括补贴）比从前多的那些地方和条件。因此，它将降低对消费者的价格，并增加消费者的剩余，所增之数比商品在遵守报酬不变规律的条件下要少些。在那个场合，消费者剩余的增加小于补贴对国家的直接成本。"① 对于报酬递增的商品不应课税，相反，应给予补贴，因为课税所导致的消费者剩余损失额大大超过税收收入，妨碍规模经济效益的发挥；补贴则可大大增加消费者剩余，而且消费者剩余增加额大于政府的补贴成本。他说："征自遵守报酬递加规律的商品的税比征自遵守报酬不变规律的商品的税对消费者更为有害。因为它减少需求，从而降低产量。这样它也许使生产费用略有所增。它使价格提高得超过税额；并且最后减少消费者的剩余，所减之数大大超过该税给国库带来的总收入。反之，对这种商品的补贴使它对消费者的价格如此暴跌，以致由此而来的消费者剩余的增加也许超过国家对生产者的补贴总额；倘报酬递加规律的作用十分强烈，则消费者剩余的增加一定将超过国家对生产者的补贴总额。"②

由此得出结论："政府对那些遵守报酬递减规律的商品征税，并把部分所得用来补贴那些遵守报酬递加规律的商品，对社会是更加有利的。"③ 这样就形成了马歇尔的进一步结论，即自由竞争条件下的均衡不一定意味着社会总满足的最大化，而政府的干预（以课税与补贴方式）形成的新均衡有可能导致更大的社会福利。

不过，要注意的是政府干预引起的经济后果和道德后果，马歇尔说："一个简单的方法是，社会对他们自己的收入或对遵守报酬递减规律的商品生产征税，并把它用来当作报酬递加规律起强烈作用的那些商品生产的补贴。但是在采取这种方针之前，……他们势必要考虑到：征收租税和实行补贴的直接与间接费用；使租税负担和补贴利益公平分配的困难；营私舞弊；以及在过去获得补贴的行业和希望获得补贴的其他行业中人们有把经营自己企业的精力转向拉拢管理补贴者的危险。"④ 对于马歇尔的上述结论，熊彼特评论说："马歇尔是第一个人表明，完全竞争不总是能够使产量达到最大程度。……这是一个古老城池的第一个缺口。"⑤

其次，马歇尔首次提出了外部性的概念。他认为："经济分为两类——一类是有赖于工业的一般发展，一类是有赖于从事这一工业的个别企业的资源及其经营管理的效率。就是说，分为外部经济与内部经济两类。"⑥ 不仅如此，马歇尔看到了教育的外在性，主张增加政府的教育投资。他在《经济学原理》第四篇第六章"工业训练"中，以"教育作为国家的投资"为标题讨论了这个问题。他说："把公私资金用于教育之是否明智，不能单以它的直接结果来衡量。教育仅仅当作是一种投资，使大多数人有比他们自己通常能利用的大得多的机会，也将是有利的。……在许多年中为大多数人举办高

① ［英］阿尔弗雷德·马歇尔：《经济学原理》（下卷），商务印书馆1964年版。
② 同注①。
③ 同注①。
④ 同注①。
⑤ ［美］熊彼特：《从马克思到凯恩斯十大经济学家》，商务印书馆1965年版。
⑥ 同注①。

等教育所花的一切费用，如果能培养出像牛顿或达尔文、莎士比亚或贝多芬那样的人，就足以得到补偿了。”① 马歇尔认为，政府在改善劳动力这种要素资源的质量方面可以有所作为的两个领域就是医疗保健和教育。他说：“这是进步，特别是医学的进步，政府在关于保健的一切工作上不断增长的活动和明智，以及物质财富的增加——这些因素都会减少死亡、增进健康和延长寿命。”② 马歇尔在晚年以教育的外部经济效果为由，强烈拥护增加政府的教育开支，“受过教育的人之劳动价值与没有受过教育的人之劳动价值的不同，一般说来要大于他们所受教育成本的不同许多倍”。③

最后，马歇尔在其“垄断理论”中也谈到了政府干预问题。在他看来，在某些条件下，公众利益需要垄断，垄断者可以垄断技术改进的好处，具有规模经济效应，因而其成本较低。而在另一些条件下，公众利益需要竞争。政府对垄断的干预方式不同，效果也不同，如，课税有可能提高垄断产品价格，补贴则会降低垄断产品的价格，而且，“对垄断征收总额不变的税，不会使生产减少，和垄断纯收入成比例的税也不会使生产减少；但是，如果根据产量征税，就会使生产减少”。④

二、马歇尔的税收思想

马歇尔在税收理论上的贡献主要在于：开创了税收转嫁与归宿的局部均衡分析和边际分析，在晚年他首次提出了以累进税解决社会公平问题的思想。

马歇尔在《经济学原理》第五篇第九章中借租税转嫁说明价值问题时，指出：“如果一种税加于某些人用来生产售与其他人的商品或服务的任何一种东西上，那么，这种税有使生产缩减的趋势。这将使大部分租税负担向前转嫁给消费者，小部分向后转嫁给供应者这组生产者以生产必需品的那些人身上。同样，任何一种东西的消费税在大小不等的程度上向后转嫁给它的生产者。例如，对印刷业所征的那种料想不到的重税，会使从事该业的人受到严重的打击，因为如果他们力图大大提高价格，则需求势必急剧下降。但从事该业的各阶层所受的打击是不同的。因为印刷机和排字工人的工资一时降得很低。相反地，厂房和动力设备，以及杂勤人员、工程师与雇员是不会等待通过自然毁灭的缓慢过程使其数量与已减少的需求相适应的；其中有些会很快地在其他行业中找到出路，而长期由仍操该业者负担的部分极少。此外，很大一部分租税势必由辅助工业如造纸业和铸型业来负担，因为它们产品的销路有所减少，作者和出版商也会受到一些损失。”⑤ 这是对税负转嫁与归宿问题进行均衡分析的典型例子。

马歇尔在阐述税收转嫁问题时，论述了超额负担问题。所谓超额负担是指纳税人在缴纳税额以外所遭受的其他经济损失。他认为，税收就像一把“利剪”，把生产者成本和消费者利益两者截然分开，破坏了各种经济活动成本与报酬之间的关系，降低了资源的利用效率。马歇尔在《经济学原理》第五篇第十三章第四节的一个脚注中论及了税收的超额负担问题。在他看来，这种超额负担是一种消费者剩余的纯损失，他说：“对

① ［英］阿尔弗雷德·马歇尔：《经济学原理》（下卷），商务印书馆1964年版。

② 同注①。

③ ［英］特伦斯·W. 哈奇森：《经济学的革命与发展》，北京大学出版社1992年版。

④ 同注①。

⑤ 同注①。

那些最没有需求弹性的商品（如必需品）来说，aKA（代表上述的纯损失）是最小的。因此，如果必须要向任何阶级征收一定的总税额，那么，对必需品征税比对奢侈品征税会使消费者剩余的损失有所减少，尽管奢侈品和在较小程度上的安逸品的消费表明有负担租税的能力。”① 显然，他认为，对必需品课税所导致的额外负担最小。这一观点可以说是20世纪20年代英国经济学家拉姆赛的最优商品税制理论中的反弹性命题的思想渊源。

另外，马歇尔还举例分析了税收的超额负担。如，当课征印刷机税时，“当印刷机被用坏之后，这种税会增加边际生产费，亦即会增加使生产者感到犹豫不决而可以自由选择的那种费用”。② 这种费用即为印刷机税的超额负担。马歇尔认为，产生超额负担的主要原因是课税干扰了经济主体对课税物品与其他未税物品之间有效率的选择。避免产生这种负担有三种方式：一是选择没有需求弹性的物品课税；二是所有物品课征同等数量的税款；三是课征所得税。

此外，马歇尔在《经济学原理》（附录七）中专门谈到了地方税的征税范围、性质和设计等问题。他提出：“地方税的最后征税范围，要看居民是否流动，要看有偿税还是无偿税。”③ 他认为选择地方税种的征税对象和范围，要以不导致工人的流动为优，而且地方税最好是采取有偿性税种的形式，即大部分地方税应当用于直接增进当时居民和工人的福利上，而这些福利和便利除了由当地政府提供外，是不可能用其他方法更便宜提供的。他说：“有偿税是用在照明、排水及其他用途方面的税，以便给纳税人提供生活上的某些便利和福利，……这种税，如管理得当，可以使纳税人受到实惠；它的增加可以吸引居民和工业，而不是驱逐它们。”④ 与之相对应的无偿税，即对纳税人不提供补偿利益的税种，具有驱逐纳税人的趋势，这种无偿税不宜充当地方税。马歇尔还指出，无偿税和有偿税适用的原则是：“‘偏重于全国性的服务’，‘一般是无偿的’，而‘偏重于地方性的服务一般给与纳税人的直接利益和特殊利益是和他们的负担或多或少相称的’。”⑤

三、马歇尔的社会公平思想

马歇尔身处一个政治经济矛盾相当尖锐的资本主义发展时期，一生都关注社会公平问题。他在《经济学原理》第一篇第一章“绪论”中就指出：“贫困是否必然的问题给予经济学以最大的关心。”“公平问题不能完全由经济学来解答。因为这个答案部分要依靠人类本性的道德和政治的才能，……给予经济研究以主要的和最大的关心，也就是这一点。”⑥ 对此，马歇尔的一个首要的基本观点是承认市场分配的市场公平性能，他认为市场本身就是一个改善收入分配的微妙机制：“现有的社会经济力量使财富的分配日趋完善；这些力量是经常起作用的，日益壮大的；它们的影响大多是积累性的；社会

---

① ［英］阿尔弗雷德·马歇尔：《经济学原理》（下卷），商务印书馆1964年版。
② 同注①。
③ 同注①。
④ 同注①。
⑤ 同注①。
⑥ 同注①。

经济组织比乍看来要更加微妙而复杂。”① 这里的“现有的社会经济力量”和“社会经济组织”实际上是指市场力量、市场经济的组织形式。

马歇尔的第二个基本观点是市场分配不符合社会公平的标准，这就是市场机制在收入分配上的失灵。他说：“财富的不均，虽没有往往被指责得那样厉害，确是我们经济组织的一个严重缺点。”② 他看到了社会公平与经济效率之间的矛盾，他认为收入分配不均会压抑经济效率。因此，为了进一步提高经济效率，就必须解决收入分配不公的问题。公平问题的妥善解决，可刺激经济的发展。他甚至认为，为解决公平问题而暂时压抑效率也是值得的，因为其最终目的也是提高经济效率。

马歇尔还从效率的角度对于当时英国盛行的济贫法给予批评。他认为，当时的济贫法严重挫伤了效率，而合理的济贫法在实行公平目标时，应内含着一种效率机制，即贫穷救济金的分配方式应鼓励自力更生，而不是鼓励懒惰，国家对贫穷问题的关心，不能仅仅考虑贫穷本身，还要考虑效率。马歇尔强调社会公平问题的重要性，他说：“审慎的态度并不意味着对现实财富分配不均的默认。许多世纪以来，经济科学越来越相信，极端贫困伴随着巨大财富是没有实际必要的，从而，在伦理上是不对的。”③ 但他不同意通过政府占有全部生产资料的办法来求得公平，也不主张用收入转移措施来提高非熟练劳动者的收入。他认为，提高穷人收入的捷径莫过于通过教育提高他们的技能，改善他们的性格。他说：“提高非熟练劳动的工资的捷径，莫过于使各阶层人民的性格和才干受到如此完备的教育，以致一方面它大大减少那些只能胜任非熟练劳动的人的数量，另一方面，增加那些善于进行独立思考的人的数量。”“政府占有全部生产资料，即使这种占有是逐渐地稳步地实现的，像较负责的‘集体主义者’所提倡的那样，对社会繁荣的损害比初看起来要大得多。”④ 马歇尔主张政府采取平静而非暴力的方式改变收入分配格局，增加工资劳动者的收入，减少资本家的收入，为大多数人提供较好的机会，提高他们的效率，促进物质财富增长。他说：“通过不会伤害人们的主动性，从而不会大大限制国民收入的增长的那种方法而减少这种不均，显然是对社会有利的。”⑤ 也就是说，以对效率压抑程度较轻的方式减少不均，实行公平是可取的。

马歇尔认为，税收公平与否，必须从税制总体上加以判断。几乎每一种无偿税收都会对某些阶级施以不适当的压迫，但如果各种税收的不均能为其他税收的不均所抵消，则赋税制度可以说是公平的，尽管其中任何一部分都有欠公平。根据这种税收公平观，他主张对地产收益等按“股份制度原则”课税，依据这个原则，受益多者多纳税，受益少者少纳税。他主张对所得和财产，尤其是非劳动所得和继承财产课以重税。不过，他又认为对资本课税应当特别慎重，因为资本税会妨碍资本增加，使其外流。同时，他还指出，对消费品课征的国内消费税和关税，与其说是对富人的征收，不如说是对劳动大众的所得征收，这类税收不分收入高低，统一实行一个比例税率，造成税收负担的上轻下重，这对穷人来说是极不公平的。

---

① ［英］阿尔弗雷德·马歇尔：《经济学原理》（下卷），商务印书馆 1964 年版。
② 同注①。
③ 同注①。
④ 同注①。
⑤ 同注①。

马歇尔在晚年显得相当激进，为了缓和社会政治经济矛盾，维持资本主义制度，他竭力主张对富人的财产和个人所得征收累进税，以缓和收入不均。他提出的累进税是建立在其边际效用递减规律的基础上的。在他看来，“一个先令给穷人带来的满足比给富人带来的满足要大得多”。一个人如果“把他的收入用得增加了对穷人服务的需求，从而增加了他们的收入，那么，他使总满足得到的增加比他使富人增加等量收入时还要多些。”① 这样，马歇尔主张采用累进税，将富人的收入集中一部分于国家手中，以提高社会总体福利水平。

第三节

庇古的财税思想

阿瑟·塞西尔·庇古是英国著名经济学家，剑桥学派的主要代表。他师承马歇尔，在英国剑桥大学任教，并曾任国际经济学会名誉会长、英国通货与外汇委员会委员、皇家所得税委员会委员等职。1912 年，庇古出版了《财富与福利》一书，后经过 8 年的继续研究，于 1920 年扩展成《福利经济学》，进而创建了福利经济学的完整体系。由于庇古对福利经济学的解释一直被视为“经典性”的，因而其被后人称为“福利经济学之父”。

一、政府干预资源配置的思想

庇古从社会经济福利出发，认为社会经济福利极大化需要两个方面的条件：一是国民收入总量越大越好；二是国民收入越平均越好。正是这两方面，决定了庇古对于资源配置和收入分配两方面的关注，并形成了政府干预资源配置和收入分配的财政理论。

庇古对于市场机制在资源配置方面的缺陷进行了系统分析，他主要是从垄断和外在性的角度论证的。

（一）政府消除垄断的思想

庇古首先看到了垄断的存在会造成市场失灵，需要政府干预。在他看来，垄断是对市场运行机制的破坏，导致资源在不同部门、不同行业、不同产品上分配失当。他指出，在完全竞争的条件下，市场机制可以实现资源的最佳配置，即使最后一个单位的资源在每个行业中所生产的货币价值相等，但是垄断一旦产生，就会破坏这种平衡，他说：“凡是存在垄断力量的地方，掌权的人能够为了他们的利益人为地把价格抬高到超过他们应得的正常报酬以上……，为了得到高价，垄断资本家会压低产量。这反过来又意味着，他把他本工业中所使用的资源的数量压到……合乎理想……的数量之下。因此，剩余的资源如果不用在其边际产品价值低于被垄断工业的工业中，就必然闲置不用。”② 在垄断行业中，垄断者可以通过操纵产量和价格来达到提高利润的目的。在垄

① ［英］阿尔弗雷德·马歇尔：《经济学原理》（下卷），商务印书馆 1964 年版。

② ［英］庇古：《社会主义与资本主义的比较》，商务印书馆 1963 年版。

断均衡的条件下，资源在垄断行业的边际产品价值高于非垄断行业的边际产品价值，或者说，配置到垄断行业的资源偏少，配置到非垄断行业的资源偏多，这显然不是最优配置状态。垄断一旦被消除，资源就会从非垄断行业流向垄断行业，达到竞争均衡，从而在不增加资源总量的条件下可以提高社会福利水平。

据此，庇古认为，垄断在破坏市场功能的同时也为政府干预提供了理由。“由于这种种弊端，没有人会真的反对，处于垄断性极强的地位的工业，特别是提供所谓公共服务的运输、自来水、煤气、电力等工业，即使交由私人经营的话，为了公众利益，也必须受公共当局的监督。”①

（二）外部性思想

“外在性”是财政学中的一个重要概念，因为它是支持政府干预的基本支柱之一。对外在性的探讨从古典经济学时期就已经开始了，例如，亚当·斯密对公共工程的分析和穆勒对灯塔的分析就是这方面的著名例子。但是，作为一个正式概念，外在性最早是由马歇尔提出来的，但他并没有对外部性进行系统性分析。最先系统分析外在性的是马歇尔的学生庇古，这一时期经济学方法论的革新，边际分析工具的引进，使庇古对外在性的系统分析成为可能。

庇古对正外在性和负外在性作了区分，他解释道：“此问题的本质是，个人 A 在对个人 B 提供某项支付代价的劳动的过程中，附带地，亦对其他人提供劳务（并非同样的劳务）或损害，而不能从受益的一方取得支付，也不能对受害的一方施以补偿。”②显然，庇古所谓的外在性是指，一个经济主体的经济活动对其他经济主体造成有利或有害的影响，但该经济主体却不能获得相应的报酬或承担相应的损失。

庇古认为，外在性的存在会导致市场机制失灵，需要政府干预。他认为，外在性的存在导致资源配置中的边际私人成本与边际社会成本、边际私人收益与边际社会收益的偏离，由于市场主体在进行经济决策时，往往只考虑与自身直接相关的成本和收益，因而市场机制本身是难以消除这种偏离的，两者偏离会导致资源的配置背离社会最佳水平：有正外部性的经济活动往往低于社会最佳水平，负外在性的经济活动则往往会超过社会最佳水平。因此，必须由政府出面予以校正。“没有一个不可见的手可以赖以由个别的部分处理以产生全体的良好安排。因此，必须有一个具有广泛权力的机构，能干预并处理有美好空气与阳光等集体问题，如同处理煤气、自来水等集体问题一样。”③ 对此，庇古提出了应对措施：“这种毛病可以用设计恰当的补助金和征税的办法加以纠正：凡是边际私人成本超过边际社会成本的东西，予以补助金；凡是边际社会成本超过边际私人成本的东西，课以捐税。”④ 通过征税和补贴引导私人的资源配置活动符合社会利益。

二、税收公平思想

对于市场机制造成的收入分配不平等，庇古在马歇尔分析的基础上，从货币边际效

---

① ［英］庇古：《社会主义与资本主义的比较》，商务印书馆 1963 年版。

② ［英］庇古：《福利经济学》（上册），台湾银行经济研究室 1971 年版。

③ 同注②。

④ 同注①。

用递减规律出发，主张通过政府把富人的钱拿给穷人以解决收入公平问题。他认为，随着货币收入的增加，人们从最后一个货币单位收入上得到的效用是逐步递减的，因此，富人手中的货币所产生的效用就没有穷人手中的货币大，这样，政府通过累进税改变市场收入分配结果，即把富人的一部分钱拿给穷人，就能提高社会的整体福利水平。显然，庇古的上述分析是以效用可以在不同人之间相互比较为前提的。

另外，庇古还从资源配置的角度分析了收入差距过大的危害。那就是，在收入差距过大的条件下，市场信号所引导的资源配置结构违背了社会伦理原则。“由于纳税后所得收入分配的不公平，大批大批的生产资源被用来满足富人的挥霍……而大批大批的人们却食不得饱，衣不得暖，没有适当的居住条件，受不到充分的教育。生产资源在必不可少的和锦上添花的东西之间分配不当……也就是说，资源被用来满足不迫切的需要，而不是去满足更迫切的需要”①，但保证大多数人比较均等地享受现有资源确实具有社会的、文化的和经济的价值。

庇古提出的政府改善收入分配的措施为：征收遗产税和收入累进税、对生活必需品给予补贴、举办服务大众的社会设施，如免费学校、低价住宅。同时，庇古也看到了公平与效率的冲突，指出政府的收入转移规模要适度、超过限度会影响市场经济条件下的资本积累机制，“因为目前提供大部分资本的人，其投资能力和投资兴趣都下降。而其后果是……有钱人被搞穷了，总收入减少得更多，穷人到头来不是日子好起来，而是反而吃了亏”。②

综上所述，新古典经济学家中主要是庇古构造了一种公平机制，成功地采用新古典分析方法对社会公平问题进行了经济分析，奠定了社会公平问题在经济学中的核心地位，利用边际效用价值论，论证了累进税与再分配的合理性，实现了税收理论由古典的均衡论向累进税的转变。为传统财政学向现代财政学过渡迈出了坚实的一步。同时，英国经济理论与政策也从此发生了重要的转折：从理论上看，经济思潮开始发生根本的转向，开始背离亚当·斯密传统而倾向于干涉主义经济，强调政府的经济作用。从政策上看，英国从 19 世纪 90 年代开始缓慢向累进税转变，并成为 20 世纪经济政策转变的前导。

本章小结

新古典学派产生于19世纪末20世纪初，当时资本主义经济发展由自由竞争向垄断阶段过渡，生产和资本高度集中，出现了大企业和垄断现象，导致了收入分配不公的社会矛盾，抑制了资本主义经济的发展。在此背景下，以马歇尔和庇古为代表的新古典经济学家顺应时代的要求，提出了一套政府从微观方面驾驭市场机制包括资源配置和收入分配的理论。

马歇尔从社会总满足出发，以消费者剩余概念为工具，分析了政府干预行为的成本代价及其社会福利效果。马歇尔开创了税收转嫁与归宿问题的局部均衡分析和边际分

① ［英］庇古：《社会主义与资本主义的比较》，商务印书馆 1963 年版。

② 同注①。

析，首次提出了以累进税解决社会公平问题的思想，并提出了外在性的概念。

庇古师承马歇尔，从社会经济福利出发，采用边际分析的概念工具分析了外在性问题，主张政府干预外部性。同时，从边际效用递减规律出发，主张政府通过累进税把富人的钱拿给穷人解决收入公平问题，成功采用新古典分析方法对社会公平问题进行经济分析，奠定了社会公平问题在经济学中的核心地位，利用边际效用价值论，论证了累进税与再分配的合理性，构造了一种社会公平机制，从而也开创了福利经济学体系。

本章思考题

1. 试述马歇尔的赋税理论。
2. 简述庇古的社会公平思想。
3. 试述庇古关于政府干预资源配置的思想。

第七章

北欧学派的财税思想

北欧学派是西方经济学中的一个重要流派。在财税领域，北欧学派提出了一致同意原则、财政目标理论、林达尔均衡、课税公平理论、税负转嫁与归宿等理论，在西方财税理论的发展史上具有重要的理论价值。此外，它还实施了国家干预的财税政策以实现“充分就业”和“收入均等化”，并开创了北欧社会福利模式，对北欧及其他国家产生了广泛而深远的影响。

第一节

北欧学派概述

北欧学派，是指瑞典和挪威的经济学，特别是以瑞典的斯德哥尔摩为中心的经济学，也称瑞典学派或斯德哥尔摩学派。这个学派和以伦敦为中心的英国经济学，以及以哈佛、芝加哥、哥伦比亚及其他美国的经济学并列，是现代经济学的第三个中心。它凭借其独特的理论体系和分析方法，跻身当代西方经济学重要学派之林。但由于北欧学派的财税理论，在世界经济学界中是以较为孤立的形态发展起来的，与英国和德国的经济学界的直接交流微不足道。北欧学派日益被重视，主要是由于20世纪30年代的世界经济大危机，人们认识到货币景气的重要性，因而不得不对北欧学派重新评价。同时，从20世纪初开始，剑桥学派、维也纳学派等世界经济学主流的发展方向，也都与北欧学派不期而同，这些都开始引起人们的关注。

一、北欧学派的产生和发展

北欧学派起源于19世纪末20世纪初，形成于20世纪20—30年代。当时资本主义已逐渐由自由竞争阶段过渡到垄断统治阶段，国家垄断资本主义统治逐渐建立，资本主义基本矛盾十分尖锐，同时又爆发了给资本主义世界以毁灭性打击的1929—1933年的严重经济危机。在此背景下，传统的新古典经济学宣扬的自动充分就业均衡理论和自由放任经济政策在现实面前已渐趋破产。资产阶级经济学家为了维持资本主义制度的统治，不得不在理论上另辟蹊径，北欧学派正是适应这种新的形势需要而逐渐形成，特别是在第二次世界大战后得到了较大发展。

从北欧学派的形成和发展过程看，可以划分为三个时期：

第一时期：19世纪末20世纪初的萌芽时期。这一时期的重要代表人物是北欧学派的先驱者和奠基人克努特·维克塞尔（Knut Wicksell，1851—1926年）。他在1989年出版的《利息与价格》一书中提出了著名的积累过程理论，成为北欧学派的重要理论基础。

第二时期：20世纪30年代的形成时期。这一时期的重要代表人物有卡尔·冈纳·缪尔达尔（Karl Gunnar Mydal，1898—1987年）、埃里克·罗伯特·林达尔（Erik Robert Lindahl，1891—1960年）和戈特哈德·贝蒂·俄林（Gotthard Bertil Ohlin，1899—1979年）。缪尔达尔最主要贡献在于将预期因素（expectation）加入经济学，强调企业家对未来的主观预期及不确定性和风险等因素在价格形成理论过程中的重要作用，且提出了所谓的事前计算（ex－ant）和事后计算（ex－past），丰富并发展了维克塞尔开创的宏观动态均衡分析方法。他1927年出版的《价格形成问题与变动因素》和1939年出版的《货币均衡论》标志着北欧学派的形成。林达尔进一步发展了维克塞尔的理论，提出了著名的林达尔均衡，主要著作有《货币政策的目的和方法》（1929年）和《货币和资本理论研究》（1939年）。此外，其他代表人物在国际贸易、社会制度和经济周期研究领域也颇有建树，标志着北欧学派理论的成熟。

第三时期：第二次世界大战后直到现在的发展时期。这一时期的重要代表人物是阿萨尔·林德伯克（Assar Liandbeck，1930年—），他是第二次世界大战后斯德哥尔摩学派的主要代表人物，也是该学派第三代经济学家中最有影响力的人物。20世纪60年代，林德伯克深入研究了混合经济理论，对瑞典经济的发展起着重要作用。他1971年出版的《新左派政治经济学》和1974年出版的《瑞典经济政策》两部著作，系统总结了北欧学派近百年来，特别是第二次世界大战后的经济政策。

除了瑞典经济学家以外，挪威著名经济学家弗瑞希和奥克鲁斯特也是北欧学派的重要代表人物。

二、北欧学派的主要经济理论

北欧学派既不同于新古典学派，也有别于凯恩斯学派，有自己独特的理论特色。该学派最具影响力的理论有宏观动态经济理论、生产要素禀赋理论和混合经济理论。

（一）宏观动态经济理论

宏观动态经济理论的创立者是缪尔达尔和林达尔。缪尔达尔强调应该将时点与时期分开，要明确一定时点上的均衡和整个时期内的均衡及两者之间的关系。在某一时点的均衡是暂时的、静态的均衡，而从时期来看只有一个均衡到另一个均衡的移动才是连续的、动态的。林达尔通过对动态过程的分析，强调预期因素的作用。他认为，动态分析就应该把一个过程分成若干短时期，在这些短时期的转折点上，生产、消费、价格都会相应地发生变化，这些变化又会引起供给和需求的变动，而动态分析则有利于了解过程的演变趋势和推论有关时期的性质。缪尔达尔还提出事前估计和事后估计两个概念，发展了预期理论。他认为，任何收益率的计算，都有事前和事后之分。事前估计是指对未来时期内会产生的收益率的估计，即预期收益率；事后估计是指按一个时期已经实现的收益来计算。采用事前和事后分析方法能够克服凯恩斯理论的一些缺陷。

北欧学派的宏观动态经济理论对西方经济学的发展有重要影响。传统经济学把货币视为覆盖在经济活动之上的“面纱”，将货币因素排除在实际经济运动的分析之外。威克塞尔将货币利率的变动和经济均衡联系起来，将传统的经济理论与货币理论融为一体，弥补了传统理论的缺陷。北欧学派注重时间因素在经济分析中的重要作用，克服了静态研究的局限性，使经济分析更接近资本主义经济过程的现实。传统经济学信奉“萨伊定律”，认为总需求永远等于总供给，因此，只注重研究微观静态均衡，无从建立宏观经济均衡体系。威克塞尔的积累理论认为总供给与总需求的失衡以及价格的震荡是常态，从而将微观静态均衡分析转为宏观动态均衡分析。在经济自由主义思潮占主流的条件下，北欧学派主张国家干预经济，是难能可贵的。

（二）生产要素禀赋理论

要素禀赋是指一个地区资源的自然存在状况，某一自然禀赋多，则该生产要素较为廉价，相反则较为昂贵。北欧学派认为，贸易的首要条件是商品在地区间存在价格差异。这种价格差异从需求的角度讲，由消费者的欲望和生产要素所有权（影响消费者的收入）来决定；从供给的角度讲，由各地生产要素的生产规模决定。在各地对商品的消费偏好相同、需求状况不变和各地的生产技术水平相同、规模报酬不变的假定下，北欧学派认为，区域贸易的“充足”条件是生产要素禀赋的不平等。由于每一地区的出口商品中含有较大比例相对丰裕而廉价的要素，从而这些要素变得比以前稀缺了，而进口中包含着很大比例的稀缺要素，从而这些要素就变得不那么稀缺了。因此，区域贸易的后果是使商品价格均等化，生产要素的价格也有趋向均等化的趋势，生产要素禀赋理论开辟了现代国际贸易理论的开端。

赫克歇尔和他的学生俄林从要素禀赋的富裕程度入手解释了国际贸易之所以会发生是因为存在各国或地区之间由自然禀赋差异导致的生产成本的差异。一国在国际贸易中应该出口要素丰裕型商品，进口要素稀缺型商品。后来，经济学大家萨缪尔森补充并发展“H—O 理论”为“H—O—S 理论”，即提出自由的国际贸易会使各国生产要素价格趋同，最终将消除要素禀赋差异。

（三）混合经济理论

瑞典学派从先驱者维克塞尔开始，就对混合经济十分赞赏并予以理论说明，而以林德伯克的研究最为充分和深入。林德伯克把第二次世界大战后世界各国的经济制度划分为三种模式进行分析比较之后，认为最理想的经济模式是以瑞典为代表的混合经济制度，即社会民主主义经济制度。他认为，这种混合经济的重要内容之一是：在所有制方面，实行在私有制经济占统治地位的基础上的部分国有化。因为在他看来，私有制是刺激企业主动性、创造性和克服官僚主义所必不可少的；而所谓部分国有化，包含有两方面的内容：一是对某些生产公共产品和公共劳务的基础设施，如铁路、邮电等实行国有化；二是收入和消费国有化，即通过累进税制将一部分国民收入纳入国家预算，作为社会保险和供应集体消费的基金。

混合理论是国家作为资产阶级总代表为适应生产力的发展，在资本主义生产关系所允许的范围内进行的自我调整和完善，在一定程度上促进了生产力的发展。瑞典在20世纪五六十年代摆脱了贫困落后，一跃成为西方"福利国家"的典范就印证了这一点。但是也应该看到，混合经济理论不能消除资本主义的基本矛盾，无法从根本上解决经济矛盾和社会矛盾，瑞典20世纪70年代出现的"瑞典病"，即高通货膨胀、高税收和低效率就是明证。

三、北欧学派财税思想的特点

北欧学派以本国经济为出发点，以本国财税发展中面临的问题为导向，应用现代经济学的有用成果，发展出一套切合本国实际的财税理论和政策体系。北欧学派至今约有100年的发展历程，与其他一些当代资产阶级学派比较，不仅时间较长，而且在理论的许多方面也具有领先的或特殊的地位，对西方财税理论的发展产生了深远的影响。

（一）财税研究方法上的特点

北欧学派在研究方法和基本理论上都大量借鉴了西方的正统经济学的研究方法与基本理论，包括自亚当·斯密以来的全部的西方经济学说。北欧学派采用边际分析方法和动态分析方法深入探讨财税问题，相对于之前的静态和个量分析，无疑是一个重大发展，特别是北欧学派在财政支出和税负归宿方面的研究具有时代的前瞻性，影响深远。例如，维克塞尔在分析税负转嫁和归宿中，引入了土地要素、可变资本等因素，大胆运用边际主义分析方法来研究税收份额的分担问题，在理论上填补了空白，实现了创新。[①] 同强调经济研究民族性的历史学派不同，北欧学派并不否认财税理论的一般性，只是更为强调一般性与特殊性的结合。北欧学派所发展的一般均衡分析、总量分析和动态分析深化巩固了现代经济学的方法论基础，使人们对于经济问题的认识和表达更精密、更完美，例如，北欧学派对政府制度运行理论的描述就是其典型代表，这对丰富现代西方经济学起到了重要作用。

（二）财税理论上的特点

在财税理论方面，北欧学派提出了一致同意规则、林达尔均衡、课税公平、税负转嫁与归宿等理论，这一系列财税理论对西方财税理论的发展产生了重大影响。

第一，维克塞尔的一致同意原则为公共选择决策和财政目标评价提供了新的思考范式。维克塞尔的一致同意原则将税收和公共支出结合起来进行研究，认为公共部门的决策实际上是一个政治和集体选择的过程。尽管在现实社会经济中，要满足政府效率解的各个条件是极其困难的，甚至是根本不可能的，但一致同意原则为公共产品供给中的需求表达机制和课税公平问题的探讨提供了重要的指导意义。也正是源于他的著作，布坎南吸收了其中重要的思想并加以发展，从而开创了影响广泛的公共选择理论，且成为现

① 毛程连、庄序莹：《西方财政思想史》，经济科学出版社2003年版。

代财政学的基础理论。同时，这一原则也为公共产品的提供指明了一个效率目标，这是他在财政支出理论领域的一大贡献，当然也是在财政目标领域的一个杰出贡献，为效率标准提供了一个新的研究思路。

第二，林达尔均衡模型的建立使得公共商品如何提供和定价有了新的思路。林达尔通过将公共产品的供给与实际政治生活的决策联系起来，提出了“林达尔均衡”，揭示了理想化的政府制度模型，从理论上论证了公共物品（包括信息商品）的市场均衡价格原理与私人物品的市场均衡价格原理之间的差异，为进一步探讨公共商品的价格问题找到了强有力的理论依据，为如何确定公共产品的合理负担份额和产量提供了重要思路，也促使后人深入地理解政府制度，为财政学的发展做出了重大的贡献。

（三）财税政策上的特点

第一，政府干预的财税政策。在经济自由主义思潮占据主流地位的背景下，北欧学派则主张国家干预，难能可贵。北欧学派基于其宏观动态经济理论、生产要素禀赋理论和混合经济理论提出，在市场调节之外要重视政府干预，通过宏观经济调节方式平抑经济周期波动；通过收入再分配，使社会各阶级、集团之间的收入与消费水平趋于均等化，从而达到收入平等的目标。北欧学派的财政政策对于凯恩斯主义的经济理论和政策主张的形成，有着直接和重要的影响。在第二次世界大战以后，北欧学派的经济理论和政策主张，和凯恩斯主义一样，得到了西方国家的政府和经济学界的重视，并产生了重要影响。

第二，社会福利政策。瑞典政府推行的收入均等化和社会保障制度等一整套社会福利政策，不仅在理论上为福利制度奠定了基础，在实践上也得到了应用，成为西方“福利国家”的典范。首先应当肯定，瑞典推行收入均等化和社会福利保障制度，在相当程度上解除了广大职工生、老、病、死和失业等后顾之忧，从而有利于安居乐业，也有利于社会稳定，因而，在一定意义上对广大劳动群众的生活是有利的，但由此也引发了“瑞典病”，即高通货膨胀、高税收和低效率，并产生了潜在的社会经济危机。尽管如此，瑞典的社会福利政策在第二次世界大战后相当长的一个时期内还是使经济发展取得了明显的成效，并且对发展中国家发展社会福利事业和完善社会保障制度具有重要的启发和借鉴价值。

第二节

北欧学派的财税思想

在财税领域，北欧学派提出的一致同意规则、财政目标理论、林达尔均衡、课税公平、税负转嫁与归宿等理论，在北欧有着广泛而深远的政策性影响，在其他国家和地区，其学术性影响也不能忽视。

一、财税理论

（一）一致同意原则

维克塞尔接受了公共商品供应必须使个人效用最大化的基本原则。他认为，国家的公共服务所给予个人的边际效用，应当与个人纳税所损失的财富的边际负效用相等。他同时指出，如果使公共产品达到理想的结果，真正需要解决的问题是建立起切实可行的政治运行程序。而理想的政治运行程序是由消费者对多种公共支出的成本负担方案进行选择，消费者一致通过的方案将成为政府的最终决策。因此，有两个基本假设：

1. 每一个社会成员都参加到政治表决程序中来，并且实行一人一票制，即每个社会成员的政治权利是平等的。

2. 投票人作出选择后显示投票人的表决信息，进而以此作为基础形成决策以及付诸实施的过程中，无须为信息的传递耗费任何资源；同时，在传递信息过程中，不存在任何失真，即信息成本为零。

在这样的假定下，如果有某一个社会成员对其他社会成员就解决此项问题所提出的方案有不同的看法并投反对票的话，那么，自然表明，就经济利益的角度而言，该成员将因为这项方案的通过而招致损失。当然，根据“一致同意”原则，该方案将被否决。

由此，维克塞尔认为，在这样的“一致同意”原则下所作出的选择都是符合帕累托改善的，也就是没有一个人的利益会受损。同时，由于前述的假定信息成本为零，投票人总是能够确切地知道对于他而言的最优解决方案是什么，而不会停留在最优边界之内，这样通过全体一致同意的表决后，将能够实现帕累托最优。这是由于，从公平方面来看，人们拥有平等的政治权利，保证了起点公平；面对同一投票规则保证了规则公平；在信息完全的假定下，结果也将是公平的。即一致同意原则保证了起点公平、规则公平和结果公平三者的统一，从而达到最优的公平目标。

（二）财政目标理论

北欧学派在财政目标方面的贡献是维克塞尔提出了一个评价公共品效率的标准。他把收入分配公平作为一个基本目标，并把收入分配问题与公共服务成本支付方式区分开来。他认为，即使在某种特定的禀赋条件下，受益法则也不是一种既定的选择。由于不能模拟市场价格机制提供公共品，因此，需要设计一个可行的政治程序以便产生一个理想的结果，即消费者将被要求对多组公共支出的成本负担方案进行选择，以消费者一致通过的那个方案作为最终决策。由于这种理想化的方案在现实中不太可行，维克塞尔又提出了近似一致通过法则，同时强调保护少数人的权利。

维克塞尔认为，在公共产品的提供上政府是可以被有效组织起来的，因为如果一种公共产品的提供创造了净收益，那么，我们就能找到一个通过税收重新分配那些收益的方法，这能保证所有公民偏好于提供公共产品而非不合作的现状，公共产品提供将被一致通过；除非所有人都同意改变，否则将不会允许重新的配置。维克塞尔推论说，一致同意将给所有的经济主体提供足够的保护以鼓励自愿的、合作的参与。

维克塞尔准则与帕累托效率有着异曲同工之妙，即保证没有一个人的状况变坏；由于个人的偏好由自己决定，因而维克塞尔一致同意原则比帕累托最优有着更少的价值判断，即个人状况好坏的判断是自己而非他人。这样，就把对于公平的价值判断纳入效率判断中来。此后，林达尔进一步发展了维克塞尔的观点，形成了政府的自愿交换原则。

（三）公共产品的最优供给理论

北欧学派的财政理论以边际效用学说为基础，试图从微观的角度讨论某项具体的公共支出项目是否应该由政府来提供，以及这项公共产品的预算支出和成本负担的方式，同时提出使用一致同意的公共产品配置效率标准。

维克塞尔认为，如果政府计划举办一个公共项目，必须判断这一项目是否值得去做。他提出一致同意的判断标准，这一原则的基本假设是，社会是所有单个成员的总和，社会福利是所有单个成员的福利总和。社会福利是否得到增进要看所有单个社会成员的福利是否改善。当每一个社会成员都认为此项公共产品能使自己境况变好时，那么，这项公共产品无疑会增加社会福利，因而是值得提供的。

林达尔在吸收了维克塞尔的一致同意原则思想的基础上，对公共产品的成本负担问题进行了更深一步的研究。他进一步将维克塞尔的阐释精准化，试图寻找到公共产品的有效提供之路。

林达尔提出了一种调节机制，通过描述政府在实际中的可能运作方式来确定公共支出水平。他将政府视为一种拍卖机制，和市场一致。假设由两个经济行为主体 A 和 B 来决定公共支出水平，那么，政府就如同拍卖人一样，向 A 和 B 提出价格建议，所不同的是，这种价格建议是以税收分担份额的形式来表示的。当 A 和 B 接到一种税收分担份额的建议时，他们将根据自己偏好的公共支出水平来对此作出回答。如果双方偏好的公共支出水平是不同的，那么，新的税收分担份额将被重新建议，将使公共支出需求高的人负担较高，公共支出需求低的人负担较低。新的税收份额会提高低需求者偏好的公共支出水平，而降低高需求者偏好的公共支出水平。当这一机制持续进行下去时，将最终达到相等偏好的公共支出水平，并取得全体一致同意，也就是在零交易费用的情况下达到帕累托最优。该机制的调整过程如图 7－1 所示。

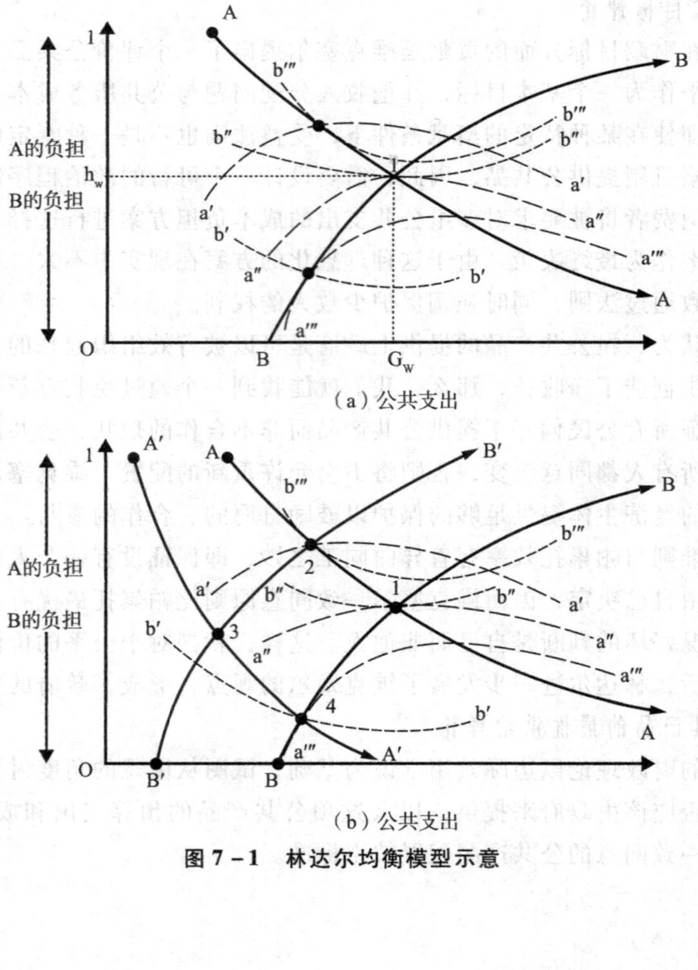

（b）公共支出

图 7－1　林达尔均衡模型示意

其中，AA 曲线是 A 的需求曲线，代表 A 可能被要求支付的每一份税收份额 h 下的偏好的公共支出水平。当 h 下降时，A 将需求更多的公共商品 G。顶点在 AA 上的三条曲线是 A 的三条无差异曲线，表示沿着每条虚线上的各种 h 和 G 的组合是等价的。B 的情况类似。通过不断重新定价，即无差异曲线的移动最终可以得到林达尔均衡点，即 1 点。在这一点上，由于无法再通过 h 和 G 的重组使双方情况都变得更好，因此，1 点就达到了类似纯交换经济下的帕累托最优均衡点。

上述的调整机制被称为林达尔均衡模型或“维克塞尔—林达尔”机制，这一模型试图设计出一种公共产品的帕累托效率（即合作的）配置。由此可见，公共产品有效供给的关键在于消费者按自己从公共产品消费中获得的边际效用水平真实地表达自己对公共产品的需求，从而相应地承担公共产品的成本。林达尔均衡模型作为一种理想化的政府配置机制，为我们指明了努力的方向和目标，它为解决政府的预算政策问题提供了一个较可操作的思路，并且极大地启发了萨缪尔森等后来的经济学家在政府支出领域的进一步探索。

（四）税收公平的理论

在课税原则上，维克塞尔认为，在近代民主国家中代表人民意志的是政党，议会决定课税，因此，决定课税的是个人意志。税收原则应求得国家付给个人的边际效用与纳税人损失财富的边际效用的等价关系：“课税公平是以弄清现有财产及所得分配本身是否公正作为默契的前提，原因是命令某人退还不当财物时，或阻止某人承认他无权拥有所有财物时，这对一般国家来说，既不是付给，也就不能认为是牺牲。”[①]

维克塞尔主张利益说，以此分析课税总额与赋税分配的原则，并批判了以往的“牺牲说”，如“这只是专对分配额做出的决定，也只得这样决定。对全体课税的绝对额，这一点也不明确”“抛开你课税的绝对额是不科学的”“作为事实问题，当今课税额逐步增大，并依赖于国民代表的意志。假如不代表纳税人利益的话，那也不是没有的事情。如果课税按利害关系，以利害为基础就不能课税，那倒是奇怪的事情”。[②] 但他也承认“牺牲说”的适用，“在公共活动中不适用利益说。那是因为站在有机的国家观上，以给付能力及牺牲比例为基础，单凭行政命令分配赋税，也应视为正当范围。对此我也绝不忽视”。[③] 这一观点实际上是扩大了利益说的适用范围。可见，“他是以国民经济论为出发点，给旧的利益说灌输了新的观点”。[④]

林达尔发展了其老师维克塞尔的观点，在《公正课税论》（1919 年）中，他系统地论述了税收公平理论。他把国家对人民的一般给付理解为公共财富，个人或组成政党的个人集团对这种财富所支付的价格即为赋税。他指出，当公共财富消费基金所需的所得和财产的分配形式不公正时，作为这种财富的价格的赋税，当然也是不公平的。未来在财政部门实现公正：第一，应当设立特别税，没收所有不正当财产；第二，这种赋税负担还应当适应公正的财产分配次序。前者在他的著作中称为“没收原则”，后者为“纯

---

① ［瑞典］维克塞尔：《财政理论研究》（德文版），转引自：［日］坂入长太郎：《欧美财政思想史》，中国财政经济出版社 1987 年版。

② 同注①。

③ 同注①。

④ 毛程连、庄序莹：《西方财政思想史》，经济科学出版社 2003 年版。

财政原则”。①

林达尔从个人主义立场出发，主张课税公正原则的优先性。他指出：“课税中的公正要求，历来就是我们的正义感，具有绝对的性质。这是不许可予以任何修改，必须无条件地逐步实行的。在财政制度中财政政策及国民经济性质原则给予优先于公正原则的地位，原理上是不恰当的。”② 同时，他继承了维克塞尔的边际效用学说：“作为人民赋税的支付数额，按人民对公共财物所确认的边际效用，决定其价格，于是，公共经济现象称为纯经济的价格现象。”③

（五）税收转嫁与归宿理论

维克塞尔认为，“税收转嫁”的概念具有误导性。在他看来，税收转嫁意味着最初的纳税人将部分的税负转给了另一个人，这一过程持续到全部税负被所有参与者分担为止，这里，全部的税负等于税收收入是一种误导，因为在任何一个阶段，人们承受的税收负担是大于他们所缴纳的税额的，所以，总税负将大于总税收收入，其实涉及了一个无谓损失的问题。此外，还应将政府的需求模式与税收归宿分析区分开来，在政府支出规模保持不变的前提下，分析各种不同的税种在取得同等财政收入的条件下的归宿问题。这样，才能使分析全面、准确。

维克塞尔着重考察了对垄断利润课税的税收转嫁和归宿。他认为，对垄断利润的课税是不能被转嫁的。就从价税和从量税来说，他认为，从价税要优于从量税。在这里，维克塞尔关心的不是征税引起的价格变化的大小，而是税收负担的分配问题，即社会各阶级和各生产要素各自所承担的税收份额的大小。

此外，他还从边际分析方法出发，分析了所得税和产品税的情形，得出的结论是：对所得课税，无论税基是工资还是利息，将不会对最佳的生产周期产生影响，工资与利息仍将保持不变，雇员是税赋的承担者。但征收产品税的结果却不同，因为产品税使产品的劳动成本增加，从而使最佳生产周期变长。这样，工资和利息都降低了，当然降低的幅度还须视生产函数或生产的平均周期与劳动生产率的关系状况。由于他考察的只是单一产品的模型，因此，他回避了局部课征以及不同的生产函数对税负归宿的影响等问题。

二、财税政策

北欧学派的主要成员大都直接参与了瑞典政府经济政策的制定和执行工作，因此，北欧学派的理论对瑞典经济政策有重要的指导作用。北欧学派的财税政策主张有以下基本特征：提倡实行国家干预，以维持经济均衡、充分就业和分配公平，实行自由的社会民主主义制度；推行收入均等化和社会保障制度等社会福利政策，建立“福利国家”，试图将一个资本主义社会和平地转变为一个“自由社会民主主义社会”。

（一）政府干预的财政政策

维克塞尔从数量分析的角度，指出资本主义经济中“对货币均衡的背离”以及由

---

① ［瑞典］林达尔：《公正课税论》（德文版），转引自：［日］坂入长太郎：《欧美财政思想史》，中国财政经济出版社 1987 年版。

② 同注①。

③ 同注①。

此造成的经济不稳定是不可避免的。他指出，为了避免完全依靠市场机制而造成经济运转的不稳定，国家必须对经济进行干预。其后，缪尔达尔修正、补充和发展了维克塞尔的货币及财政理论，他认为，国家运用财政政策调节干预经济有助于消除失业和经济波动。从长远来看，应该只以促进财政预算平衡为目标，萧条时期不平衡的财政政策是一种不得不实施，但实际上并非谨慎的政策。财政赤字不是解决宏观经济问题的灵丹妙药，缪尔达尔反对用行政管制来遏制通货膨胀。这是因为，他认为行政管制对人们的经济生活干预过细，限制了个人的自由，以致挫伤个人的积极性，要根治这些问题，必须建立合理灵活的财政预算体系。此外，他还主张在研究财政政策问题时，要充分考虑到相关文化和制度等因素，对社会经济做全面的考虑。

综合北欧学派的经济理论来看，他们认为，当经济出现周期性波动时，国家应当采取财政政策促进投资与储蓄，以达到实现经济均衡的目的。他们较早地提出了“补偿性财政政策”的思想，实施的基本方法是：在经济高涨时期，政府应该增加税收，适当削减公共投资以使财政有盈余；反之，在经济萧条时期，政府应该减少税收，增加公共投资，实行赤字财政。这一财政政策，既可以缓解经济的周期性震荡，又能够在一个较长的时期内实现财政的盈亏平衡。

（二）促进就业和收入指数化的政策

北欧学派倡导的就业政策包含两个方面：一是鼓励劳动力在区域间的流动，特别是向国家重点开发的地区流动，对流动者发放特别津贴；二是政府给予财政拨款，对失业工人进行再培训，而且要使就业政策真正发挥作用，还必须实行相配套的重点投资政策，即国家运用财政和金融手段鼓励向开发地区投资，发展基础产业和劳动密集型产业，同时，实行刺激出口、增加开放部门的投资和就业的一系列措施，特别是应当在那些失业率较高的地区举办公共工程，以增加就业机会。

此外，北欧学派采用“洛仑兹曲线”和“基尼系数”测定收入分配的实现程度。为了应对膨胀，北欧学派还提出了收入指数化政策，主要内容是根据生活费用提高的幅度来调整工资、利息等收入，以便使人民的收入与物价同步增长，而不会由于通货膨胀导致人们的实际收入下降。

（三）社会福利政策

周密的社会保障制度和高福利政策是瑞典模式的特点，瑞典成为西方“福利国家”的典范。瑞典模式的经济基础和重要内容是混合经济制度，即社会民主主义经济制度。对混合经济制度的研究，从维克塞尔开始，就十分赞赏并给予理论说明。他认为，一个社会中社会福利的提高就是社会总效用的增大，而产品的效用会随着某个消费者占有产品数量的增加而递减。可见，北欧学派的“福利国家”理论，就渊源于维克塞尔。

第二次世界大战之后，北欧学派其他成员论述了收入均等化的必要性，为“福利国家”提供了更为现实的理论依据。尤其是林德伯克对混合经济的研究更为充分和深入。他认为，混合经济制度的重要内容之一就是在所有制方面，实行在私有制经济占统治地位的基础上的部分国有化。在他看来，私有制是刺激企业主动性、创造性和克服官僚主义不可或缺的；而所谓国有化，包含两方面的内容：一是对某些生产公共产品和公共劳务的基础设施，如铁路、邮电等实行国有化；二是收入和消费国有化，即通过累进税制将一部分国民收入纳入国家预算，作为社会保险和供应集体消费的基金。因此，林德伯克认为，国家调节在推进收入分配均等化、经济稳定化和福利普遍化方面的作用是积极的和必要的，即实行一整套“从摇篮到坟墓”的社会福利计划有助于缓和劳资矛盾，维持社会稳定。

北欧学派正是企图以实行“从摇篮到坟墓”的周密的社会保障制度，来实现收入均等化的理想，使资本主义和平转变为“自由社会民主主义”。北欧学派开创了以国家干预来实现“充分就业”和“收入均等化”的北欧社会福利模式，使瑞典成为“福利国家的典范与橱窗”，对现代社会保障理论的发展做出了很大贡献。

本章小结

北欧学派起源于19世纪末20世纪初，形成于20世纪20—30年代。当时资本主义已逐渐由自由竞争阶段过渡到垄断统治阶段，国家垄断资本主义统治逐渐建立，资本主义基本矛盾十分尖锐，同时又爆发了给资本主义世界以毁灭性打击的1929—1933年严重经济危机。在此背景下，传统的新古典经济学宣扬的自动充分就业均衡理论和自由放任经济政策在现实面前已渐趋破产，北欧学派正是在这种背景下逐渐形成，并在第二次世界大战后得到了较大发展。

北欧学派在研究方法和基本理论上都大量借鉴了西方的正统经济学的研究方法与基本理论，采用边际分析方法和动态分析方法深入探讨财税问题，相对于之前的静态和个量分析，无疑是一个重大发展，特别是北欧学派在财政支出和税负归宿方面的研究具有时代的前瞻性，影响深远。

在财税理论方面，北欧学派提出了一致同意规则、财政目标理论、林达尔均衡、课税公平、税负转嫁与归宿等理论，对西方财税理论的发展产生了重大影响。在财税政策方面，北欧学派提倡实行国家干预，以维持经济均衡、充分就业和分配公平，实行“自由社会民主主义”制度，推行收入均等化和社会保障制度等社会福利政策，这些都对瑞典经济政策产生了重要影响。

本章思考题

1. 简述北欧学派的财税思想。
2. 试述林达尔均衡模型。

第八章

凯恩斯学派的财税思想

凯恩斯学派是在20世纪30年代的世界经济大萧条背景下出现的经济学说。凯恩斯学派摒弃了自由经营论，强调国家干预经济，倡导以财政政策作为经济杠杆来稳定宏观经济的需求管理方案。第二次世界大战后产生了后凯恩斯学派，其分为新古典综合派（主流）和新剑桥学派（正统）两大分支，主要代表人物有约翰·梅纳德·凯恩斯（John Maynard Keynes，1883—1946年）、保罗·安东尼·萨缪尔森（Paul Anthony Samuelson，1915—2009年）、琼·罗宾逊、詹姆斯·托宾（James Tobin，1918年—）等。萨缪尔森作为新古典经济学和凯恩斯经济学综合的代表人物，其理论观点体现了西方经济学整整一代的正统的理论观点，并形成了西方国家政府制定经济政策的理论基础。本章主要学习凯恩斯、萨缪尔森和托宾的财税思想。

第一节

凯恩斯学派概述

一、凯恩斯学派产生的历史背景

20世纪20—30年代，自由竞争的资本主义走向帝国主义，一般垄断资本主义走向国家垄断资本主义。国家垄断资本主义的特点就是资本主义垄断组织的力量同资产阶级国家的政权力量相结合。第一次世界大战结束以后，以英国为代表的资本主义经济曾经出现短暂的繁荣，但是1929—1933年爆发了世界性的经济大危机。这次危机在深度上超过了以往的任何一次，表现为生产的大幅度下降、贸易空前萎缩和失业人数猛增。

1932 年，整个资本主义世界的工业生产比 1929 年下降了 1/3 以上。资本主义国家总失业人数由 1 000 万人增加到 3 000 万人。这次危机在范围上特别广泛，不仅席卷工农业和商业，而且扩及金融市场、资本市场和货币流通领域。资本主义世界的股票市场先后爆发行情暴跌风潮，不少国家的股票交易所宣告破产，银行系统瘫痪，货币制度崩溃，严重的货币信用危机反过来又加重了工农业生产的“过剩”危机。这次危机持续的时间特别长，资本主义经济已经到了崩溃的边缘。在这种严峻的形势下，建立在充分就业假设前提上的古典经济学一筹莫展。以价值论、分配论和货币数量论为主题的古典经济学既不能令人信服地解释西方资本主义国家的经济衰退和萧条，也无法提出解决经济危机的对策，因而，西方经济学在 20 世纪初期陷入了第一次经济理论危机。

二、凯恩斯学派的主要经济理论

凯恩斯对经济问题的研究最初主要是对货币理论的研究。1923 年，凯恩斯出版了《货币改革论》，主要讨论战后的经济政策。凯恩斯研究货币理论的另一部著作是 1930 年出版的两卷本的《货币论》。这部著作的上卷是货币的纯理论，下卷是货币的应用理论。凯恩斯向传统经济学发起挑战的是他第三部著作——《就业、利息和通货膨胀》（以下简称《通论》）。《通论》是在 20 世纪 30 年代经济大萧条爆发以后孕育的，于 1936 年出版。该书在经济学说史上掀起了一场“凯恩斯革命”。所谓“凯恩斯革命”包括在经济学研究方法上对微观经济分析方法的革命、经济理论上对古典经济学的革命以及经济政策上对自由放任主义的革命。

（一）研究方法上的革命

凯恩斯创立了一套衡量宏观经济活动的指标体系和总量分析方法，用总体经济分析取代了古典学派一直使用的个体经济分析，创建了宏观经济学体系。凯恩斯解决了如何区分经济总量中的名义变量和实际变量问题、如何区分总国民收入和净国民收入的问题，定义了消费、储蓄和投资这些总量及其与国民收入的数量关系。凯恩斯第一次明确地把经济学划分为微观经济学和宏观经济学，创建了宏观经济分析的理论体系。

（二）经济理论上的革命

古典经济学的假设前提是充分就业均衡，《通论》的出发点则是非充分就业。古典经济学主要研究既定数量的资源如何在各种不同的用途之间进行配置，各种资源的相对报酬及其产品的相对价值是如何决定的，古典学派的理论主要是价格决定理论，凯恩斯经济学则主要是国民收入决定理论。价格理论是微观经济学的核心，国民收入决定理论则是宏观经济学的核心。古典学派强调供给分析，凯恩斯则强调需求分析。古典学派关注的是宏观经济的供给约束，凯恩斯关注的是需求约束。

古典学派认为市场价格机制是完全弹性的，凯恩斯则认为价格、工资率和利率是刚性的或粘性的，否定了市场价格机制能够实现充分就业均衡的古典经济学命题。

在储蓄—投资的关系问题上，古典学派认为储蓄支配投资，利率是调节储蓄和投资在充分就业水平上相均衡的有效杠杆。凯恩斯则认为，储蓄是消费者的行为，投资是生产者的行为，它们分别由不同的因素决定。投资不一定随储蓄的增加而等量增加。在非充分就业的情况下，投资增加会通过乘数效应来成倍增加国民收入，收入增加会导致储蓄增加，因此，投资支配着储蓄。

古典学派认为货币在经济体系中的作用是中性的，货币仅仅是一种交易媒介。凯恩斯则认为，货币在经济体系中的作用是非中性的。

（三）经济政策上的革命

政策上的凯恩斯革命主要是用政府干预论取代古典学派的自由放任论。根据有效需求原理，经济体系的自发运行通常由于有效需求不足而处于小于充分就业的均衡，因此，要使经济走向充分就业、消除总需求不足带来的非自愿失业，合乎逻辑的办法就是扩大总需求。

三、凯恩斯学派财税思想的特点

（一）以“大政府”为主体的功能性财政理论

凯恩斯学派成功考察和建构了现代宏观经济运行机制，赋予政府进行宏观经济管理的职责，提出政府管理宏观经济的方式和目标，把财政政策作为一项“反危机”“反萧条”的宏观经济管理的重要措施和政策手段加以运用，赋予政府活动以新的性质、意义和目的。从此，政府预算不再为谋求预算本身的平衡而平衡，而是以宏观经济的稳定与繁荣为目标和轴心，狭窄的预算平衡观念为整个经济平衡观念所取代。这样，财政对于宏观经济稳定与繁荣发挥着重要的杠杆作用。自此，赤字预算代替了传统的平衡预算，复式预算代替了以往的单式预算，公债有益论代替了公债有害论，成为西方财税思想史上的重要转折点。

与以往的财政理论相比，凯恩斯的财政理论扩大了政府的职能，形成了“大政府”的主体特色。政府的经济活动因为要服从于宏观经济的需要而涂上了一层新的色彩，即一反传统财政理论中的“就财政论财政”，而转变为“就经济论财政”，从而使凯恩斯时代的财政活动带有“功能性财政”的特征。凯恩斯学派的财政理论在实践中改变了美国的财政制度，促成了美国政府政策的永久性转变，建立了一种全新的功能财政体制，政府预算从此开始作为稳定经济的基本工具而发挥作用。

（二）直接税是提高社会消费倾向的有效手段

凯恩斯学派认为，所得和财富不均是社会消费倾向过低的主要原因，他主张采取税收措施改变收入分配格局，特别是要提高直接税的比重，建立一个直接税体系，采取累进税率，实行收入分配的均等化，有利于提高社会总体消费倾向，刺激有效需求，增加就业，维持宏观经济稳定。同时，税收也是影响经济波动的重要因素，因而在调节经济周期方面具有一定的作用，特别是累进税制具有“内在稳定器”的作用。

从总体上看，凯恩斯学派完成了从传统财政学向现代财政学的过渡。传统财政学在以充分就业为假定前提的古典、新古典经济理论基础上，始终奉行“健全财政”的方针，严格遵守几条不可逾越的界限，即量入为出、以收定支、收支平衡、实行紧缩预算、反对政府大量发行公债、反对财政赤字、不主张任意改变税制、税收以不影响资本积累为主等。在“健全财政”的方针下，财政政策基本上只关心资源的配置和收入的分配，对如何稳定宏观经济，促进经济发展等缺乏关心。

凯恩斯的赤字财政主张完全违反了传统的“健全财政”的理财方针，促使西方财政理论研究同宏观经济学的内容紧密结合起来，摆脱了传统财政理论只注意财政收支的狭窄内容，突破了古典学派传统的中性财政理论、“夜警政府”理论，开始重视财政政策、税收政策、公债政策等对国民经济稳定和发展的影响，进一步研究支出、税收、公债等财政变量对社会总需求、投资、储蓄、消费和就业等宏观经济范畴的作用，并开拓了财政学的研究内容，丰富了财政学的理论内涵，提高了财政政策在国民经济中的地位和作用，使西方财政学在理论和实践上都有较大的发展，形成了现代财政学。

第二节

凯恩斯的财税思想

约翰·梅纳德·凯恩斯出生于英国，1906年毕业于剑桥大学，1908—1915年应马歇尔的邀请，回到剑桥大学讲授经济学原理和货币理论，曾任英国国家财政与工业调查委员会委员、内阁经济顾问委员会主席和财政部顾问等。凯恩斯一生著述颇丰，最主要的著作有《自由放任的终结》（1926年）、《货币论》（1930年）、《就业、利息和货币通论》（1936年）。

一、财政思想

面对20世纪初资本主义经济萧条的严酷现实，凯恩斯成功地塑造了一套稳定机制，其实质就是通过膨胀性财政政策，刺激有效需求，增加就业，维持宏观经济稳定。凯恩斯从消费函数与预期的不确定性两个逻辑起点出发，提出了消费倾向理论、投资引诱理论和流动偏好理论，形成了以有效需求原理为核心的就业理论体系，进而论证了政府进行宏观干预的必要性，为政府的宏观干预提供了有力的理论依据，在此基础上，提出了政府干预论。

凯恩斯认为，就业水平和收入水平是由有效需求决定的，而有效需求又包括投资需求和消费需求。投资需求主要取决于资本边际效率，在市场经济条件下，资本边际效率呈长期下降趋势；而消费需求主要取决于社会消费倾向，消费倾向在短期内是相对稳定的。因此，市场机制的自发动作，必然导致宏观经济出现缺口，这一缺口必须由政府来填平。凯恩斯认为，政府在有效需求的两个方面可以大有作为：

一是投资方面。他说："要使消费倾向与投资引诱二者相互适应，故政府机能不能不扩大。"① 扩大政府机能是"避免现行经济形态之全部毁灭的唯一切实办法"。他认为，"不能把决定当前投资量之职责放在私人手中"②，而应由"国家多负起直接投资之责。理由是：各种资本品之边际效率，在市场估计办法之下，可以变动甚大，而利率之可能变动范围太狭，恐怕不能完全抵消前者之变动"。③"仅仅依赖银行政策对利率之影响，似乎还不足以达到最适度的投资量，故我觉得，要达到离充分就业不远之境，其唯

① ［英］约翰·梅纳德·凯恩斯：《就业、利息和货币通论》（第2版），商务印书馆1983年版。

② 同注①。

③ 同注①。

一办法，乃是把投资这件事情，由社会来综揽。”[①] 凯恩斯之所以强调由政府从事投资，还因为投资量的增加会带来国民收入的成倍增长，这就是乘数理论。乘数理论也从一个侧面证明了增加政府投资的合理性。

二是所得和财富分配方面。凯恩斯认为，社会消费倾向不足的一个重要原因就是社会上所得与财富分配不均。因此，他进一步认为，政府通过财政政策措施在提高社会消费倾向方面可以发挥作用。他主张采取双管齐下的办法来对付有效需求不足。“一方面设法由社会来统制投资量……同时用各种政策来增加消费倾向。”[②] 其中，财政政策又是主要的政策工具。“如果个人之储蓄动机，确受其对未来收益所作预期之影响，则影响个人之储蓄者，除利率以外，还有政府之财政政策。所得税、资本利润税、遗产税等都和利率一样，与储蓄有关，而且在一般人心目中，财政政策之可能变动范围，至少要比利率大。如果政府故意用财政政策，作为平均所得分配之工具，则财政政策对消费倾向之影响自然更大。”[③] 他认为，“国家必须用改变租税体系、限定利率，以及其他方法，指导消费倾向”。[④]

可见，凯恩斯从有效需求原理出发，主张在经济萧条时期发挥国家的作用，实行政府干预。政府可以在两个方向进行干预：一方面，扩大政府支出，主要是投资支出。由政府指导投资，甚至直接组织投资，以消除私人投资的波动性。另一方面，采取财政措施，主要是税收措施，通过税收措施推进收入分配的均等化，改变收入分配格局，提高社会消费倾向，既缓解了收入分配不均，又可以提高社会总体消费倾向。通过以上两个方面刺激有效需求，增加就业，填补总供求缺口，维持宏观经济稳定。

显然，凯恩斯政府干预论的主要内容是以财政政策为主要手段，以货币政策为次要手段，在经济出现萧条时期，打破传统的“健全财政”原则，采取膨胀性的赤字财政政策，扩大政府支出，发行公债，弥补赤字。可见，凯恩斯首次塑造了政府稳定宏观经济的职能，从而奠定了现代财政学的基础。

膨胀性财政政策的运用决定了政府预算是赤字预算。在理财观念上必然实行“量入为出”的财政原则，即收入的多少要根据支出的需要来安排，收不抵支时再确定赤字的多少；支出不应拘泥于正常收入的限制，而应根据整个经济发展的需要来安排。收支差额通过发行公债予以弥补，预算平衡不再为本身而平衡，而应以宏观经济的稳定与发展为轴心。“量出为入”的财政政策是以功能性预算准则为基础实施的，强调整体经济运行的稳定与增长目标。

赤字财政政策必然导致大量增发公债。凯恩斯认为：“举债支出虽然浪费，结果倒可以使社会致富”，“公债支出的作用表现为两种形式：一是增加投资，二是增加消费”，使经济免受衰退之灾。这就肯定了公债发行对经济发展的作用，形成了公债理论发展史上的重要转折点，即公债理论由古典经济学家的“公债有害论”发展为“公债有益论”。“公债有益论”的核心在于，公债是经济危机时期支持赤字财政、扩大社会

① ［英］约翰·梅纳德·凯恩斯：《就业、利息和货币通论》（第2版），商务印书馆1983年。
② 同注①。
③ 同注①。
④ 同注①。

需求、消除经济危机和失业、刺激经济增长的手段，是政府调节经济、干预经济的重要杠杆。

二、税收思想

凯恩斯的税收思想很有特色。他基于所得与财富不均造成了社会消费倾向过低的现象，主张建立一个直接税体系。他认为实行收入分配均等化，提高社会消费倾向的关键是提高直接税的比重，改变以往以间接税为主的税收体系。因为直接税是以调节收入分配，缓和收入悬殊，促进消费倾向提高为目的，同时，也是消灭“坐收利息阶级”的一个途径，他说：“建立一个直接税体系，使得理财家、雇主以及诸如此类人物之智慧、决策、行政技能等，在合理报酬之下为社会服务。”① 他肯定了19世纪末以后英国的直接税在缓和收入分配不均方面取得的良好效果。他说：“自从19世纪末叶以来，所得税、超额所得税、遗产税等直接税，在去除财富与所得之绝大差异方面已有长足进步，尤以英国为然。”② 同时，强调对遗产课征重税，因为高额遗产税既是调节收入分配，提高消费倾向的有效工具，又是消灭“坐收利息阶级”的一个途径，因为凯恩斯尤其歧视“不劳而获”之所得者。“我们对于遗产税之态度，尤其受到影响，因为有若干理由可以替所得不均辩护者，却不能为遗产不均辩护。”③ 他还指出：“现在还很流行着一种信念，认为遗产税可以使得一国之资本财富减少，这正可以说明，公众对于这些问题还模糊不清，缺乏正确了解。今设国家以遗产税税收作经常支出之用，因之减低或豁免所得税及消费税，则在此种财政政策之下，高额遗产税固然有增加社会消费倾向之功效，但是因为当消费倾向作永久增加时，在一般情形之下（即除去充分就业情形），投资引诱也同时增加，故普通所作推断是与真理相反。”④ 凯恩斯认为，在以直接税为主的税收体系中，应实行累进税率，尤其对遗产，应课以高额累进税率，否则，将容易使人们的财富积存下来，不用于投资和消费，从而降低消费倾向。

凯恩斯之前的古典学派认为，资本积累主要来源于富人的储蓄，所得税等直接税种虽有调节财富分配之功效，却妨碍着资本积累，因而应对富人少征税，以增加资本积累。凯恩斯否定了这种观点，认为大量财富过度集中于富人手中，不但不公平，而且会因过分储蓄而降低消费倾向。因此，只有改变租税体系，加大直接税比重，并采取累进税率，对富人课税，才能提高消费倾向，从而有利于资本积累。他说：“现在采取步骤，重新分配所得，以提高消费倾向，则对资本之生长大概是有利无弊。”⑤

此外，他还主张实行财政关税。1931年，凯恩斯发表了“通过关税政策来求得事态的缓和”一文，主要研究经济扩张政策对国际贸易带来的影响。他认为，采用经济扩张政策的同时，要实行财政关税政策，以减轻对国际贸易的不利影响。不过，他的财政关税政策，是反对实行保护贸易政策，并作为补充国内经济扩张政策的主要措施。“其独到之处，在于它可以解决预算方面的迫切问题，而同时又可以恢复企业信心。我不相

---

① ［英］约翰·梅纳德·凯恩斯：《就业、利息和货币通论》（第2版），商务印书馆1983年。
② 同注①。
③ 同注①。
④ 同注①。
⑤ 同注①。

信现在可以不借助于财政关税，而拟出一个开明而又审慎的预算方案。”①

综上所述，凯恩斯财政理论拓宽了政府的经济职能，首次赋予政府宏观经济稳定的职能，即让政府承担保持较高就业水平，熨平经济周期，促进经济增长的责任。在凯恩斯看来，国家必须采取有力措施促使国民经济保持繁荣。实践上，凯恩斯理论提高了西方国家政府支出占国内生产总值（GDP）的比重。从此，西方各国政府预算规模越来越庞大。政府干预的结果为，把过去资本主义社会中单一的私人经济变成公私部门混合生长的经济。可见，凯恩斯理论对西方国家实践中的经济发展产生了重大影响，改变了西方国家的社会经济结构。

凯恩斯看到了当时西方私人企业制度社会化的趋势，看到了自由企业制度和国家社会主义的优缺点，主张把政府干预与市场机制结合起来，认为这样才可能既保留市场机制的效率优势，又能克服市场机制的宏观缺陷。凯恩斯对政府与市场的作用领域进行了分工，界定了它们各自的职能范围：政府负责宏观经济稳定，市场负责微观效率；政府负责宏观经济总量水平，市场负责总量的具体构成；政府负责宏观调节，市场负责微观调节。凯恩斯的这一思想既为西方国家已经并且正在奉行的政府干预经济的改革提供了完善的理论论证，又反过来成为西方国家进一步实行政府干预的理论依据。从此，政府干预不再被认为是一种临时的应急措施，而是自由企业制度继续生存和运行不可缺少的支柱，于是西方财政思想也由此发生了彻底转向，从自由放任转向国家干预顺理成章。传统的自由经济理论由盛而衰，而凯恩斯的政府干预论由兴起而鼎盛，从 20 世纪 30 年代初到 60 年代前期，长期成为西方各国制定经济政策的主要依据，引起了西方各国的政策改革，同时形成了西方经济学相互对立的两大思潮兴衰交替的第一个回合。②

第三节

萨缪尔森的财税思想

保罗·安东尼·萨缪尔森，美国著名的经济学家，出生于美国印第安纳州的加里城（Gary）。20 世纪 70 年代，西方国家经济陷入“滞胀”困境，导致“新古典综合”作为理论基础的经济政策遭到破坏，萨缪尔森的经济理论受到了各方面的挑战，由此，形成了西方经济学界的旷日持久的大论战。虽然以萨缪尔森为代表的经济理论的正统地位发生了动摇，但是，西方国家经济作为一种“混合经济”仍然离不开萨缪尔森的经济理论。同时，萨缪尔森也从其他学派的经济理论中吸收了许多重要的理论观点，对自己的理论加以修正和完善，使之适合变化了的经济情况。本节着重介绍萨缪尔森的财税思想。

一、税收的性质

萨缪尔森认为，税收是政府为了满足财政支出的需要而强制向私人部门征收，因而

① ［英］约翰·梅纳德·凯恩斯：《劝说集》，商务印书馆 1962 年版。
② 刘涤源、谭崇台：《当代西方经济学说》，武汉大学出版社 1983 年版。

具有强制性。“政府支出的最大部分是由征收的税款来偿付。在这里，就有了一个重要的强制成分。当然，对于全部公民的整体而言，赋税是它给自己加上的负担，而每个公民也都分享政府所给予的集体利益。但是，在这里，利益和支付税款之间的关系，和当一个人花一角钱购买糖果时的那种利益和付款之间的紧密关系是不同的。如果我不想吸温斯顿香烟或不想买尼龙地毯或不想煎鸡蛋，我可以不买；但是，我必须付出我的税款，用来维持政府的各种活动。”① 萨缪尔森强调纳税人必须依法纳税，因为纳税不是简单的利益交换关系，税收是政府强制征收的。

萨缪尔森认为，税收还具有再分配的经济性质。他指出，税收是政府支出的主要来源，政府支出又有相当多的部分用于转移支付，这样，税收的再分配经济性质就表现在两方面：一方面，通过征税对社会资源进行再分配，“人民实际上所决定的是：如何把满足社会需要的资源从各个家庭中取出，从他们所拥有的企业中取出，以备作为公有物品和劳务来使用。”另一方面，政府将征收的税款用于转移支付，对社会财富再进行一次分派，“而造成再分配的原因是国家向某些人收税又把钱给予另一些人。”②

萨缪尔森认为，税收的经济性质反映了现代西方国家税收是比较公平的。“这种再分配是以对不同的集团和阶级征收不同数量的赋税的形式来完成的。”③ 他还认为，西方国家税收负担分布以富有阶层为重，“现代国家的一个倾向是：对于富有的人所征收赋税，无论从绝对数字或从相对数字说，都比对中等收入以下的人所征收的重一些。”④ 因此，萨缪尔森主张“必须把通过对不同收入阶级的赋税差别而实现的任何收入的再分配包括在现代福利国家的活动之内。”

二、税收原则

萨缪尔森认为，政府决定征收一定数量的税的时候，总有许多可供选择的方式。它可以对收入、利润、销售额征税；可以向富人征收，也可以向穷人征收；可以向老人征收，也可以向年轻人征收。因此，需要建立一种公平而有效的税收制度的一般原则。对于税收原则的分析，萨缪尔森主要侧重于税收原则对税收制度的实际指导，他认为，传统的税制原则中，有两个主要的原则，即利益原则和牺牲原则。

所谓利益原则，即不同的人应当根据他们能够从政府活动中期望得到利益大小而纳税。所谓牺牲原则，即赋税的安排应能够形成市场决定的收入的再分配，而这种再分配被一个好的社会认为是公平合理的。所谓公平合理，“意味着对于情况相同的人征收相同的赋税；对于情况不同的人，征收不同的赋税”⑤，即横向的公平和纵向的公平。萨缪尔森认为，利益原则和牺牲原则都很重要，但在决定税收制度中会面临选择的困难。“这些一般性的原则是重要的，但是要决定究竟什么是理想的赋税制度，它们并不能避免选择上的困难。”⑥ 此外，萨缪尔森认为，对于如何公平纳税，利益原则和牺牲原则

---

① ［美］保罗·安东尼·萨缪尔森：《经济学》（上册），商务印书馆 1979 年版。
② 同注①。
③ 同注①。
④ 同注①。
⑤ 同注①。
⑥ 同注①。

也缺乏有力的说明。“关于利益和牺牲的一般哲学原则同样地不能回答什么是最好的纳税方案这一问题。……它仍然没有回答这样一个问题：应该以多大的不同程度去向具有不同收入的人征收税款?”

此外，萨缪尔森认为，税收原则的运用应该结合现实，综合分析运用。他指出，现代混合经济中，实际上采取的是一种折衷的办法，“它考虑到一些利益原则，又考虑到一些牺牲和再分配的原则”，而且“也考虑到施行的方便和政治后果——以及经济生活中的现实”。因此，在现代经济中，他认为税收制度应包括累进税和比例税，以实现公平纳税。

三、税收分类

萨缪尔森提出的税收分两大类：累进税和累退税；直接税和间接税。其中，累进税和累退税的划分是依据对不同收入者的征税比例。“赋税被称为固定比例的，累进的或累退的，取决于它从高收入者那里征收的收入比例是等于、大于或小于它从低收入者那里征收的收入比例。”[①] 按照此标准，固定比例税是每个人都按同一比例纳税；累进税则是使高收入者按比低收入者收入的较大比例纳税；累退税则是低收入者按比高收入者收入的较大比例纳税。税收分类中的累进税、比例税和累退税的区分，如图 8 - 1 所示。

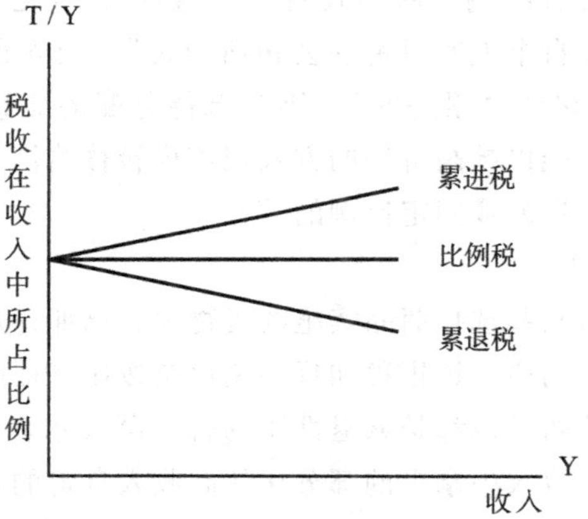

图 8 - 1　累进税、比例税和累退税

萨缪尔森认为，个人所得税肯定是累进税；销售税大部分是累退税，但对高档消费品征收的则是累进税；遗产税即使按照比例课征，也极有可能是累进的。对于直接税和间接税，划分依据则是税收对人们的影响。“直接税是向人民直接征收的税（如所得税、遗产税、人头税）。”[②] “间接税通常是对物品和劳务所征收的税，从而对人仅有间接的影响。”[③] 销售税、烟草税、关税和周转增值税等属于间接税。萨缪尔森指出，通常是将直接税和累进税联系在一起，将间接税和累退税或比例税联系在一起。但也有许多例外，例如，人头税就是累退性很强的税，而对名牌白兰地酒征收的间接税则很可能

① ［美］保罗·安东尼·萨缪尔森：《经济学》（上册），商务印书馆 1979 年版。
② 同注①。
③ 同注①。

是累进的。

四、各税种分析

萨缪尔森对各税种的分析主要基于两点：一是对政府组织收入的作用；二是对收入再分配的影响。

（一）个人所得税

萨缪尔森认为，个人所得税是最为典型的累进税，也是最重要、最复杂的税种。他指出美国联邦政府的最大税种是个人所得税，且许多州也征收该税。“个人所得税分为各种等级，收入越多，征收的比例越大，从而是累进的。”“美国所得税在总税收中的比重大于几乎任何的其他国家”，但这并不是由于税率高，而主要是因为美国一般公民的收入较高，“以致我们较低的税率能够产生相对多的税收”。他指出，个人所得税存在的问题主要是避税造成税收损失和分配不公平，但它具有较强的收入再分配作用，所以，萨缪尔森主张征收这种累进的所得税。“除了漏洞和纳税标准的破坏以外，个人所得税是累进的，具有把收入从富人那里再分配给穷人的倾向。”①

（二）公司所得税

萨缪尔森主张征收公司所得税，“当公司付清了一切开支并且计算出它的年收入以后，它必须把收入的一部分缴纳给联邦政府”。公司所得税是美国主要税种，“联邦政府的收入大致五分之三来自个人所得税和公司所得税”。公司所得税既具有累进性，又具有累退性。“在一方面它是‘累进的’，因为有待分配的股息大部分会发给中等收入以上的人。但是，就公司能以抬高价格的方式把该税转移给消费者而论，对于企业利润所征课税归根结底会是累退的或固定比例的。”②

（三）销售税和货物税

美国联邦政府征收对某些选择商品实施的货物税，例如，烟、酒和汽油。销售税是由州政府对一般商品征收的税。销售税和货物税都是按比例征收，除了对奢侈品征收的税可能是累进的以外，这两种税都是累退性质的税。萨缪尔森认为，“对非奢侈品所征取的是一种累退税，从低收入中拿走的部分比从高收入拿走的要多”。

（四）薪工税

薪工税也称社会保险税，是社会保险制度的支柱。社会保险制度在现代社会中起着重要作用，“雇员们有权每月得到一定数量的老年退休金，取决于他们过去的所得，而不取决于令人感到羞耻的贫穷状态”。萨缪尔森认为，薪工税具有较大的累退性，“就其本身而论，在对穷人和中等阶级的影响上，薪工税是累退的，但是，如果把它和社会保险的津贴联系在一起看，累退的程度大为缩小”。③

（五）财产税

在美国，财产税是地方税，在州财政收入中占一半以上，“财产税主要向不动产——土地和建筑物征取。每一个地区规定一个年税率”。萨缪尔森认为，一般来说，财产税

---

① ［美］保罗·安东尼·萨缪尔森：《经济学》（上册），商务印书馆 1979 年版。

② 同注①。

③ 同注①。

应该是累进的，但这种累进是对财产本身而言，尤其在个人收入和财富与不动产有关时，累进性比较明显，而在现今社会中，个人的财富和收入大部分与不动产无关，即收入不体现在不动产上，或者说是不买不动产。那么，财产税相对于收入而言，就很可能是累退的，即收入多的人缴纳的财产税少，因为他不买土地和房产等不动产；而收入少的人缴纳财产税反而占其收入较大比例，因为他拥有不动产。

（六）遗产税

萨缪尔森主张征收遗产税。他认为遗产税是累进的，具有较大的再分配作用，“对于继承亡故亲属和朋友遗产的个人征收的遗产税是无须解释的”。他还指出对赠与也要征税，以补充遗产税。同时，也要防止纳税人生前转移财产而逃避遗产税义务。“馈赠也要纳税。因为富人们理所当然地想在死去以前，把财产分掉以便逃避纳税。”他认为征收遗产税非常重要，“因为它可以避免形成一个永远有钱的阶级，不劳而获，凭借着世代相传的遗产过活”。他还指出现代西方国家的财产分割制度、信托基金等，使人民合法避税，大量减少遗产税收入。

五、税负归宿

萨缪尔森认为：“赋税的归宿就是它最终由谁分担以及它对价格和其他经济范畴的总的影响。”“我们不能认为，由于议会生成对某人征收某一种税，这个人便实际上缴纳这种税。他有可能把该税转嫁出去；根据税的大小而提高他的价格，从而‘向前’转嫁给他的顾客；或者‘向后’转嫁给他的供应者。”① 他还指出，影响税负归宿的主要是供给和需求弹性。当需求弹性非常不足时，赋税的负担向前转嫁给消费者。与需求弹性比较，当供给弹性更加不足时，赋税的负担向后转嫁给生产者。征税虽然使价格发生变动（一般是指高价格），但由于供求弹性变化导致的税负归宿，故征税对价格的影响不会进一步提高。“征税会提高消费者支付的价格和降低生产者得到的价格，其差额为政府所得。如果价格较高，消费者将购买较少的数量。这种情况的出现是理所当然的，因为生产者由于得到的价格较低也供给较少的数量。……从而价格不会发生进一步的变动。”②

六、税收对经济的影响

税收对经济有较大影响，这种影响体现在如下方面：

一是影响收入分配。税收对收入再分配的作用，主要是累进税的作用。“所得税在一定的程度上减少可支配收入的不平等。”累进课征的所得税，对不同的阶级和集团征收不同数量的税收，“在这种情况下，政府不是显然在改变各个阶级赖以购买面包、汽车和其他物品的纳税后的可支配收入吗？”③ 萨缪尔森通过洛伦茨曲线来说明税收对国民收入分配的影响，如图 8-2 所示。

在图 8-2 中，征税之后分配线接近于平等分配线，使税后收入分配趋向于比较公

---

① ［美］保罗·安东尼·萨缪尔森：《经济学》（中册），商务印书馆 1979 年版。

② 同注①。

③ ［美］保罗·安东尼·萨缪尔森：《经济学》（上册），商务印书馆 1979 年版。

平。“洛伦茨曲线所表明的不平等的面积已经缩小，累进税已经把曲线移动到比较接近于45度的平等线的地方。”①

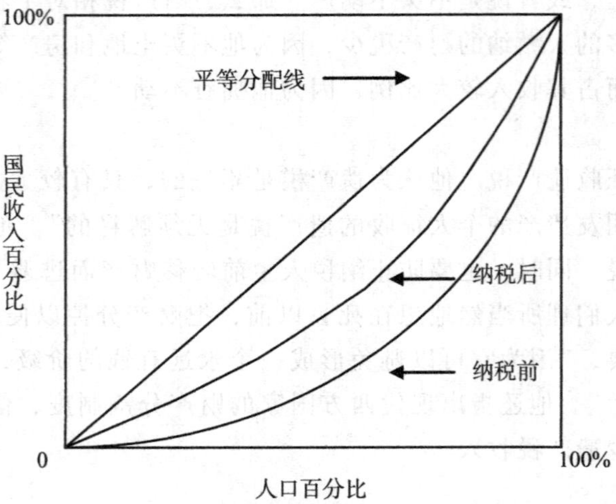

图8-2 税收对国民收入分配的影响示意

二是税收对劳动力的影响。在一些场合，如劳动力工资较低或税率较低，所得税可以刺激劳动者努力，而在另一些场合，如累进税率较高，所得税则可能妨碍劳动者努力。萨缪尔森认为，税收对人们劳动积极性的影响不太好把握，这是因为，“赋税会使某些人工作得更加辛苦一些，以便挣取他们自己的百万元”。同时，“还有一些人，由于累进税的原因宁可更多的闲暇，而更少的工作”。因此，税收对劳动力的影响“总的趋向是较难衡量的”。

三是税收对投资的影响。萨缪尔森认为，累进税会给风险投资带来不利影响，累进程度越大，影响就越大。但是，累进税同时也有对这种影响产生抵消作用。因为税款取自仅仅花费其增长的收入的微小部分的节俭的富人，而不取自花费其一切的穷人。以此而论，累进税可以把消费的力量保持在高水平，消费水平高，自然对投资有利。

四是税收对消费和国民收入的影响。萨缪尔森认为，税收对消费的影响是巨大的，政府增加税收，使人们的实际可支配收入降低，而可支配收入的降低又使人们减少消费支出。他分析道，消费支出的减少必然使消费曲线下移，较低的消费曲线自然相交于较低的国民收入曲线，导致国民生产总值的减少。因此，他得出结论：税收的增加对消费产生不利影响，进而导致国民收入的下降。

五是税收对经济周期波动的影响。萨缪尔森根据其经济周期波动理论和现代收入决定论，认为税收是影响经济波动的重要因素。

首先，从加速原理来分析，收入变动的比率影响投资变动的比率，而税收对收入是有较大影响的，从而会进一步影响投资的增减和国民经济的发展趋向。

其次，现代收入决定论认为，税收是社会总供求关系中的重要因素，它的增减变动直接影响着供求均衡条件，从而对经济周期发生影响。

---

① ［美］保罗·安东尼·萨缪尔森：《经济学》（上册），商务印书馆1979年版。

最后，萨缪尔森认为，税收具有“内在稳定器”的作用。由于税收对经济周期的形成有一定影响，它必然在调节经济周期波动方面具有较大的作用，“我们目前的税收制度是一个有力的和作用迅速的内在稳定器”。这种“内在稳定器”具有一定程度的“自动伸缩性”，“税收在通货膨胀的时期趋于上升，而在经济萧条时期趋于下降。这是稳定经济活动和减轻经济周期波动的一个有力因素”。[①] 这种自动伸缩的“内在稳定器”作用，是税收本身具有的，它无须任何外界作用即可在一定程度上发挥，从而自动对经济波动作一定调整。

萨缪尔森进一步分析指出，税收的这一“内在稳定器”还不足以完全消除经济波动，还需要运用税收手段进行政府干预调节。“内在稳定器是我们的第一道防线，它们的作用不足以维持完全的稳定。”“内在稳定器的作用在于减少经济制度的任何波动的一部分，它不能百分之百地消除波动。消除它所留下来的波动是斟酌使用财政和货币政策的任务。”[②] 这种政府“斟酌使用”的税收政策，主要是政府根据不同的情况变动税率。“税率的变动也可以用来控制通货膨胀的缺口和长期的商情不振。”“如果具有充足的理由来认为衰退是短促的，暂时降低所得税率可能是一个很好的方法来避免可支配收入的下降，从而避免衰退的扩大。”[③] 萨缪尔森指出，对于短期衰退的刺激，运用变动税率的办法，要比其他财政政策如公共工程支出增加、转移支付扩大等更为有效和及时，因为扩大支出等需要物资上的准备时间。当然，他也承认变动税率有一定困难，也有一定的时间滞后性。

第四节

托宾的财税思想

詹姆斯·托宾是美国著名的经济学家和金融学家，耶鲁大学教授，20 世纪 60 年代曾担任过肯尼迪总统的顾问，是凯恩斯学派的主要代表之一。他以投资组合选择原理为基础，阐述和发展了凯恩斯的系列理论，扩展了凯恩斯的货币工资、通货膨胀、消费和储蓄，以及财政和货币政策的宏观经济模型。在金融理论方面，他构建了“托宾模式”，发展了对不确定性条件下的有价证券选择理论及其在宏观经济领域的应用。1981 年，因为托宾在金融市场及相关的支出决定、就业、产品和价格等方面的分析做出了重要贡献，从而获得了诺贝尔经济学奖。

一、“托宾税”

1971 年，托宾在普林斯顿大学詹尼威（Janeway）的学术讲座中首次提出了“托宾税”（Tobin Tax），并在 1974 年出版的“*The New Economics One Decade Older*”中作了阐

① ［美］保罗·安东尼·萨缪尔森：《经济学》（上册），商务印书馆 1979 年版。
② 同注①。
③ 同注①。

述。他认为，由于流动性不同，商品和劳务对于国际价格信号的反应速度要比金融资产缓慢得多。国际资本市场上充满了投机，投机会引起国际金融市场的震荡，商品和劳务市场的反应迟缓，来不及对这种震荡作出合适的反应，因而，金融市场的动荡常常会导致商品和劳务市场的扭曲，造成福利损失。他倡议对所有与货币兑换有关的国内证券和外汇即期交易征收统一的小额税收，所得收入用于在全世界救济贫困。

1978 年，托宾进一步建议，对于即期外汇交易，根据其交易规模征收 1% 的全球统一的交易税。后来，托宾把交易税税率调整为 0.5%。托宾认为，规模惊人的国际游资、过度频繁的投机性交易，会干扰国际贸易和长期投资，剥夺各国中央银行的宏观调控主动权。托宾指出，“商品和劳务对于国际价格信号的反应速度要远远慢于流动资金对于国际价格的反应速度，以及由此商品和劳务价格的变动速度要远远慢于金融资产价格的变动速度（包括汇率），故放慢金融市场的反应速度对于稳定现实的经济是绝对必要的，而以较小比例的征税可以使金融市场的反应速度放慢”。[①] 在托宾看来，资本的过度泛滥似乎使国家金融体系成为一个过度润滑的高速列车，在轨道陈旧的发展中国家飞驰而过时，更容易酿成巨大事故，因此征收资本交易税就是向“国际金融飞速旋转的车轮撒沙子”，使原来专门从事短线交易的投机商如果继续频繁买进卖出，收益就会大打折扣，甚至会蒙受损失。这样一来，投机商就不得不减少投机性交易，以降低短期资本的流动性，国际汇率因此趋向稳定，发生金融危机的概率也随之降低，从而可以达到全球金融体系的稳定。此外，托宾还将所得税收入作为一种援助，贷给第三世界国家，用于救济贫困，这更有助于世界范围内的社会公正和经济持续发展。

“托宾税”方案提出的依据：相对于因投资活动和贸易活动产生的货币交易，投机性的货币交易转手次数更为频繁，因此，尽管货币交易税对所有交易者都同样征收，但投机商所要承受的税务负担要大得多。这样，交易成本的增加，会减少货币投机的预期利润，从而抑制短期投机活动。“托宾税”方案的内容有：

1. “托宾税”的含义。“托宾税”有狭义和广义之分。狭义“托宾税”仅指对资产交易直接课税的税收形式，而广义的“托宾税”则包括其他旨在提高短期资本流动成本的措施，常见的形式有对居民直接借入外债制定较高的无息准备金要求，或是规定上述外债准备金在中央银行的滞留期。

2. “托宾税”具备资本流入和流出税两个方面，具体征收应视一国特定的资本流动状况而选择适当形式。

3. “托宾税”税率的确定与金融资产的特性和期限相关，也与资产到期的执行状况有关。如果实施单一的税率，则期限越短的金融资产的交易税越重，所纳税额越多。

4. “托宾税”可以不使用直接征税而用隐含征税的方式灵活进行，只要是提高了资本流动成本的措施均可视为托宾税。

5. “托宾税”既可由个别国家施行，也可由全球统一协调征收，但若想要其效果达到最佳，应该由国际协调统一征收。1991 年，托宾进一步提出两级“托宾税”的构想：在原来对所有金融交易征收一个低税率的基础上，再针对异常的资本流动附加一个临时性的、惩罚性的高税率，附加税的构建和计算可以以基础交易税为基础。这种设计

---

① Tobin, “A Proposal for International Monetary Reform”, Eastern economic Journal, July - October, 1978。

的意图在于：第一级较低税率可以不牺牲资本的流动性，以第二级较高税率阻吓国际游资对发展中国家金融市场发起的投机性攻击。

二、“托宾税”方案的影响

然而，“托宾税”自提出便长期受冷落，几乎被遗忘，其主要原因有两个：一是当时的外汇交易额与今天相比不可同日而语，人们还难以认识到它的巨大冲击力。二是“托宾税”与当时主流学派的观点不一致。当时经济自由主义在全世界居主导地位，许多经济学家都热衷于“市场有效假说”理论，坚持金融市场存在有效的信息运转机制。只有在市场完全自由运转下产生的价格，才能作为长期资源配置的基础。简单地说，金融市场的反应越迅速，对现实经济生活越有好处，这与托宾的观点正好相反。所以，“托宾税”提出后，遭到很多人的反对。反对者认为，只有全球各国统一实行“托宾税”，才能抑制国际资本的投机行为。如果仅有个别国家实行，则很容易让资本流入其他国家，从而对征税国吸引外资带来负面影响。此外，反对者还认为，征收“托宾税”，可能起不到抑制投机的效果，而中央银行一旦实行这项政策就将不愿取消，以保持既得利益。

总之，从理论上讲，在外汇市场上征收“托宾税”将大大减少货币交易的投机性和短期资本交易量，使外汇汇率趋于稳定，使中央银行的货币政策自主权不至于受到损害。“托宾税”有利于长期投资的增长，促使投资者关注长期基本因素的变化，淡化对市场传染效应的敏感程度。“托宾税”还有利于消除中央银行的周期性财务困难，降低金融危机的发生率和道德风险。“托宾税”应该有助于提高一国资本流入的质量，可减少资本的恐慌性外逃。“托宾税”只是行政干预金融市场的一种形式，是抑制投机、稳定汇率的良性体制。从一个侧面来讲，推行“托宾税”也是一国金融市场稳定与否的标志。虽然全面实践“托宾税”面临许多困难，但实际上，全球货币交易的高度集中又增加了推行“托宾税”的可行性，只要国际金融中心所在的国家或地区推行“托宾税”，就会起到示范作用。

近年来，欧盟国家政府已经开始探讨“托宾税”。这表明，作为资本自由化受益者的发达国家开始正视而不是一味回避资本流动造成的问题，从而向最终解决这一问题迈出了第一步。当然，“托宾税”也不是万能的。托宾本人曾说过，“托宾税”只是放缓对外汇汇率的经济基本规则的调整，为中央银行争取更多的调整时间，而不是把病态的经济恢复到良好状态。

本 章 小 结

凯恩斯学派产生于20世纪30年代的“大萧条”时期，摒弃了经济自由主义，强调国家干预经济，倡导以财政政策作为杠杆来稳定宏观经济的需求。凯恩斯从消费函数与预期的不确定性出发，提出了消费倾向理论、投资引诱理论和流动偏好理论，形成了以有效需求原理为核心的就业理论体系，进而论证了政府进行宏观干预的必要性，主张通过膨胀性财政政策，刺激有效需求，增加就业，维持宏观经济稳定，成功地塑造了一套稳定机制。他主张在经济萧条时期发挥国家的作用，实行政府干预，一方面，扩大政府支出，主要是投资支出；另一方面，采取税收措施，主要是提高直接税的比重，改变收入分配格局。凯恩斯的财政理论拓宽了政府的经济职能，首次赋予政府宏观经济稳定的职能。

在凯恩斯的基础上，萨缪尔森提出了混合经济论，认为西方资本主义经济呈现出混合经济的特点，主张政府干预经济，发展了政府职能理论。同时，萨缪尔森还提出了公共品理论、税收分类、税收原则、税收的经济效应等思想，对西方财税理论的发展产生了重要影响。

托宾鉴于国际金融市场的动荡常常会导致商品和劳务市场的扭曲，倡议对资本交易征收"托宾税"，以便抑制国际资本投机。

本章思考题

1. 简述凯恩斯的财税思想。
2. 简述萨缪尔森的国家观。
3. 简述新古典综合学派的财政政策。

第九章

货币学派的财税思想

货币学派，也称现代货币主义，是20世纪50—60年代在美国形成的一个经济学流派。该学派强调货币数量在国民经济中的特殊作用，认为价格总水平和名义国民收入变化的主要决定因素是货币数量的变化，主张实行所谓“单一规则”的货币政策，控制货币供应量的增长率，使它与经济增长率相适应。同时，倡导经济生活的自由放任，主张减少国家对经济的干预。货币学派的代表人物除了密尔顿·弗里德曼（Milton Friedman，1912—2006年）以外，还有美国的A. 哈伯格、K. 布伦纳、L. C. 安德森，英国的艾伦·沃尔斯特、戴维·莱德勒、迈克尔·帕金，奥地利的赫尔姆特·弗里希等。本章主要介绍弗里德曼的财税思想。

第一节

货币学派概述

一、货币学派产生的历史背景

货币学派产生的背景是，凯恩斯主义者对传统的货币数量论的批评以及对货币重要性的轻视；凯恩斯主义旨在稳定经济的政策反而导致经济不稳定；发达国家长期推行凯恩斯主义需求管理政策导致在20世纪60年代中后期出现较多的财政赤字、政府债务和不断攀升的通货膨胀。

（一）理论纷争：货币重要还是不重要

凯恩斯最初是一位货币经济学家，他的颇有影响的《货币改革论》（1923年）和

《货币论》（1930 年）奠定了其在货币经济学中的地位。但是，在《通论》中，凯恩斯尖锐地批评了货币数量论，认为这种理论表达的只是一些常识，是一些不言而喻的道理。此外，凯恩斯假定，人们持有财富只在货币和债券两种形式中进行选择，货币需求有较高的利率弹性。根据这个假定，货币供给增加会引起利率下降，而利率下降会引起货币需求增加或货币流通速度下降，由于货币供应量 M 的增加被货币流通速度 V 的降低所抵消，因此，M 的变化对名义国民收入 Y 不产生任何影响。所以，货币主义者认为，在凯恩斯体系中“货币不重要”（money does not matter）。

货币主义不赞成凯恩斯主义者对货币数量论所持的态度，认为应当重新认识货币数量论的价值或意义；他们认为凯恩斯主义体系对货币在经济体系中的特性和作用重视得不够，需要重新研究和认识这个问题。货币主义强调“唯有货币重要”（money alone matters）。

（二）稳定政策有效还是无效

凯恩斯主义对 20 世纪 50—60 年代发达资本主义国家的经济和经济政策产生了重要影响。但是，这并不意味着凯恩斯主义稳定经济的政策都是有效的。事实上，由于信息不完全，限制了政府对经济形势的判断；由于对经济形势的认识到经济政策的实施再到政策发挥作用，这期间总是存在或长或短的时滞，这又严重地限制了政府成功地遵循凯恩斯主义稳定政策的能力；加上政治因素和利益集团的力量左右着政府政策的选择和实施。所以，稳定经济的政策往往变成一种经济不稳定的因素。例如，由于从 1965 年开始，美国对越南战争升级，从而导致联邦政府支出不断增加，1968 年美国经济出现过热。为了给经济降温，美国国会和政府根据凯恩斯主义的政策处方，决定开征一项附加 10% 的个人所得税。但是，这项税开征以后的近 2 年时间内，美国的通货膨胀率进一步上升了，而不是下降了。货币主义抓住这个证据攻击财政政策无能。

（三）货币学派产生的现实背景——通货膨胀成为头号的经济问题

第二次世界大战后，美英等发达资本主义国家，长期推行凯恩斯主义扩大有效需求的管理政策，西方国家曾一度出现较快的经济增长、较少的失业、较温和的通货膨胀的“经济繁荣”景象，所以，凯恩斯主义的威望日渐提高。但弗里德曼认为，这未免有些将凯恩斯主义“神圣化”了。因为从 20 世纪 60 年代末期到 80 年代初期，各主要资本主义国家仍然在发生的经济衰退更加频繁，失业人数大量增加，通货膨胀也日益加剧。这种“停滞膨胀”的局面是凯恩斯主义无法解释并进行医治的。在这种情况下，弗里德曼提出了所谓的“现代货币数量论”。

可见，货币主义是在资本主义经济通货膨胀的状况下诞生的。诚如新古典综合学派的经济学家亨利·沃尔克所说：“（30 年代）严重失业和萧条给我们带来了凯恩斯主义。后来随着时间的推移，我们陷入了这样的通货膨胀之中，它使许多人成为货币主义者。正如凯恩斯主义是萧条的产儿一样，现在，货币主义是通货膨胀的产儿。”①

（四）菲利普斯曲线的崩溃

在 20 世纪 60 年代，菲利普斯曲线成为西方发达国家宏观经济政策分析的基石，政策制定者可以依据这条曲线在不同的通货膨胀率和失业率的组合中进行选择。但是，从

---

① ［美］亨利·沃尔克：“亨利·沃尔克访问记：该怎么办？”，《挑战》1977 年 11—12 月。

20世纪70年代开始，主要发达国家不但通货膨胀率越来越高，而且其变化也反复无常。更为重要的是，通货膨胀和失业之间的替换关系消失了。菲利普斯曲线的崩溃为货币主义向凯恩斯主义发动进攻找到了理论和政策主张上的突破口。

二、货币学派的思想渊源

货币学派的思想渊源是传统的货币数量说。货币数量说的核心论点是：物价水平的高低和货币价值的大小，是由一国的货币数量所决定的，物价水平与货币数量成正比，货币价值与货币数量成反比。货币数量说的萌芽早在罗马时期就出现了，但一般认为货币数量说是16世纪法国重商主义者波丹提出的。19世纪中期，许多经济学家如洛克、休谟、大卫·李嘉图等都信奉货币数量说。货币数量说的兴盛时期是19世纪末20世纪初，最有影响的是美国耶鲁大学教授欧文·费雪，他提出了著名的“费雪方程式”，用以说明货币交易数量理论。费雪提出的货币交易方程式为：

$$MV = PT$$

式中，M代表流通中的货币数量；V代表货币的平均流通速度；P代表商品的平均价格；T代表商品的总量。

费雪把货币看作交易的手段，研究整个经济中为了一定交易量所需要的货币数量，形成了比较系统的货币数量说体系。

货币学派的另一思想渊源是芝加哥大学研究经济学的传统思想。芝加哥大学的经济学研究，历来有两个鲜明的特征：一是注重货币理论的研究；二是坚持自由主义思想。货币学派的主要代表人物弗里德曼等都长期受到这种传统的熏陶。因货币学派的主要代表人物大都曾在芝加哥大学任教或学习过，所以，货币学派又被称为芝加哥学派。

三、货币学派的主要经济理论

（一）现代货币数量论

首先，货币最重要。货币学派特别重视货币理论的研究，且认为“货币最重要”。早在1956年，弗里德曼在《货币数量论研究》中就认为，坚持货币至关重要，这样一种理论研究方法——如果忽视货币的变动和反应，如果对人们为什么愿意单单保持现有的名目货币量不去加以阐明，那么，对经济活动的短期动向的任何解释就会如堕五里雾中。他们从现代货币数量说出发，把货币推到极端重要的地位，认为当代一切经济活动都离不开货币信用形式，一切经济政策和调节手段都要借助货币量的变动（扩张或收缩）来发挥作用。因此，一切经济变量的变动都与货币有关。

其次，货币供应量的变动是用来测量货币推动力的可靠标准。货币推动力是说明产量、就业和物价变化的最主要因素，而货币推动力最可靠的测量指标就是货币供应量（货币存量或货币供给量）。由于货币供应量的变动取决于货币当局的行为，因此，货币当局就能通过控制货币供应量来调节整体经济。

最后，货币当局的行为支配着经济周期中货币供应量的变动。不管在通货膨胀、经济萧条时期，还是在经济增长时期，政府都可以而且应当唯一地通过货币当局对货币供应量的管理来调节宏观经济。

（二）通货膨胀理论

弗里德曼将通货膨胀定义为："通货膨胀是引起物价长期普遍上涨的一种货币现象"，通货膨胀发生的根本原因是货币增长率超过了产量的增长率。"如果货币量增长不快于产量的增长，那就不可能发生通货膨胀。"①

那么，为什么货币增长率会超过产量的增长呢？货币学派认为，货币量过多的直接原因有三个：第一，政府开支迅速增加，导致货币供应量增加；第二，政府推行充分就业的政策也大规模地增加了货币供应量；第三，中央银行实行错误的货币政策，不控制货币总量，而是控制无法控制的利率，从而使货币量和利率大幅度波动，加剧通货膨胀。②

货币学派认为，制止通货膨胀的出路只有一条，即控制货币增长率，减少货币增长。他们认为，只有把货币供应增长率最终下降到接近经济增长率的水平，物价才能大体稳定下来，而后，政府采用单一规则来控制货币供应量，就能有效地防止通货膨胀。其他制止通货膨胀的办法诸如控制物价和工资都是行不通的，不仅因为"药不对症"而无效，反而会加重"病症"。

（三）滞胀和"自然失业率"理论

20 世纪 70 年代，西方各国形成了严重的滞胀，解释这种现象是对经济学家提出的智力挑战。货币学派解释滞胀现象，是从分析菲利普斯曲线的变化入手的。弗里德曼认为，菲利普斯曲线的发展经历了三个阶段：第一阶段，失业率和通货膨胀率"负相关"；第二阶段，失业对通货膨胀的反应呆滞；第三阶段，通货膨胀率和失业率"正相关"，即通货膨胀率高，失业率也提高，形成"滞胀"现象。

货币学派认为，菲利普斯曲线之所以会发生这样的变化，是因为通货膨胀率和失业率之间并无必然的联系。他们提出"自然失业率"的概念："自然失业率"是与零通货膨胀率或稳定的通货膨胀率相适应的失业率，也就是指由劳工市场和商品市场的自发供求力量发挥作用时应有的、处于均衡状态的失业率。这个"自然失业率"水平"取决于劳工市场和商品市场的现实的结构特征，包括市场的不完全性、供求的随机变动性、对于工作空位和劳工有效利用的情报搜集活动费用、劳工流动性的费用，等等"。③ 货币学派认为，这种失业率的高低与货币数量无关，之所以称之为"自然失业率"，是因为其数值是由真正的经济结构，即劳动力（劳工）市场的结构所决定的，而不是说它的数值是不变的。

根据弗里德曼的理论，由于自然失业的存在，在长期内，失业和通货膨胀之间没有互相替代的关系。只有在发生了未预期到的名义总需求的扩张和未预期到的通货膨胀（或者说加速度的通货膨胀）时，经济中的实际失业率才会暂时低于"自然失业率"，才会产生菲利普斯曲线所描述的交替关系。

（四）"单一规则"的货币政策

"单一规则"的货币政策是与凯恩斯主义的"相机抉择"政策相对立的。弗里德曼

---

① ［美］米尔顿·弗里德曼：《论通货膨胀》，中国社会科学出版社 1982 年版。

② 同注①。

③ ［美］米尔顿·弗里德曼："货币政策的作用"，《美国经济评论》1968 年 3 月。

强烈反对凯恩斯主义的国家干预经济的财政货币政策，认为西方国家按照凯恩斯主义主张的用扩大政府支出、赤字预算、税收调节、举债花费等财政政策，伴之以降低利息率、放松银根的货币政策，来刺激需求增加，结果都造成了滞胀局面而难以自拔。因此，他针锋相对地提出了应当以货币政策为重心，主张实行“单一规则”的货币政策。

所谓“单一规则”的货币政策是指排除利息率、信贷流量、自由准备金等因素，而以一定的货币存量作为支配经济唯一因素的货币政策。按照这一规则，美国货币供应总量（银行以外的通货加上所有的商业银行的活期与定期存款）应该每年增长4%—5%。这是因为：根据弗里德曼统计，每年需要增加货币1%—2%以适合人口和劳动力的增长，使长期的货币流通速度随着真实收入的增长而降低。此外，美国每年产量平均增长3%，所以，货币供应每年相应增加3%。因此，两项合计则应增加4%—5%。因此，中央银行应该按照大约等于经济和人口的实际增长率来使货币供应增长率稳定，从而使市场上的商品和劳务数量的增减与货币供应量的增减相适应，以便稳定物价和保持“自然失业率”，促进经济增长。

弗里德曼的“单一规则”货币政策，不仅排除利息率、准备金等货币因素影响，更排斥国家运用财税政策调节和干预经济。

四、货币学派财税思想的特点

货币学派作为当代自由主义的主要流派，以凯恩斯主义的对立面出现，对凯恩斯学派的许多经济思想提出批判，建立了比较完整的经济思想体系，在当代主要是20世纪70年代以后对西方经济学界和政界产生了很大影响。货币学派的财税思想对当今的市场经济国家有一定的启示。

（一）仅以“单一规则”货币政策调节经济

货币学派反对凯恩斯主义的赤字财政政策，尤其不主张实行在衰退时期扩大政府开支的办法，并承认运用税收变动的办法调整经济周期波动远比运用政府支出数额变动办法好。他们认为，在社会经济发展过程中，市场机制的作用是最重要的。坚持自由市场和竞争是资源和收入合理分配的最有效方法，是实现个人和社会最大福利的最佳途径，如果政府干预经济，就将破坏市场机制的作用，阻碍经济发展，甚至造成或加剧经济的动乱。因此，货币学派从现代货币数量论出发，提出的“单一规则”货币政策，反对任何形式的国家干预，特别是反对第二次世界大战后凯恩斯主义的理论和政策主张。这种思想比较切合西方国家实际，对于同样实行市场经济的发展中国家，也有一定的启示。

（二）以比例税率取代累进税率

货币学派关于累进所得税名义税率与实际税率相差较远，形成偷税漏税和各种回避税收的行为，并造成了新的收入不均等，是西方国家税制结构的现实问题。虽然他们把收入不均等归于所得税的累进性，是一种错误观点，但他们对名义税率与实际税率的研究，指出名义税率过高反而造成偷漏税严重、税收流失太多，为各国税率设计提供借鉴价值。同时，货币学派关于改所得税的累进税率为比例税率，扩大税基取消优惠的主张，对改革西方国家烦琐的税制是有好处的。但是，货币学派主张用比例税率取代累进税率，改革所得税的累进结构，实际上是把税收负担大部分落在广大劳动人民身上，使社会收入分配更加不均等。

（三）以负所得税制度取代财政补助金制度

负所得税制度是弗里德曼在财税理论上的一个重要发明。货币学派创造性地提出以负所得税制改革财政补助金制度，并把它与所得税制的管理结合起来，不仅有较强的可操作性，而且对调动人们劳动积极性和合理使用财政补助有较大的促进作用。

第二节

弗里德曼的财税思想

密尔顿·弗里德曼是美国芝加哥大学教授，货币学派的倡导者和主要领袖。他的著作颇丰，有专著26部和200多篇论文。其中，重要的著作有《消费函数理论》（1957年，奠定了其在经济学界的名气和声望）、《资本主义与自由》（1962年，将经济学通俗化、大众化的杰作）、《美国货币史（1887—1960）》（1963年）、《货币最优量和其他论文》（1969年）、《自由选择》（1980年）、《货币政策的作用》（1968年）、《诺贝尔奖演讲：通货膨胀和失业》（1977年）等。弗里德曼在货币理论和货币政策方面的观点，代表了货币主义流派的主要观点，因此，货币主义有时还被称为“弗里德曼主义”。

一、宏观财政理论

基于货币主义对失业和通货膨胀的认识，弗里德曼反对凯恩斯主义和新古典综合学派的加强政府干预的理论，坚持经济自由主义，反对国家过多干预。他指出，自美国实行罗斯福新政以后，为了减少失业，政府常常扩大财政支出。暂时性的政府支出推动了制度的前进，解决了部分失业问题，政府的财政支出遂逐渐被视作经济的平衡器。弗里德曼指出，这种政府的支出政策无论在理论上还是在实践中都已经过时，而且政府的平衡器其实也是不平衡的，政府总是倾向于扩大支出，哪怕面临的只是极小的衰退，但要政府减少支出则会受到各种既得利益集团的阻挠而难以实现。因此，这种平衡器是单向地倾向于扩张支出的。加之政府制订联邦支出方案总有一定的时滞性，往往要在经济衰退过后才开始实行，因而它不仅起不到应有的政策效果，反而，会使经济状况恶化。更糟糕的情况还不在于此。它将通货膨胀的倾向带入政府的决策，尤其严重的是，由于联邦政府支出的不稳定性，它还成了经济不稳定的主要因素。如果政府辅之以采用另一项财政政策——税收政策，在经济萧条时采用减税政策，在经济过热时采用增税政策，那么同样，这一平衡器也倾向于单向地发生作用，减税是容易做到的，而增税则容易引起纳税人的反对，并进而抵制政府进一步扩大支出的政策。退一步讲，即使税收政策和支出政策都能如期地发挥平衡器的作用，也还需要对它们的波动作较长时间的预测，从而加以灵活运用。但事实上，这是很难做到的。财政政策无法做到考虑经济在较长时期内的稳定性的问题，是它无法很好发挥宏观经济调控作用的一个重要原因。

此外，弗里德曼还认为，财政支出政策有挤出效应，即政府的公共支出会挤出私人支出，而建立在私人支出减少基础上的政府支出并不会产生乘数效应和实现国民收入的增加。

在上述对宏观经济失衡和政府政策失灵分析的基础上，弗里德曼得出的结论自然是财政政策无法消除失业，反而还会引起通货膨胀，“自然失业率”不可能被通货膨胀率所消灭。通货膨胀又是纯粹的货币现象，从长期来看，通货膨胀与失业之间不存在菲利普斯曲线式的交替关系，因而，弗里德曼认为，凯恩斯所主张的以通货膨胀来减少失业的宏观需求管理政策在理论上是没有根据的，在实践上也难以发挥作用。弗里德曼指出，要摆脱这种局面，就应当采用“或者调整各种制度以适应长期通货膨胀的形势，或者采用那些会引起低的通货膨胀率的政策和采用先前那样的政府干预价格决定的政策”。①

二、赋税理论

（一）税收具有稳定经济的作用

弗里德曼认为，税收在稳定经济方面的作用要比政府支出的作用强。他说：“即使我们接受联邦预算应该和能够用作为平衡器之用这个观点——也没有必要使用预算的开支——税收政策是同样可以采用的。……假使希望有较大的变动幅度，那在衰退时期可以降低税收，而在扩展时期提高税收。”“假使平衡器原理被应用在赋税一方而不是开支一方，现在的情况可能是多么不同。设想每次衰退都减税一次，又设想在相继发生扩展的情况下，提高赋税在政治上不得人心，导致了对新近提出的政府开支方案的抵制和对目前存在的开支方案的削减，我们现在可能处于联邦开支在国民收入占有远为小部分的地位，而国民收入又会由于赋税对经济发展的抑制和阻止影响的减少而具有较大的数值。”②

但是，由于弗里德曼的思想基础是主张运用货币政策，尽管他承认税收具有稳定经济波动的作用，但并不主张运用它。他认为：“在财政政策以及在货币政策中，即使我们抛开一切政治因素，我们的知识还不足以使我们能运用随意变动的税收或开支，把它们当作为灵敏的稳定机制。在试图这样做的过程中，我们几乎肯定会使事情变得更坏。”③

（二）反对用累进所得税调节收入分配

弗里德曼从其经济自由主义思想和“单一规则”的货币政策出发，反对用累进所得税调节收入分配。他认为，用累进所得税调节收入分配存在两个弊端：

第一，干涉了个人经济自由。他指出：“作为一个自由主义者，我很难看出任何单纯地为了再分配收入而施加累进赋税的理由。这种赋税似乎是一个显著的事例来使用强制手段从某些人那里拿取一些东西，把它们给予别人，因而，和个人自由发生了正面冲突。”④ 即税收干涉了个人经济自由。

第二，未必能收到理想效果。弗里德曼认为，对于战后西方国家奉行凯恩斯学派运

---

① ［美］米尔顿·弗里德曼：“通货膨胀和失业”，《政治经济学杂志》1977 年 6 月。

② ［美］米尔顿·弗里德曼：《资本主义与自由》，商务印书馆 1982 年版。

③ 同注②。

④ 同注②。

用累进所得税调节收入分配的政策，成效不理想，甚至可能造成新的不均等。“政府用来改变收入分配的最广泛使用的方法是累进所得税和遗产税。在考虑它们是否有必要之前，值得探询一下，它们是否达到了它们的目的。”“我的印象是：这些税收的措施虽然不是完全没有影响，但它们在缩小用一些统计收入数字来划分家庭的平均地位之间的差异的问题上具有比较小的影响。……在这种已经划分的收入阶层之内，它们实际上在人们之间人为地造成了和上述影响差不多大小的不均等。”①

（三）废除累进税率，实行比例税率

弗里德曼认为，既然所得税的累进性对收入分配没有多大积极影响，又由于名义税率与实际税率相差过大，使税收收入减少。过高的累进税率，并不会增加国家财政收入，反而会减少税收和造成收入分配不均等。“文件上规定的税率看来是高的，而且累进程度也高。但是，它们的影响消失在两个途径之中。第一，它们的一部分影响只是使税收前的分配更为不均等。这是税收通常具有的归宿效果。……第二，它们造成立法上的和其他的条例来回避税收——所谓赋税法中的漏洞，……其影响在于使真正施加的税率比名义税率低得多，从而，或许是更重要的，使税收的归宿成为不肯定和不均等。处于同一经济水平的人支付很不相同的税款，取决于他们收入来源的偶然性和他们具有逃税的机会。”② 鉴于累进税的弊端，弗里德曼主张应当用比例税率取代累进税率。

弗里德曼进一步解释说，实行比例税率不会减少税收收入，反而还会征收到较多的税款。“我们必须强调指出：从税收的数量上看，从收入的再分配或任何其他有关的标准来看，它并不是过分的。”“事实上，即使不去更改赋税法规的其他方面，这种统一的纳税率也会征收到较多的税款。”③ 弗里德曼对此的解释是：比例税率会减少人们回避税收的动机；实行比例税率会使人们降低偷税漏税的欲望；实行比例课征会使累进税率结构对劳动积极性的不利影响减轻，提高资源使用效果，从而得到较高的税收收入。

这里，弗里德曼提出的按比例税率课征所得税，是与扩大税基取消税收优惠同时进行的。他指出：“在我看来，个人所得税的最好的结构是在收入一定的免税额以上抽取固定比例的税，而其中收入的含义应该非常广泛，……最重要的其他有必要的改变是取消石油和其他矿产上的消耗比例的优待，取消对州和地区证券利息的免税，取消对资本收益的特殊处理，把所得税、遗产税和捐赠税加以协调以及取消目前允许的许多纳税优待规定。”④ 弗里德曼认为，实行按比例课征所得税，再辅之以较广的税基“使一切收入的来源比较平均地纳税”，就能使课税较为公平合理，并减少资源浪费。

（四）取消进出口关税限制，实行自由贸易

弗里德曼反对实行进出口关税保护政策，主张自由贸易。他说：“关税的主要目的当然是‘保护’国内的企业，它们意味着对潜在的竞争者设置障碍，它们总是干预个人参与自愿交换的自由。”“关税显然是助长了垄断的。由少数几家厂商比由许多厂商

---

① ［美］米尔顿·弗里德曼：《资本主义与自由》，商务印书馆 1982 年版。
② 同注①。
③ 同注①。
④ 同注①。

串通起来制定价格要容易得多，而一般来说，由同一国家的企业比不同国家的企业串通起来制定价格较为容易。”① 正是由于关税的这种作用，弗里德曼认为，它是“对自由的侵犯”，使垄断成为“远为严重的问题”。弗里德曼主张放弃关税保护政策，实行自由贸易，使“所有的关税在今后的十年中减少至目前水平的十分之一”。

三、负所得税制度

货币主义者虽然极力反对政府使用宏观财政政策来调节经济运行，但是对于国内低收入者的生活保障问题，他们提出用“负所得税”的办法来加以调节。负所得税的构想是基于对税收制度中促进所得税制完善的设想而提出来的，负所得税制度中的补贴是在纳税人不具有法定义务的情况下支付的，它是一种地道的直接支出形式，是一种财政转移支付制度。

负所得税制度不同于凯恩斯主义者的给低收入者以差额补助金的福利制度，其是由政府规定某种最低限度的收入保障数额，然后根据个人的实际收入情况给予适当的补助，这个补助金就是负所得税。按弗里德曼的解释：“假使一个人得到100美元应纳税的收入，即：超过免税和扣除的100美元收入，那么，他得纳税。按照负所得税的建议，假使他的应纳税的收入为负数值的100美元，即比负税加上扣除的总额少100美元，那么，他得纳负数值的税，也就是说，得到一笔津贴。”② 负所得税的计算公式是：

负所得税 = 政府规定的最低收入指标 - （实际收入额 × 负所得税税率）

个人可支配收入 = 个人实际收入 + 负所得税

假定政府规定的最低收入指标（收入保障数额）为1 500美元，负所得税率为50%，所得税的起征点是3 000美元，据此，可以计算出不同实际收入的个人负所得税和个人可支配收入，如表9-1所示。

表9-1　个人收入与负所得税制度　　单位：美元

个人实际收入	负所得税（即政府给予的补助）	个人可支配收入
0	1 500 - 0 = 1 500	1 500
1 000	1 500 - （1 000 × 50%） = 1 000	2 000
1 500	1 500 - （1 500 × 50%） = 750	2 250
2 000	1 500 - （2 000 × 50%） = 500	2 500
3 000	1 500 - （3 000 × 50%） = 0	3 000

在这一方案中，收入保障数额和负所得税率可以随着经济情况和物价水平的波动而进行相应的调整，但基本规则是不变的。

弗里德曼认为，负所得税方案能确保低收入者的最低生活保障，与此同时，又避免了现行福利计划的大部分缺陷。具体说来，负所得税的优点主要表现在：

1. 它使公共基金集中用于穷人而不是无目标地分配资金。“这一安排具有明确的好处。它是专门针对贫穷问题的。它向个人提供最有用的形式的帮助，即：现金。它是一

① ［美］米尔顿·弗里德曼：《资本主义与自由》，商务印书馆1982年版。

② 同注①。

般性的，从而能代替现在已经实施的很多的特殊措施。它明白地表示出社会能负担的费用。”①

2. 它使穷人具有自助的动力。“目前的直接援助计划，实际上包含着对获得援助者的其他收入课以100%的税率，即相对于挣得的每一美元，他们的补助支付将减少一美元。这种安排的严重的消极影响，已经广泛地为人们所认识。税率为分数的负所得税，是到目前为止所提出的建议中唯一能满足下列要求的方法：平等地对待所有的人，而与此同时又要保持穷人小规模地、循序渐进地进行自助的动力。在我们上面的例子中所使用的50%的税率下，援助的受益人能够保留额外挣得的每一美元中的50美分。当然，与能够将这一美元全部保留下来相比，这只是一种较小的动力了，但若与现行的、一美分也留不下来的情况相比，这又是一种较大的动力。”②

3. 它的支出较少，却可以帮助更多的穷人。“因为负所得税直接以贫困为特定目标，所以，与目前的计划系列相比，它既可以更多地帮助穷人，又可以大大地减少耗费。目前我们在各种福利计划上的花费每年在500亿美元以上，其中大约70到80亿美元是用于公共援助（如对没有独立生活能力的儿童的直接救济与援助，对老年人、盲人的援助，以及对终身完全残废者的援助等）。前面已经描述过的50%计划的总耗费可能会略大于我们目前用于直接援助计划的数量，但仅仅是我们目前用于一切福利计划的总额的1/5。”③

4. 有利于消除官僚主义。弗里德曼指出：“目前的税收制度包括大部分得到收入的人，把所有的得到收入的人都包括在其中必然会作为副产品而改善目前所得税的作用。更为重要的是：假使它能付诸实施来代替目前指向同一目标的那些乱七八糟的措施，那么，整个行政管理的工作肯定会减轻。”④ 也就是说，由于执行负所得税方案的政府机关只有税务部门，负所得税计划将得以几乎全部地消除为现有计划所要求的那些累赘的、代价高昂的福利官僚机构。而供职于这些官僚机构的有为之士，可以将他们的才智贡献到更有用的事业中。

本章小结

货币学派是20世纪50—60年代在美国形成的一个经济学流派。该学派作为凯恩斯主义的对立面出现，对凯恩斯学派的许多经济思想提出批判，建立了比较完整的经济思想体系，在当代主要是70年代以后对西方经济学界和政界产生了很大影响。

货币学派强调货币数量在国民经济中的特殊作用，认为价格总水平和名义国民收入变化的主要决定因素是货币数量的变化，主张实行所谓“单一规则”的货币政策，控制货币供应量的增长率，使它与经济增长率相适应。同时，倡导经济生活的自由放任，主张减少国家对经济的干预。

---

① ［美］米尔顿·弗里德曼：《资本主义与自由》，商务印书馆1982年版。
② ［美］米尔顿·弗里德曼：《弗里德曼文萃》，北京经济学院出版社1991年版。
③ 同注②。
④ 同注①。

货币学派的代表人物弗里德曼从现代货币数量论出发，提出的“单一规则”货币政策，反对任何形式的国家干预，特别是反对战后凯恩斯主义的理论和政策主张；主张用比例税率取代累进税率，改革所得税的累进结构；创造性地提出以负所得税制改革财政补助金制度，并把它与所得税制的管理结合起来，不仅有较强的可操作性，而且对调动人们劳动积极性和合理使用财政补助有较大的促进作用。负所得税制度是弗里德曼在财税理论上的一个重要发明。

本章思考题

1. 简述弗里德曼的财税思想。
2. 弗里德曼的负所得税制度对我国社会保障制度改革有何启示？

第十章

理性预期学派的财税思想

在20世纪60年代末期经济滞胀的背景下，从现代货币主义学派中分离出一个反对凯恩斯主义的经济学流派——理性预期学派。该学派的理论观点和政策主张与货币主义学派有着密切关系或者相近，甚至说是货币学派的引申，因此，这一学派也被认为是激进的货币主义。它之所以形成一个不同的派别，是因为其着重从宏观上分析理性预期在市场经济活动中的作用及其对于经济政策实施效果的影响，故也被称为新古典宏观经济学派。本章主要介绍理性预期学派的代表人物罗伯特·卢卡斯（Robert E. Lucas，1937—2023年）和罗伯特·巴罗（Robert J. Barro，1944年—）的财税思想。

第一节

理性预期学派概述

一、理性预期学派的产生

理性预期学派发端于20世纪60年代，形成于70年代。理性预期的概念最初是由美国经济学家约翰·弗雷泽·穆斯（John Fraser Muth）在1961年美国《经济计量学》杂志上发表的“理性预期和价格变动理论”一文中提出的。他假定人们在进行预测时将总是以自己收集到的信息为依据。但这一观点在凯恩斯主义风行西方的时候，并没有被作为宏观经济动态分析的一个前提而在西方经济学界产生重大影响。

进入20世纪70年代，资本主义各国都陷入了严重的通货膨胀、大量失业和经济停滞的困境，第二次世界大战后流行多年的凯恩斯主义经济理论和经济政策在扭转"滞胀"的局面时并没有发生"神效"，凯恩斯主义与货币学派正在为短期的宏观需求管理政策的有效性争论不休，此时，理性预期分析被认为是能够解决双方争论并能为解决"滞胀"困境寻求一条出路的理论而受到了普遍重视。随后，美国芝加哥大学的年轻教授罗伯特·卢卡斯大力宣扬合理预期假说，被认为奠定了理性预期假说的基础。另外，美国哈佛大学教授罗伯特·巴罗（1944年—，原来在罗切斯特大学任教）、斯坦福大学教授托马斯·萨金特（Thomas J. Sargent，1943年—，原来在明尼苏达大学任教）和明尼苏达大学教授尼尔·华莱士（Neil Wallace）等相继发表论文，系统地论述了理性预期问题，从而形成了理性预期学派。

到了20世纪70年代末80年代初，由于人们已经经历了十多年通货膨胀的现实，而不得不去关注政策的变化和通货膨胀政策的效果，特别是需要对未来有所预测，以便不断采取应变的对策来消除对自己的不利影响，从而抵消政府政策的作用。在此情况下，理性预期理论比其他西方经济学理论更能合乎公众的需要。因此，理性预期学派的影响又得到了进一步扩大，以致他们的理论和政策被看作是在宏观经济学中的一次"理性预期革命"，直到目前，这个学派仍然受到西方经济学界的高度重视。

二、理性预期学派的基本经济观点

（一）理性预期假说

理性预期是相对适应性预期而言的。所谓适应性预期就是运用某经济变量的过去记录去预测未来，反复检验和修订，采取错了再试的方式，使预期逐渐符合客观的过程。而理性预期与适应性预期有根本不同，"它假定单个经济单位在形成预期时使用了一切有关的、可以获得的信息，并且对这些信息进行理智的整理"。[①] 因此，理性预期是指人们在经济活动中，在有效地掌握和使用一切可以得到的信息的前提下，对经济变量作出合乎逻辑的推理，并与所使用的经济模型或理论相一致的预期。这种预期之所以称为"理性的"，是因为它是人们参照过去历史提供的所有知识，并对其加以最有效的利用，并经过周密的思考之后，才作出的一种预期。正因为如此，这种预期能与有关的经济理论的预期相一致。

理性预期学派关于理性预期的基本观点是：第一，假设每一个经济主体对未来事件的预期都是合理的。包括：一方面，消费者的行为准则是换取效用的最大化，生产者的行为准则是追求利润的最大化；另一方面，预期是完全的，即每一个经济主体都使用了一切可以获得的过去的和现在的信息，所以能够对未来作出合理的预期。即使预期有误差，这一误差也是非常微小的，基本不影响预期的正确性。第二，他们认为市场是持续出清的。生产者和消费者是在完全的信息条件下进行合理预期的，这样的行为结果必然是商品供给量正好等于商品需求量，因而会出现持续的市场均衡。当然，在劳动力市场上，卢卡斯等运用弗里德曼的自然失业率理论和合理预期假说，认为失业率将维持在自然失业率的水平上。

---

① ［美］贝尔特·T. 麦喀勒姆："合理预期理论的意义"，《现代国外经济学论文选》（第七辑），商务印书馆1983年版。

（二）不变性命题

在理性预期学派之前，关于通货膨胀与经济总量（产量、就业和失业）之间的关系，人们通常只是简单地接受一条稳定的菲利普斯曲线的假说，把较低的失业率和较高的通货膨胀率联系起来，并暗含地假定，这个交替关系与过去和现在的货币和财政行动无关。相应地，政府可以应用货币政策和财政政策，使产量和就业保持在它所希望保持的水平上。

货币学派反对凯恩斯主流学派的这种观点，他们认为，菲利普斯曲线只能在短期内存在，而在长期内是不成立的。理性预期学派则断言，菲利普斯曲线交替关系即使在短期内也不存在。这是因为，在理性预期条件下，人们已经估计到货币供应量增长后可能发生的实际后果，从而采取了预防性措施（如预先要求提高货币工资增长率和利息率），因此，一旦货币供应量增加，它只能导致通货膨胀率的变化，并不能使工资和利息率下降，即使是暂时的产量增加和失业率下降的情形也不会发生。因此，在理性预期学派看来，“在货币政策的反馈规则之间所作出的选择对于具有合理预期的新古典主义经济中失业率的随机变化是无关的”。①

由此，理性预期学派推出了一个非常重要的命题，即不变性命题。这一命题断定：货币供给中的可预期部分对就业、产量或其他实际变量均无影响，其中不能被预期的部分或货币供应量意外的不规则的变动，虽然能够对上述变量产生一定的影响，但其作用只会加剧经济的不稳定与波动。因此，货币当局的经济政策，无论从长期还是短期来看都是无效的，其结果都是将引起通货膨胀。②

（三）政策的无效性

理性预期学派对资本主义市场经济坚持两个基本信念：一是私人经济制度具有良好的自我调节功能，如果没有外在干预，这种经济具有内在稳定性。二是政府不比理性的个人更聪明，政府试图通过实施某种政策来达到预定的目标通常是不可能的。根据理性预期假说，由于经济当事人在评价经济状况时不会犯系统性的错误或人们的预测是无偏差的，因而政府无法“愚弄”老百姓使政策有效。因此，“理性预期学派的一个主要原则就是：经济如果不反复遭受政府的冲击，就会基本上是稳定的”。③ 他们认为，凯恩斯主义所主张的干预经济生活的财政政策和货币政策即“积极行动主义的宏观经济政策”能够生效的暗含的前提是：政府可以出其不意地实行某种政策以影响经济生活，即政府总是比公众高明。但在理性预期的条件下，人们对政府的经济政策及其实施后果早已充分预计到了，并作出了相应的预防措施和对策，使得政府的经济政策不能有任何效果。

卢卡斯在1981年发表的论文“关于使用计量经济方法进行政策评估的批判”，就对政府的政策制定方法进行了分析和批判。他指出，政府在制定经济政策时，常把人们的行为视作不变的常数，在凯恩斯的理论中，同样将有才智的人和企业视作“机器”一

① ［美］贝尔特·T. 麦喀勒姆：“关于‘政策无效’争论的目前情况”，《现代国外经济学文选》（第七辑），商务印书馆1983年版。

② 李任初：“论预期在现代宏观经济学中的地位”，《南京大学学报（哲学社会科学）》1986年第2期。

③ ［美］小沃尔特·格萨迪：“切合实际的经济学”，《世界经济译丛》1979年第4期。

般，而不知道人们的行为会随着经济环境的改变、政府经济政策的变化而改变，在这样的假设下制定出来的经济政策当然不会有效。因此，理性预期学派指出，政府采取的种种财政金融政策，如降低税收、提高利率等，因为已经被公众合理地预期了，所以不可能影响经济："人们认识到真理，就不再犯同样的错误。当他们这样做时，他们就取消了政策所期望达到的效果。"①

既然政策的干预总是无效，甚至会使经济变得更糟，理性预期学派的主张自然是政府对经济干预越少，经济效率就越高。过多的政府干预只能引起经济的混乱，为保持经济稳定，唯一有效的办法就是尽量减少政府对经济生活的干预，充分发挥市场的调节作用，因为"市场比任何模型都聪明"。因此，政府制定"货币政策和财政政策的主要任务，就是为私营经济活动提供一个稳定的可以预测的环境"。② 为了做到这一点，"我们需要的是稳定的政策，而不是积极行动主义政策"。③ 根据上述的经济政策主张，理性预期学派建议美国联邦储备局和财政部应按照货币主义者的理论，控制货币存量、政府支出的变量，以免导致不规则的经济波动。

（四）政府的政策目标是防止或减少通货膨胀

理性预期学派认为政府的决策不能对一个经济的产量、就业和其他"实际"变量产生影响，却承认这些政策能够对一般物价水平等"名义"变量具有规律性的效果，因此，他们积极主张应当将最理想的一般物价水平作为其唯一的政策目标。政府只能是防止和减少通货膨胀，而不是同时解决通货膨胀和失业问题，更不应当是解决失业问题。理应预期学派之所以规定这样的政策目标，是由于以下两种情况造成的：

第一，货币当局突然地或出人们意料地制止了货币供应量的增长。当通货膨胀发生后，人们会逐渐习惯于按一定的通货膨胀率相应地调整自己的经济行为。如果货币当局突然为了将通货膨胀率降低一定幅度而制止货币的增长，那就可能使失业率突然大幅度增加。从雇主的角度分析，雇主是按照正常情况进行理性预期的，即按正常的、原有的通货膨胀率来订立工资协议的。但由于货币当局突然制止了货币的增长，就使物价上涨率远远地低于人们预期的上涨率，结果造成了实际工资的大幅度增加，因而雇主就不得不大量地解雇工人。可见，通货膨胀率降低的结果只能是失业率的提高。

第二，按照理性预期学派的说法，如果货币当局逐步地、缓慢地降低通货膨胀率，那么，失业的增加幅度可能会很小，但失业却会持续很长时间。这是因为人们对通货膨胀率的预期并不会马上降下来，这种情况将会持续很久。

由于上述两种情况的存在，理性预期学派断言，政府的政策目标只能是防止或减少通货膨胀，而不能同时解决失业和通货膨胀问题，更不能解决失业问题。卢卡斯就认为，政府为了制止通货膨胀，应该制定并公开宣布一些永久不变的原则，如规定一个长期不变的货币供应量的年增长率、制定一个能使预算平衡的税率等，因为当货币当局向人们宣布了一个坚决降低货币增长率来制止通货膨胀的政策并坚持下去时，一旦经济行

---

① ［美］卢卡斯："预期和货币中性"，《经济理论杂志》1972 年 4 月。

② ［美］小沃尔特·格萨迪："切合实际的经济学"，《世界经济译丛》1979 年第 5 期。

③ ［美］马克·威尔斯："'理性预期'：反凯恩斯革命的革命"，丹尼尔·贝尔等主编：《经济理论的危机》，上海译文出版社 1985 年版。

为主体认识到这项政策完全可以信赖，就不会因为政府政策的频繁干预而产生持续性的膨胀预期，他们就能够迅速地、顺利地作出相应的调整，一般物价水平就会趋于稳定，而失业也不会增加，生产不会下降，经济生活将会稳定。

（五）经济周期理论

卢卡斯在1977年“对经济周期的理解”和1978年“失业政策”等文章中，比较系统地阐述了他对经济周期问题的看法。卢卡斯以理性人为前提来说明经济周期，认为追求目标值最大化的经济主体具有两方面的理性行为。

第一，经济主体会对价格的长期变动和暂时变动作出不同反应。价格的长期性变动不会对就业和产量产生什么影响。例如，工资率的长期提高（更确切讲是长期维持在比以前高的水平上）不会对劳动供给产生多大刺激作用，但价格的暂时变动往往会引起产量和就业的敏捷的反应。例如，工资率的暂时上升会使工人迅速增加劳动供给，趁机会赚一笔钱，以便以后工资率下降再增加闲暇时间。这是工人在劳动—闲暇替代方面的理性行为。

第二，经济主体不愿意（也不可能）拥有过多的信息。因为信息不是免费获取的，往往需要时间、精力、金钱等成本。所以，进行理性预期的经济主体不会不计代价地搜集一切有关信息，而总是在信息成本的约束下，搜集尽可能多的信息，力图做到搜集信息的边际收益等于其边际成本。其结果是，经济主体往往不可能拥有充分的信息分辨其产品（劳动）价格（工资）的上涨，究竟是一般物价水平上涨的表现，还是相对价格上涨。卢卡斯指出，个别生产者不值得付出过多的边际成本，以弄清一般物价水平的态势，对其来说，更值得搜集的是与本行业有关的信息（竞争对手将如何行动、顾客的要求有什么变化、要素成本是否变动等）。而且，如果等到物价总水平的统计资料出来之后再进行决策，很可能已经丧失了盈利的机会。由于经济主体无法分辨一般物价水平的变化和相对价格的变化，因此，全面经济波动便很容易发生。当货币供应量意外增加后，各生产者普遍会把自己产品价格的上升误认为都是相对价格的暂时上升，于是每人都扩大产量。每个人增加的分量也许不多，但整体经济将出现繁荣，当一般物价水平下降时，又会产生相反的误解。其结果是普遍减少产量和就业，整体经济出现衰退。

如上所述，卢卡斯以经济主体的两种理性行为为基础，说明了经济周期。他还指出另外一种情况，即经济主体往往会根据以往的经济来判断当前的价格上涨是一般物价变动还是相对价格上涨。若长期处于一般物价水平稳定的环境中，则往往倾向于将产品的价格上涨看作是相对价格变化；若长期处于通货膨胀环境中，则往往倾向于把产品的价格上涨看作是通货膨胀的表现。这就意味着，政府可以在长期稳定状态下通过扩张性宏观经济政策来刺激产量和就业，但若反复使用这种政策，其功效便会下降。当政策的效果被人们事先完全预期到时，政策就变得无效了。

三、理性预期学派财税思想的特点

正是由于理性预期学派提出的政策无效性命题，因此，如果说理性预期学派提出了什么宏观财政政策主张的话，毋宁说他们没有什么政策主张，他们只是提出了一些选择财政经济政策的规则和理念。

（一）以政策无效为核心的财税理论

理性预期学派认为，各经济行为主体对未来的预期是合乎理性的，所以，只要政府的政策措施及其影响是有规律的，那么，这种规律性就或迟或早一定会被经济行为主体所发现，并成为其决策所依据的一种信息。既然政府相机抉择的稳定经济的政策是一种有规律和持续不变的行为方式，经济行为主体就可以预计到这些政策，并同时作出反应以抵消所预测的政策结果。这样，上述政策就不会对经济产生实际的影响。据此他们进一步提出：既然采取相机抉择的稳定性经济政策同不采取这种政策相比不能使产量和就业量这些实际变量发生变动，政府不如放弃这类带有规律性的政策，而让市场机制充分发挥自发调节作用，这样，反倒能够使整体经济处于稳定状态。卢卡斯曾讲："当扩张性货币政策反复推行时，它就不再能实现自己的目标。推动力消失了，对生产没有刺激作用。期望生产能扩大，但结果却是通货膨胀，而不是别的。"① 财政政策也是如此。当第一次减税时，人们可能增加消费和投资，但再次减税，人们预期到政府将不得不更多地举债，不得不多付利息，将来的赋税会加重，因此，人们不会像第一次减税那样增加消费和投资了。

当然，理性预期学派并不是否认非规则性政策会对经济的实际变量发生影响。巴罗曾经通过对美国非预期的货币增长与失业之间关系的经验性研究证明：只有违反通常的反周期措施的货币变化才影响随后的失业率，超过正常水平的联邦支出的增加只有在伴有大于通常数量的货币增长时才会减少失业。但是，这并不能由此说明理性预期学派主张政府采取不规则的政策措施的结论。按照卢卡斯和萨金特的看法，尽管这种突如其来的政策，会通过使经济行为主体的预期失误来暂时地产生一定的效果，但因预期失误会增加产量和就业的波动，所以，最终反而导致经济不稳定。因此，他们主张政府应制定一种长期不变的政策规则。如政府应当公开明确地规定一种固定的货币供应量的年增长率，并应当实现财政平衡。如果政府能宣布实行一种坚决降低货币增长率以制止通货膨胀的政策，人们就会解除防范心理，不再采取预防性措施。这样，物价就会稳定，失业也不会增加，生产也不会下降。同时，他们还指出，如果政府能够规定一种使财政预算平衡的税率，也会有助于经济的稳定。这是因为，通过减税来刺激人们增加投资和消费的热情将逐渐被抵消掉，所以，政府在财政政策方面所能做的最好的努力，还是制定使预算平衡的税率。只有这样，公众才不会由于理性预期而采取各种预防性措施，政府也才能取信于民，使经济趋于稳定。

（二）巴罗—李嘉图等价定理开辟了新的研究领域

巴罗—李嘉图等价定理的提出，引起了经济学界的巨大反响和争论。长期以来，关于巴罗—李嘉图等价定理是否有效的争论都没有停息，但由于该定理所需要的假设条件在现实生活中往往难以实现，连巴罗自己都不得不承认该等价定理存在着与实际的偏离。我们还注意到，近年来公债已经成为政府经济活动中一个日益重要的工具。公债规模空前扩大，公债政策也越来越脱离财政政策，而有从财政政策中分离出来成为一项单独政策工具的趋势，并且公债政策在运用中还往往与财政、货币两项政策搭配使用，相辅相成。总之，该定理本身开辟了一个活跃的研究领域，吸引了整整一代经济学家的研

---

① 赵汉平：《西方经济思想库》（第三卷），经济科学出版社1997年版。

究兴趣。

此外，巴罗关于政府支出与经济增长关系的思想奠定了他在经济增长甚至是宏观经济学领域的权威地位。尽管他的某些观点还存在着与现实情况的偏差，但其具有独创性的见解却为经济科学注入了新鲜的“血液”。至今，许多国家仍将巴罗这一思想作为本国的政府支出规模最优化的理论指导。

第二节

巴罗的财税思想

罗伯特·巴罗是哈佛大学瓦格纳经济学讲座教授，斯坦福大学胡佛研究所高级研究员，美国国民经济研究局研究员，布鲁津斯研究所高级顾问，麻省理工学院访问教授。他是一位高产经济学家，在宏观经济学、经济增长理论和货币理论等诸多领域做出了巨大贡献。其中，在公共财政领域，巴罗最具有代表性的两个理论是巴罗—李嘉图等价定理和巴罗模型中关于适度政府支出和经济增长之间关系的论述。

一、巴罗—李嘉图等价定理

李嘉图等价假设最早由英国古典经济学家大卫·李嘉图提出。大卫·李嘉图认为，给定政府花费和货币发行，政府具体的融资方式对经济不会产生影响。

凯恩斯主义者反对大卫·李嘉图的观点。他们认为，政府为了扩大开支，通过征税筹资和通过发行债券筹资，对总需求经济的影响是不同的。个人的消费或储蓄取决于其可支配收入或财富，政府征税直接减少了一个人的可支配收入或财富，从而会减少其消费或储蓄。但是，把和征税数量相等的债券出售给一个人，不会减少这个人的可支配收入或财富，因为政府借债总是要偿还的——在债券到期时既要还本又要付息，所以，政府发行债券相当于减少了相等数额的当前税收，不会减少个人的消费或储蓄。据此，凯恩斯主义者主张通过政府借债而不是通过增加税收来扩大政府支出。他们认为，增加税收只是改变了总需求结构——公共部门总需求的增加是以私人部门总需求的同量减少为代价的，而不会提高总需求水平。因此，凯恩斯主义者认为，要扩张总需求，实施赤字财政政策比平衡预算政策有效。

1974 年，巴罗在《政治经济学杂志》上发表了“政府债券是净财富吗?”(“*Are government bonds net wealth*?”）一文。在文中，他对传统李嘉图等价定理重新进行了阐述，提出了著名的巴罗—李嘉图等价定理。巴罗试图通过重新表述李嘉图等价定理来否定凯恩斯主义用预算赤字来刺激总需求的扩张性财政政策的有效性。

巴罗认为，在一个跨时新古典增长模型中，在特定假设（例如，完备的资本市场、一次总付税、代际利他和债券增长不能超越经济增长）下，即公众是理性的，那么不论是通过债券融资还是税收融资，政府所采用的融资方式都不会影响经济中的消费、投资、产出和利率水平。原因是，当政府为弥补赤字而发行债券时，公众明白债券变现最终还是要靠增税来完成，即现期债券相当于未来税收，政府债券融资只不过是移动了增税的时间。当公众购买债券时，储蓄的增加正好等于购入的债券量，公众把这部分财富储存起来，直到未来以税收形式被政府征收，消费水平和产出水平并不随政府征税时间的改变而改变。这样，政府扩大的支出就正好被每个家庭多储蓄的部分抵消，因此政府的财政政策就是失效的。

但是，一个人的生命周期是一定的，一些人可能在他们持有的债券到期兑付之前就去世了，偿付公债引起的更高的税收负担将落在他们的后代身上，对于这部分人来说，他们税负的现值降低了，可支配收入或净财富增加了，这会刺激这些人增加现在和未来的消费。如果不同的债券到期日不同，其中部分债券在持有人活着的时候兑付，部分债券在持有人去世后兑付，只要后一部分债券在数额（本利之和）上大于前一部分债券，人们仍然把持有债券视为净财富的增加，从而预期将来的税负增加而减少的当前消费数量会小于由于当前征税而减少的消费数量，这也会导致当前的消费增加。这说明，如果消费者是利己主义者，那么，因其死亡而来的对未来税收的逃避，会使得李嘉图等价定理失效。

巴罗用消费者的利他性回答了上述看法。巴罗假设消费者具有“利他主义”的遗产动机。这种“利他主义”的消费者是关心后代的，他们不仅从自己的消费中获得满足，也从其子女的消费中获得效用，因此，消费者不但关心自己的消费，也关心子女的消费。如果他的子女也是“利他主义”者，他们也有这样的行为，由于这种代与代之间的联系，今天的消费者或纳税人就会像他们能够永远活着一样来进行消费或储蓄。如果政府通过发行债券而不是通过增加税收来筹资，消费者会预期到他们的孩子将面临更重的纳税负担，为了不减少孩子的消费，他就会给孩子留下更多的遗产。因此，今天的消费者就会更多地储蓄，而不是更多地消费。所以，对于“利他主义”的消费者来说，由他们自己还是由子孙缴纳较高的税收来偿付政府债券的本息，结果都是一样的。

二、政府的适度支出与经济增长

理性预期学派政策主张的显著特点之一就是反对国家干预，试图证明政府政策的无效性，但这并不代表政府在社会经济生活中无所作为。事实上，巴罗认为，“政府是推动经济增长的决定力量”，政府和组成公众的经济当事人一样，具有理性预期，也有目标和偏好，其所作的决策并不只是在各类政策中作简单选择，而是也可以有唯一的最优选择。巴罗在“一个简单内生增长模型中的政府花费”一文中，讨论了内生增长模型中政府开支与经济增长的关系。巴罗利用柯布—道格拉斯模型给出了政府支出与经济增长的关系：

$$Y_i = AL_i^{1-\alpha} \cdot K_i^{\alpha} \cdot G^{1-\alpha} \quad (0 \leqslant a \leqslant 1)$$

在这个模型中，巴罗把政府购买 G 看作是国民收入 Y 的内生变量，政府和其他的经济人一样也参与了私人市场的运行中：政府购买一部分私人产品，然后利用这些购买向私人生产者提供免费的公共服务。

在巴罗看来，柯布—道格拉斯模型具有的性质：每个企业的生产都呈现出对私人资本 K_i 和劳动投入 L_i 的不变规模报酬，既定劳动投入 L_i 固定，如果政府购买 G 固定不变，则个别企业的资本积累具有规模收益递减的性质。他认为，相对于固定的劳动投入 L_i，只有在政府购买 G 和资本 K_i 同时增加时，柯布—道格拉斯模型生产函数才具有规模收益不变的性质，从而使得内生经济增长成为可能。

巴罗还指出，无论该模型的政府购买 G 的指数大于或小于 $(1-\alpha)$，都会使资本 K 和政府购买 G 不再具有规模收益不变的性质：如果大于 $(1-\alpha)$，经济增长率将随时间的推移不断上升；若小于 $(1-\alpha)$，国民收入 Y 将呈现规模递减的趋势。因此，只有将柯布—道格拉斯模型生产函数的政府购买 G 的指数限定为 $(1-\alpha)$ 的特殊情况才会使经济内生增长成为可能。这一结论的现实意义说明，无论是过大还是过小的政府财政支出都不利于经济的增长，要促进经济的增长，政府财政支出必须适度。

那么，什么样的政府支出才是最佳的规模呢？巴罗对柯布—道格拉斯模型进行扩展，经过微分方法推导得出了后来被称为"巴罗法则"（Barro Rule）的结论：当政府消费的边际产品等于1时，政府消费规模（用政府消费占产出的比重衡量）达到最优水平。

本章小结

理性预期学派发端于20世纪60年代，形成于70年代。进入20世纪70年代，资本主义各国都陷入了严重的通货膨胀、大量失业和经济停滞的困境，第二次世界大战后流行多年的凯恩斯主义经济理论和经济政策在扭转"滞胀"的局面时并没有发生"神效"，凯恩斯主义与货币学派正在为短期的宏观需求管理政策的有效性争论不休，此时，理性预期分析被认为是能够解决双方争论并能为解决"滞胀"困境寻求一条出路的理论受到了普遍重视。随后，美国芝加哥大学的年轻教授卢卡斯大力宣扬合理预期假说，被认为奠定了理性预期假说的基础。

理性预期学派提出了以政策无效为核心的财税理论。卢卡斯认为，政府可以在长期稳定状态下通过扩张性宏观经济政策来刺激产量和就业，但若反复使用这种政策，其功效便会下降。当政策的效果被人们事先完全预期时，政策就变得无效了。巴罗试图通过重新表述李嘉图等价定理来否定凯恩斯主义用预算赤字来刺激总需求的扩张性财政政策的有效性。巴罗—李嘉图等价定理的提出，引起了经济学界的巨大反响和争论。巴罗还利用柯布—道格拉斯模型分析了内生增长模型中政府开支与经济增长的关系。

本章思考题

1. 简述理性预期学派的基本经济观点。
2. 试述理性预期学派财税思想的特点。
3. 试述巴罗—李嘉图等价定理。

第十一章

供给学派的财税思想

供给学派是20世纪70年代中期在美国逐渐兴起的一个新自由主义经济学流派。该学派是作为凯恩斯主义对立面和批判者而出现的。供给学派认为凯恩斯主义的需求管理政策是经济“滞胀”的根源，主张通过大规模减税来促进生产或总供给增加，以扭转美国生产率和经济增长率下降的局面。因供给学派强调促进经济增长的着眼点在于刺激供给，因而，又被称为“供给经济学”。供给学派的理论和政策受到美国总统里根的重视并采纳，使该学派一时声名显赫。本章主要介绍供给学派的代表人物阿瑟·拉弗（Arthur Betz Laffer，1941年—）和马丁·费尔德斯坦（Martin Feldstein，1939年—）的财税思想。

第一节

供给学派概述

一、供给学派产生的历史背景

供给学派产生的背景是美国在20世纪70年代中后期生产率的增长速度只降不升，经济增长缓慢，通货膨胀压力日益加大。与此同时，凯恩斯主义的需求管理政策受到越来越多的怀疑和责难，新自由主义思潮逐渐在经济学界占了上风。

20世纪70年代，美国经济面临的基本问题是生产率增长的减速。在第二次世界大战结束后的头20年里，美国经济中生产率年平均增长速度为3%，此后，生产率增长速度下降到年平均1%，1977年以后生产率出现负增长。同时，生产率增长的减速又引起通货膨胀加剧和经济增长率下降。到20世纪70年代末，美国的年通货膨胀率由60年代的2%—3%陡升到8%以下，而年平均经济增长率则由五六十年代的4.2%下降到3%以下。

凯恩斯主义注重总需求分析，强调总需求管理。当时的政策制定者信奉凯恩斯主义。根据凯恩斯主义的教义，当经济增长率下降时政府应当刺激总需求。但是，在通货膨胀加剧的时候再刺激总需求，无疑将给通货膨胀火上浇油。显然，凯恩斯主义者在当时的经济形势下开出的政策“处方”是不对症的，表明凯恩斯学派的“需求决定供给”无法从根本上揭示资本主义经济危机的症结所在，其需求管理政策也不可能从根本上解决资本主义社会的基本矛盾。另外，随着时间的推移和社会经济情况的变化，西方国家继续推行凯恩斯学派的经济政策已陷入两难境地：为刺激经济增长和减少失业而实行扩张经济政策，会加剧通货膨胀；为了抑制通货膨胀实行紧缩经济政策又可能使经济停滞和增加失业。

到了20世纪70年代，西方各国出现了生产停滞、失业严重，同时物价持续上涨的“滞胀”局面。于是，西方经济学界纷纷向凯恩斯主义提出挑战，并开始研究替代的理论和政策。供给学派就是在这样的背景下产生的。1979年9月17日，美国《商业周刊》的一篇文章“为什么供给学派经济学突然广泛流行”较好地概括了供给学派经济学产生的背景。文章写道：“由于这10年经济增长无力，通货膨胀加剧——在此期间，美国经济一直苦于商品短缺、生产率增长迟缓、资本投资呆滞和制造业生产能力不足——现在的主要问题很清楚，已经不是如何刺激需求，而是如何刺激供给。已被称作供给学派经济学的这种思潮则反映着生产率、资本形成、劳动供给、工艺技术、资源短缺以及管理有关的新关系。”

二、供给学派的代表人物

供给学派到目前为止还不是一个成熟的经济学流派，它还缺乏严密明确的理论体系，在其内部还存在着分歧。在美国，供给学派存在着所谓“极端的供给学派”和“温和的供给学派”之分。“极端的供给学派”又称“纯粹的供给学派”或“激进的供给学派”，且由于其观点更鲜明、更富有特色，西方经济理论界又将“极端的供给学派”冠以“正统的供给学派”之名。“温和的供给学派”也称为“中间的供给学派”，它与“极端的供给学派”的区别不在于其基本理论和思想方面，而在于它们对各自政策主张的效果所持的预期和判断不同。

（一）“极端的供给学派”的代表人物

罗伯特·蒙代尔（Robert Mundell）是美国哥伦比亚大学教授，他最早提出供给学派理论的基本思想，1999年因提出开放的宏观经济中的“蒙代尔—弗莱明模型”和“最优货币区”理论获得诺贝尔经济学奖。

阿瑟·拉弗是南加利福尼亚大学商学研究生院企业经济学教授，并经营年收入250万美元之巨的拉弗咨询公司。他曾在尼克松政府时期任预算局首席经济学家，因提出“拉费曲线”而著名。

其他代表人物有《华尔街日报》副主编、综合经济分析公司总经理裘德·温尼斯基（Jude Wanniski），乔治顿大学教授、里根政府财政部经济政策助理部长保罗·克雷·罗伯茨（Paul Craig Roberts），美国国际经济政策研究中心项目主任、哈佛大学肯尼迪学院研究员乔治·吉尔德（George Gilder）等。温尼斯基所著《世界运转方式》被认为是供给学派的第一部理论著作；吉尔德的《财富与贫困》阐述了供给学派的资本和分配理论，被誉为是供给经济学的第一流分析；罗伯茨的《供应学派革命》影响也较大。

（二）"温和的供给学派"的代表人物

"温和的供给学派"的代表人物首推美国经济研究局主席、里根经济顾问委员会主席、哈佛大学教授马丁·费尔德斯坦。他最著名的理论当属分析财政赤字水平对资本形成和通货膨胀的影响及其相互关系的"费尔德斯坦曲线"。另外，该学派代表人物还有华盛顿埃文斯经济社社长迈克尔·埃文斯（Michael Evans）。

三、供给学派的主要经济理论

供给学派的经济理论尚未形成完整严密的体系，主要是对一些现实问题提出对策和建议，其经济理论主要有如下方面。

（一）否定凯恩斯主义的有效需求不足理论

供给学派全面否定凯恩斯主义的理论与政策，认为它是美国经济滞胀的"罪魁祸首"。供给学派认为，凯恩斯主义的有效需求不足导致大量失业的说法只适用于20世纪30年代经济"大萧条"时期。第二次世界大战后特别是20世纪60年代以来，在没有经济危机期间，美国失业率也很高的事实说明：失业问题并不是有效需求不足造成的，而是美国历届政府根据凯恩斯主义理论，采取扩张性财政政策和货币政策的结果。由于社会福利开支的扩大，失业者能够领到数额相当高的失业救济金，从而使得失业成本降低，很多人宁愿失业；同时，也鼓励了资本家在经济衰退时肆意解雇工人，使失业人数增加。刺激总需求的扩张性政策并不一定会导致实际产量的增长，而很可能会单纯增加货币供应量，从而导致较高的通货膨胀率。

供给学派还认为，美国投资率和劳动生产率的下降是由于实行了凯恩斯主义的政策。由于战后美国各届政府依据凯恩斯主义理论，片面强调提高需求水平，鼓励消费，并且采取一系列阻碍人们储蓄积极性的政策，最终使美国的储蓄率和投资率下降。由于投资不足，企业的设备更新和技术革新缓慢，20世纪60年代中期以来，美国的劳动生产率年增长率持续下降，并且远远低于其他资本主义国家。

（二）"复活"萨伊定理

供给学派宏观经济理论的渊源是萨伊定理。根据萨伊定律，在完全竞争的市场经济条件下，商品和劳务的供给能够创造出自己的需求，因而，根本不会发生严重的购买力不足的情况，市场自动调节能够使经济达到充分就业。凯恩斯根据对经济的总供给和总需求关系的分析，否定了萨伊定律，提出了截然相反的论点。

供给学派为了给自己的政策主张提供理论根据，又重新拾起萨伊定律并加以包装，且公开承认萨伊定律具有真理性，否定"需求会创造供给"的凯恩斯定理。吉尔德公开宣称萨伊定理是供给学派经济学的理论基础。他写道："萨伊定理，它的各种变化，是供给学派理论的基础规则。……萨伊定理之所以重要，是因为它把注意力集中在供给、集中在刺激的能力或资本的投资方面。它使经济学家们首先关心各个生产者的动机和刺激，使他们从专心于分配和需求转过来，并再次集中于生产手段。”[①] 供给学派反对凯恩斯学派的需求理论和需求管理政策，认为现在的美国经济与20世纪30年代在“大萧条”时期完全不同，需求的增加不一定会促进实际生产量的增加，而是只能单纯增加货币数量，促使物价上涨，反而引起储蓄率和投资率下降，生产增长缓慢，从而由需求的膨胀造成通货膨胀和经济停滞不前。吉尔德断言：“在经济学中，当需求在优先次序上取代供给时，必然造成经济的呆滞和缺乏创造力、通货膨胀以及生产力的下降。”[②] 因此，供给学派反复强调供给对需求的决定作用，认为医治滞胀的“良药”是刺激供给。埃文斯曾说：“凯恩斯主义模型无法医治目前的经济病，因为它们把中心放在需求的问题上；我们需要的则是强调供给一面，把中心放在生产力刺激上的模型。”[③]

值得注意的是，供给学派对萨伊定律的“复活”并不是简单的“复活”，他们不是一般地号召增加供给，而是要求人们注意美国经济衰落的最重要因素——生产率下降的问题。其理论核心是提出依靠市场机制，通过储蓄、投资和人们工作积极性的提高，来提高劳动生产率，并认为提高劳动生产率是解决通货膨胀的最好办法。但要提高劳动生产率，必须强化个人刺激。

（三）倡导经济自由主义

供给学派重视市场机制作用，认为资本主义市场经济具有自我调节、自我稳定的能力，人为干预则会破坏经济的固有稳定性。与凯恩斯主义者不同，供给学派认为，刺激供给与减少政府干预是并行不悖的，供给决定需求的一个重要前提就是经济自由。他们认为，一个社会内从事经济活动的基本单位——个人、家庭、企业的积极性和创造性越大，经济上的发展就越迅速、繁荣；反之，这个社会将趋于衰落灭亡。他们认为，美国推行凯恩斯学派的理论和政策，过多强调国家干预经济，挫伤了人们储蓄、投资、工作的积极性，从而造成了美国生产效率降低和经济地位的衰落。因此，他们主张减少政府干预经济，充分发挥市场机制调节功能，刺激个人和企业的积极性。

四、供给学派财税思想的特点

供给学派是对凯恩斯主义的直接否定，是适应当代资本主义经济从需求不足到供给不足，出现经济衰退、停滞膨胀，这一经济背景巨大变化的产物。它强调通过一定的货币政策和财政政策来刺激生产，增加供给，提高劳动生产率，使经济能够在没有通货膨胀的环境下健康、稳定和持续发展。供给学派的财税思想有合理成分，但也存在着缺陷。

（一）减少政府对经济的过多干预

供给学派主张减少政府对经济生活的干预，调整政府干预的内容与作用方向，更多地发挥市场机制的调节作用，有一定的合理性。供给学派认为，社会福利过高会导致人们产生懒惰心理，降低生产率和资本形成率，不利于经济增长。而政府长期实行凯恩斯主义的政府干预政策，长期刺激需求的同时忽视了供给——劳动、储蓄和生产，导致市

① ［美］乔治·吉尔德：《财富与贫困》，上海译文出版社1985年版。

② 同注①。

③ 现代外国经济学说研究会编：《现代国外经济学论文选》（第5辑），商务印书馆1984年版。

场经济严重的不平衡。因此，政府应当减少对经济的过多干预，减少社会福利，仅在市场失灵的领域采取政策措施，使经济能够在市场的环境下，更好地自由调配，达到均衡增长的目的。

（二）税收对工作效率和闲暇时间有重要影响

供给学派发现了税收的两重性以及税率对人们工作效率、闲暇时间的影响。供给和需求、生产和消费是经济生活中相辅相成和不可分割的两个方面。供给学派鼓励人们储蓄、投资和工作的积极性，强调增加供给、提高生产率，促进经济增长，使曾经被凯恩斯颠倒了的供给和需求之间的关系恢复正常，肯定了生产对消费的支配作用，继承并发扬了资产阶级古典经济学中某些合理的成分。在此基础上，提出了通过降低税率来增加政府收入，促进经济发展的主要理论，并认为减税也可控制通货膨胀，可以为经济的健康发展创造有利条件。

（三）供给学派的理论符合当时美国等资本主义经济发展的现实

供给学派对资本主义经济所面临的主要结症的看法和实施凯恩斯主义政策的结果的描述，比较符合当时美国等资本主义经济发展的现实。在经济政策主张方面，供给学派与凯恩斯主义都承认当代资本主义经济单纯依靠市场机制不能实现供给和需求的自动均衡，因此，都需要国家干预，他们的分歧在于这种干预的程度、内容以及作用的方向上。供给学派认为，20 世纪 70 年代出现滞胀以后，资本主义经济的症结在于供给不足，需求过旺。国家必须通过减税政策（实际上就是扩张性的财政政策）来实行供给管理，刺激人们工作、储蓄与投资的热情，增加供给。

但是，如果说凯恩斯主义通过扩张性的财政与货币政策增加总需求的办法没有解决供求矛盾的话，那么，走向另一个极端的供给学派通过减税政策增加供给的办法依然难以解决这一矛盾。即使如此，我们不可否认供给学派对经济健康、持续发展的指导作用，它引导人们更加全面地认识经济发展的客观规律，为政府对经济进行有效干预和引导提供了重要的理论依据。

第二节

供给学派的宏观财政政策

供给学派是一个偏重于政策方面的经济学流派，其认为，只要采取以下经济政策，就能刺激生产，增加供给，提高劳动生产率，使经济朝着没有通货膨胀的健康方向稳步发展。

一、减少政府对经济的干预

供给学派把经济“滞胀”归咎于政府长期实行凯恩斯主义的政府干预政策：长期刺激需求的同时忽略了供给——劳动、储蓄和生产，供给窒息在不必要的管制、高税收和国外竞争对手并不关心的经营法规等各种阻碍生产的绞索之中，结果，通货膨胀愈演愈烈，生产率增长日趋减速。供给学派也反对政府根据菲利普斯曲线进行政策选择。在他们看来，不一定要用更多的失业来控制通货膨胀，政府的政策目标应当是通过供给方面的刺激以提供更多的物品来与通货膨胀和失业进行斗争。他们认为，这样才是降低物价、增加就业的正确途径。

供给学派经济学家呼吁政府放弃通过财政政策和货币政策来调节总需求的做法，他们认为，这些政策措施都不能解决当时的经济滞胀。正如供给学派的奥托·埃克斯坦（Otto Eckstein）所说："财政金融政策会为改善通货膨胀造成建设性环境，但是，这本身并不能解决问题。""需求管理必须慎重，……而通货膨胀的完全平稳则超出了需求管理的管理能力。"① 费尔德斯坦则进一步认为："作为繁荣措施的财政政策……如果扩大，就会过分刺激经济，如果收缩，又会加速使繁荣后退。"②

供给学派还认为，政府对环境、农业、贸易等方面的干预和管制，不仅增加了企业的成本，也束缚了企业的手脚。另外，也有一些供给学派学者认为，政府对那些低效率行业给予越来越多的保护，使之不受外国竞争者的影响，这是美国生产率增长逐渐低落的一个原因。

基于上述认识，供给学派认为，除了减税，还需要控制政府开支，减少政府管制，取消或废除那些限制企业生产经营活动的不必要的，甚至过时的规章制度，以调动企业和个人的积极性。

二、减税

减税是供给学派经济政策主张的核心和基本环节。供给学派从"供给自行创造需求"的原理出发，认为减税是美国摆脱经济低增长的基本手段。具体来说，供给学派从以下方面论证了减税政策对促进经济增长的促进作用。

（一）降低税率有利于增加储蓄和投资

供给学派认为，降低税率有利于促进个人和企业增加储蓄和投资，并促使个人少休闲、多劳动。这里的税率是就所得税而言，在美国，它占了税收收入的主要部分。供给学派认为，第二次世界大战后，尽管美国税率多次降低，但仍然偏高。他们根据边际税率对"相对价格"影响的原理，认为在高税率下，人们在消费与储蓄和投资的选择中，宁愿多消费，少储蓄和投资；在休闲和工作的选择中，宁愿多休闲，少工作。

所谓边际税率，是指在累进税制度中，对超过一定纳税等级的那部分收入所规定的税率。每超过一个等级，税率就提高，即边际税率是递增的。所谓相对价格，实际是指机会成本，即一种资源当用于某种用途时，必须放弃另一种用途所取得的收入。例如，某人以一定的收入用于消费时，他就必须放弃用于储蓄所取得的利息收入。这一利息收入就是他用于消费的机会成本，或相对价格。在边际税率递增的情况下，利息收入越多，平均税率就越高，因而所得的实际利息收入相对越少，即他用于消费的机会成本或相对价格越低。于是，人们就愿意多消费，少储蓄和投资。

在工作和闲暇的选择上也有类似情况，工人工作越多，收入越多，相对缴纳的税就越多，而实际所得收入相对减少；如果不工作，而把时间用于休息，休息所付出的机会

① 现代外国经济学说研究会编：《现代国外经济学论文选》（第5辑），商务印书馆1984年版。

② 同注①。

成本或相对价格就越少。因而，人们宁愿少工作，多休息。

因此，供给学派认为，如果降低边际税率，人们在处理消费与储蓄和投资的关系时，以及在处理休闲与工作的关系时，其就会起到相反的作用，使人们宁愿少消费、多储蓄、多投资，少休闲、多工作。这样，自然就会促进供给的增加。

（二）减税在一定程度上可以促进政府收入增加

供给学派认为，由于降低边际税率，能促进储蓄和投资，增加企业收入，因此，税率虽然降低，税收总额却可能增加。当然，如果税率降低到一定程度以后，税收总额也可能会下降；反之，税率如果提高到一定程度以后，由于抑制了储蓄和投资，企业收入减少，税收总额也会减少。

（三）减税可以抑制通货膨胀

1. 供给学派反对通货膨胀。因为在供给学派看来，通货膨胀将严重损坏供给，从而妨碍经济增长。这是因为：第一，通货膨胀会使人们的名义收入增加，从而使其升入更高的纳税等级，纳税额也就随之增加；同时，通货膨胀还减少工资收入者的实际收入。这些都将削弱人们的储蓄能力和愿望。第二，通货膨胀将导致工资收入者要求提高工资，从而造成工资—物价循环上升。第三，通货膨胀将使利率提高，从而降低利润率，减少投资。第四，通货膨胀在汇率不变的情况下，将使出口商品相对涨价，进口商品相对便宜，从而不利于在国际市场上的竞争，对出口部门不利。

2. 供给学派主张实行包括对富人在内的全面减税，特别是削减边际税率，即降低最高税率，同时也削减公司所得税。于是，收入越多，减税也越多，从而会刺激人们多储蓄、多投资。为了增加供给，供给学派还主张在减税的同时，政府要实行削减开支和紧缩货币供给的政策。供给学派认为，按照其减税的主张和方法，自然会抑制通货膨胀。这是因为：一是减税可以增加供给，可以缓和需求过度的矛盾；二是减税将使政府收入增加，同时，伴随着政府支出的削减，还可以减少或消除赤字。

（四）减税可以避免逃税的弊端

供给学派认为，在高税率下，人们为了避免缴纳重税，往往采取各种办法逃税，以致美国政府历次的增税法案都促使逃税增加，如地下经济、走私贩私越来越严重。因此，供给学派认为，要真正帮助穷人和增加国民收入，不在于提高税率，而是要降低税率，鼓励人们多储蓄、多投资，从而少逃税。

三、减少社会福利支出

供给学派一方面，主张通过减税来刺激供给，认为从长远的观点看，减税必然会刺激储蓄、投资、劳动积极性，带来经济的增长，最终使政府的课税收入增加；另一方面，主张控制政府支出增长的速度以控制需求。如果不削减政府的开支，势必形成巨额赤字，而为此就不得不增发政府公债或提高利率，这就势必会挤占企业准备用于投资的基金，使投资率下降而导致经济衰退。在他们看来，减税和控制政府支出双管齐下，是当时平衡预算，治理经济“滞胀”的唯一良方。

供给学派认为，凯恩斯主义的医治失业和经济衰退的扩大政府支出的膨胀性财政政策，不仅在理论上是错误的，在实践上也不能达到预期的目的。例如，失业救济往往会导致失业人数增加。因为失业补助降低了失业的“相对价格”，有失业保险的职工，失业期间可以领取净工资的60%—75%的救济金[①]，失业者可以通过临时工作很容易获得就业时纳税后的净工资总额，所以，在1000多万名美国失业工人中，有相当一部分属于“自愿失业者”。资本家解雇工人也不必担心来自工人的反抗，因为工人有失业救济金的保障。这样，一方面，削弱了社会生产的增长；另一方面，又使工人长期处于依靠救济生活的贫穷状态。社会生产越发展，贫穷问题越难解决，形成恶性循环。吉尔德在《财富与贫困》一书中提到：“如果生活得好，并摆脱贫穷，他们就应该不惜任何代价把全家人团结在一起，必须比处在他们上面的阶级更加勤奋地工作。为了取得成功，穷人最需要的是从他们的贫困中得到鞭策”，而“现在，福利不仅对工作有害，而且也破坏家庭，使穷人继续贫困。”供给学派强调，所有的“转移支付项目”的支出都来自纳税人的税收，优厚的失业救济金是对就业者辛勤劳动的惩罚和对一些“懒惰者”的奖励。

供给学派批评道：过高的福利支出对生产起着严重的抑制作用，而且它鼓励人们花钱而不是储蓄，使人们产生对社会的依赖心理，这是对美国人民进取、创造和竞争精神的扼杀。此外，庞大的社会福利支出，还需要有相应的社会福利机构和众多的管理人员以及烦琐的管理制度。因此，它不仅会造成社会财富的巨大浪费，还会助长官僚主义的弊端，腐蚀人们的思想。正如吉尔德指出的：“伴随着福利的一种意识形态——支持一整套联邦政府及州政府的官僚制度——也起着销蚀穷人信心的作用”。

由此，供给学派从刺激供给的角度出发，认为美国的社会福利支出计划应该进行调整，应该提高失业与社会救济的“相对价格”，使社会福利制度“不那么吸引人”，这就可以促使人们努力工作，提高劳动生产率。

第三节

拉弗的财税思想

阿瑟·拉弗是正统供给学派的主要代表，是最坚定、最激进的供给学派学者。他主张实行减税政策，并相信减税会产生快速万能效应，其财税思想以最著名的拉弗曲线为代表。

一、拉弗曲线

拉弗曲线是一条描述税率与政府税收收入之间关系的曲线，它因拉弗在1974年提出而得名。[②] 如果说“供给学派经济学在相当程度上是用作在税收负担上进行政治斗争的专门武器”[③] 的话，那么，拉弗曲线是为供给学派的减税主张提供理论根据的一个分析工具（见图11－1）。

① ［美］巴雷特：《里根经济学：正在实施中的供给学派经济学》，美国阿林顿出版社1984年版。

② 1974年拉弗任职于福特政府的联邦预算局，一次在华盛顿一家饭店和时任白宫参谋长助理的理查德·切尼（Richard Cheney）共进午餐时，拉弗为了向切尼说明税收与税率的关系，在餐巾上画出了拉弗曲线。

③ 现代外国经济学说研究会编：《现代国外经济学论文选》（第5辑），商务印书馆1984年版。

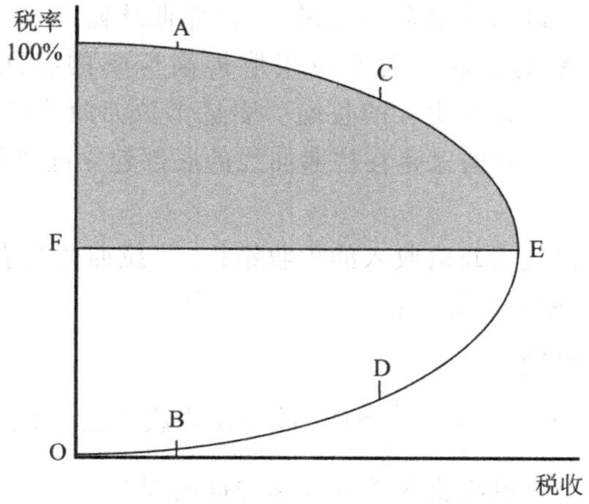

图 11－1　拉弗曲线

在一个极端，当税率为 100% 时，市场经济中的全部生产活动都将停止。因为人们所有的劳动成果都被政府税收拿走了，他们就不愿意在市场经济中工作。在这种情况下，由于没有生产活动，政府也征收不到税收，因此，政府的税收收入为零。

在另一个极端，如果税率为零，人们就可以获得在市场经济中的全部生产成果。税前收入和税后收入之间就没有加入政府税收这个“楔子”。在这种情况下，政府对生产活动就没有阻碍作用，产量因此最大化，产量只会受到工人选择休闲的愿望的限制。但是，在这种情况下，由于税率为零，政府的税收收入也为零，政府就不可能存在。

因此，当税率为零时，经济处在无政府状态；当税率为 100% 时，经济完全通过物物交换或地下活动而运转。

拉弗曲线描述的实际上是处于上述两种极端之间的情形。当政府的税率较低，如税率在 O 点和 F 点之间，政府税收收入和税率同方向变化，即税收随着税率提高而增加。因为在较低的税率下，生产活动会增加，生产率会提高，流入国库中的税收随之增加。当政府要求较高的税率，如税率在 F 点和 100% 之间，政府税收收入和税率呈反方向变化，即税率提高，政府的税收反而减少。因为，过高的税率打击了人们生产的积极性，生产活动会减少，生产率会降低，逃税现象增多，从而政府获得的税收就减少。

在 E 点，产量和政府税收都达到最大。如果政府把税率降低到 E 点以下，产量将增加，但是政府税收会减少；如果政府把税率提高到 E 点以上，产量和税收都会减少。对于政府来说，图中阴影区域是税收禁区，因为在这个区域，税率越高，政府的收入减少得越多，这个区域内的税率对政府是有害而无利的。

拉弗曲线得出的主要结论是：

1. “总是存在获得同样税收收入的两种税率。”在图 11－1 中，A 点和 B 点的税率不同，但是政府得到的税收却是一样的。同样，在 C 点和 D 点，税率不同，但是税收收入是相同的。这说明政府要获得一定量的税收不一定要征收高税率。

2. “税率并不总是与税收收入成正比。”如上所述，税率低于 F 点，税率与税收收入同方向变化；当税率高于某个水平（如 F 点），税收反而随着税率提高而减少。这说明，就政府税收来说，并不是税率越高越好。

3. “用糖浆比用醋可以逮住更多的苍蝇。”拉弗曲线隐含的一个结论是，要增加政府收入可以通过降低税率的办法，而不应采取提高税率的办法。温尼斯基用一句谚语——“用糖浆比用醋可以逮住更多的苍蝇”表达了拉弗曲线的实质。[①] 温尼斯基还通过大量的历史事实说明，一些国家是在拉弗曲线的底部建立起来的，而在这条曲线的上部灭亡的。

4. “存在一种能获得最大政府收入的税收结构。”拉弗曲线表示政府税收收入（G）与税率（t）之间存在一种函数关系：

$G=g\ (t),\ 0<t<100\%$

当税率在 O 点和 F 点之间时，$\frac{\partial G}{\partial t}>0$，政府税收收入随着税率提高而增加，但是增加的速度是递减的，即边际税收收入随着税率的提高而减少。

当税率提高到 F 点和 100% 之间时，$\frac{\partial G}{\partial t}<0$，税率提高将绝对减少政府税收。

当税率在 F 点（注意，F 点的税率不一定是 50%），$\frac{\partial G}{\partial t}=0$，政府税收收入最大，这时边际税收收入为零。

拉弗曲线是供给学派解释和宣传其政策主张的有代表性的分析工具。拉弗认为，美国在第一次世界大战以前，税率的制定都是成功地停留在拉弗曲线所示的禁区以外，但此后，却大多处于禁区之内，尤其在第二次世界大战后，过多采用凯恩斯学派的政策主张，使税率居高不下。因此，美国首要的经济政策应该是减税，降低边际税率，使政府收入和私人的储蓄投资同时增加。拉弗认为，减税主要是降低边际税率，并不会造成政府税收损失，反而会由于产量的扩大而增加政府税收收入；尽管降低税率不会马上增加供给和税收，即在税收和税率之间存在着“时滞”，但“时滞”绝不会过长，减税使供给和政府同时增加的目标肯定会实现。

但事实上，拉弗曲线的设想是无法实现的，因为最佳税率的位置是根本无法确定的，因此，拉弗断言美国 20 世纪 70 年代以来税率已处于禁区范围内的根据不足。除此之外，减税后收入增加既可能刺激储蓄和投资，也可能刺激消费，减税一定会增加就业、储蓄和投资的结论未免过于武断，相反，如果减税刺激了消费，就很可能使“滞胀”进一步恶化。但就供给学派而言，拉弗曲线确实是最为典型反映其经济理论的代表，它不仅奠定了拉弗在供给学派的地位，而且为供给学派的减税理论的迅速传播起到极大推动作用。

二、劳动、资本“楔子”模型

拉弗和其他供给学派的经济学家还从理论上考察了税率与劳动供求及与资本形成之间的关系，建立了一个劳动、资本“楔子”模型，这一模型试图说明改变税率对劳动供给和工作闲暇之间的选择弹性和刺激作用，以及对劳动需求函数和资本形成的影响（见图 11－2）。

---

① 现代外国经济学说研究会编：《现代国外经济学论文选》（第 5 辑），商务印书馆 1984 年版。

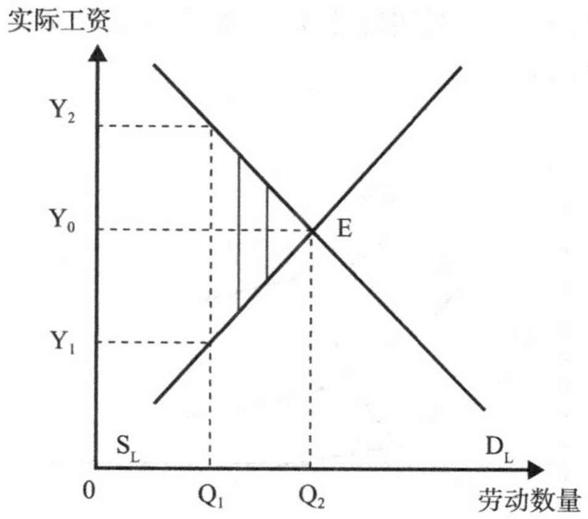

图 11－2 劳动“楔子”模型

在图 11－2 中，S_L表示劳动力供给曲线，D_L表示劳动力需求曲线。拉弗认为劳动力供求关系决定了就业机会的多少。而劳动力供求关系受到劳动力的市场报酬和劳动力要素成本的制约。即市场报酬越高，劳动力供给量就越大，而劳动力要素成本即雇佣工人的成本费用越低，雇主对劳动力需求量就越大。拉弗指出，政府课征的税收，就如同一个“楔子”，直接影响着劳动力供求。图 11－2 中，在没被课税以前，雇主雇佣劳动力的成本与工人的实际工资相等，此时工人的实际工资为 Y_0，劳动力供求量保持均衡，就业的劳动力数量在 Q_2。但是，政府征税，尤其是征收高税率的工资税，就等于在劳动力供求之间加一个“楔子”，会减少就业机会。因为税收是缴纳给政府的，当提高税率时，不仅减少了劳动者的实际收入（即劳动力市场报酬会有实际下降），而且肯定会增加雇佣劳动力的实际成本，这种雇佣成本高于支付给工人的实际工资的分离状况，就是拉弗等供给学派称为的税收“楔子”。图 11－2 中，在政府提高工资税税率，雇佣劳动力成本上升到 Y_2，而工人实际得到的工资只有 Y_1，就使得劳动力数量只有 Q_1，导致雇主对劳动力需求的减少和劳动力市场供给的减少。相反，如果减少税收，就会向相反的方向作用于劳动力的供给和需求，使就业机会增加，就业人数增长。假如再辅之以财政补助形式，使雇佣劳动力成本低于工人得到的工资，就会提供更多的就业机会，从而使就业数量大于 Q_2。

另外，拉弗还认为，一个类似于劳动“楔子”模型中的税收“楔子”，同样存在于资本的供给和需求之间。同理，税收“楔子”使资本的供给成本和需求成本不断上升，从而严重挫伤储蓄和投资者的积极性，导致资本的供给不足和投资吸引力的削弱，这是美国经济停滞增长的根本原因。

由此，拉弗得出结论说：“提高税率，便减少生产要素的纳税后的收益。提高税率，也减少生产要素服务的供给量。因而，无论是企业想使用生产要素的愿望，还是生产要素想工作的意愿，都被税率的增加而削弱了。”[①] 他主张尽力抽出这根“楔子”，“恢复独创性和生产率”，从而刺激生产要素供给的增加，促使经济增长。

① ［美］拉弗：“税率、生产要素之运用以及市场生产”，转引自：现代外国经济学说研究会编：《现代国际经济论文选》（第 5 辑），商务印书馆 1984 年版。

上述劳动、资本"楔子"模型实际上是一条派生的拉弗曲线，它是拉弗曲线在理论上的进一步延伸（见图 11－3）。

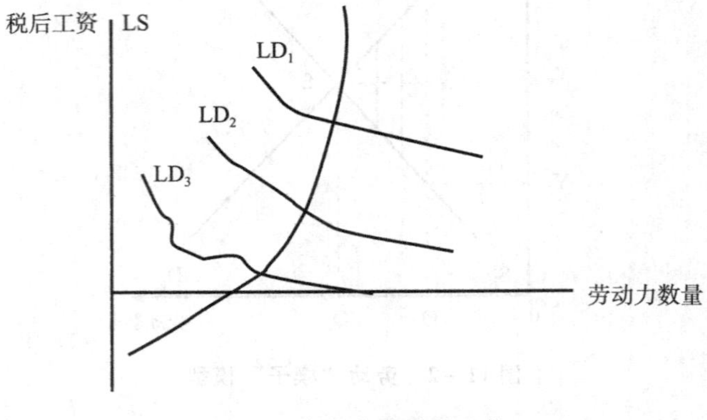

图 11－3　拉弗曲线的延伸

在图 11－3 中，由于劳动的供给函数（它与资本的函数是对称的），仅仅是一个税后工资函数，假定在工资税率中，有一个外生变量，那么，劳动力的供给函数可以看作固定不变。因为劳动力的需求函数是处于税前工资的条件下，所以工资税这一外生变量会改变劳动力的需求函数。在图 11－3 中，LD_1 代表对劳动力的需求，假定这时的工资税率为零，那么，这时劳动力的就业机会是较为丰富的。当工资税率开始提高时，由技术决定的边际生产率保持不变，然而，由于工资普遍下降，导致了劳动力需求曲线移到 LD_2。如果工资税率进一步提高，就会使劳动力的需求曲线进一步向较低的就业均衡点或税后工资均衡点移动。

拉弗的劳动、资本"楔子"模型旨在从理论上论证减税同劳动、资本的供给和需求之间的关系，进一步证实减税具有对增加劳动就业、鼓励资本供给、增强投资吸引力的积极效应，从而为他们的经济政策主张提供理论依据。

三、拉弗的其他减税观点

拉弗最基本的税收思想就是减税，其他税收观点都是围绕这一核心思想提出的。

第一，强调减税的"收入效应"。拉弗始终认定，在现代经济社会中，减税不会减少政府税收收入，而会由于减税后造成生产和供给的增加带来"收入效应"，增加政府的税收收入。这一观点除了在拉弗曲线中得到体现外，在他的其他论文中，拉弗也始终强调这一点。

第二，主张大幅度减税。拉弗不赞成一点点地逐步降低税率，主张在美国实施大幅度减税方案，一次就将原有过高的税率降低。

第三，减税有利于收入均等化。他认为，减税使生产和就业增加，也使穷人（指失业者）的收入水平提高。但事实上，这是一种令人质疑的观点。以降低累进所得税率而论，即使能增加生产，使失业者得到工作，其工资能有多少增加，而资本家却可以得到更大的利润，结果收入不平等将更为悬殊。

第四，减税与通货膨胀无关。拉弗基于他的减税不会减少收入的理论，认为减税不必考虑通货膨胀，减税也不会加剧通货膨胀，因为通货膨胀的根本原因是商品供给不足，而减税则是鼓励储蓄、投资，鼓励生产和供给的增加。事实上，在一般情况下，减税同通货膨胀的确无直接的关联，但如果减税后不足以应对政府的庞大开支，势必出现大量预算赤字，从而迫使政府增发货币，这就必然出现通货膨胀。

第四节

费尔德斯坦的财税思想

马丁·费尔德斯坦是美国哈佛大学经济学教授，中间（温和）供给学派的主要代表。他的研究兴趣相当广泛，在卫生经济学、社会保险计划、公共经济学、国际经济学等领域都做出了重要的，甚至是开创性的贡献。其主要论著有《卫生事业效率的经济分析》（1967 年）、《医院费用与健康保险》（1981 年）、《资本税收》（1981 年）、《通货膨胀、税收规则与资本形成》（1981 年）、《税收政策分析中的行为模拟方法》（1981 年）。与正统供给学派相比，中间供给学派虽然也认为供给不足是经济停滞的主要原因，也主张减税，但他们不主张大规模减税，更反对正统供给学派的减税有快速的“收入效应”的观点。费尔德斯坦的观点表述比较系统，且依据经济计量分析，因而他的经济思想为供给学派经济学奠定了基础。

一、费尔德斯坦曲线

费尔德斯坦认为，美国经济的“病症”不仅在于很高的边际税率，也是财政赤字、通货膨胀、税收结构、社会保险制度共同作用下的“并发症”。他提出了一个说明财政赤字对通货膨胀、资本形成的影响及其相互关系的分析模型，即著名的费尔德斯坦曲线（见图 11－4）。

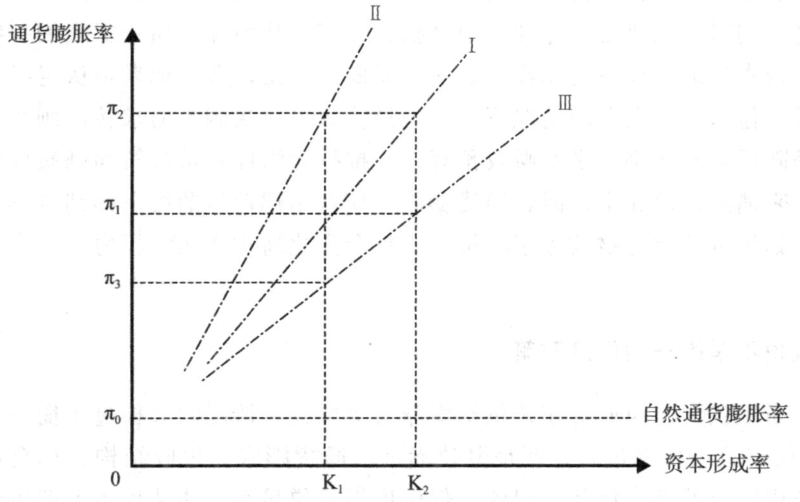

图 11－4　费尔德斯坦曲线

在图 11－4 中，横轴表示资本形成率，纵轴表示通货膨胀率；曲线Ⅰ即费尔德斯坦曲线。费尔德斯坦曲线表明了两个基本思想：

在存在财政赤字的条件下，通货膨胀率与资本形成率之间呈正相关。即高资本形成率伴随高通货膨胀率，低资本形成率伴随低通货膨胀率，如曲线Ⅰ上各点，因为：如选择低通货膨胀率，要发行国债来弥补赤字，国债对私人证券产生挤出效应，资本形成率低，如（K_1，π_1）；如选择高资本形成率，要靠增发货币来弥补赤字，会形成高通货膨胀，如（K_2，π_2）。

除此之外，图 11－4 中的Ⅱ、Ⅲ两条线，表明费尔德斯坦曲线还会随财政赤字水平的变化而相应地上下移动。如图 11－4 所示，当政府赤字增加时，曲线从Ⅰ移至Ⅱ，这时为了保持原来的资本形成水平 K_1，通货膨胀率就得相应增加，从 π_1 增加到 π_2，也就是说，维持原有的资本形成率要付出更高的通货膨胀代价。当赤字继续增加，直至曲线与纵轴重合，这意味着赤字将导致通货膨胀直线上升，而资本形成率下降为零。当政府减少赤字时，曲线从Ⅰ移至Ⅲ，这时用较低的通货膨胀率 π_3 就能维持原来的资本形成水平。当赤字继续减少至零时，Ⅰ就下移为一条和自然通货膨胀率 π_0 重合的水平线，在这种情况下，通货膨胀是独立于政府的财政变量，通货膨胀与财政变量无关，对资本的形成没有影响。

费尔德斯坦曲线表明，在政府财政赤字一定时，越高的资本形成率将伴随越高的通货膨胀率。这是因为，财政赤字是通过发行政府债券或发行货币两种方法弥补。发行政府债券有助于避免通货膨胀，但其代价是引起债券与私人有价证券在利率方面的相对变化，引起前者对后者的替代效应，使公众资金为政府所吸收，使私人有价证券需求下降，导致整个社会私人部门资本形成率低落。发行货币会造成通货膨胀，刺激公众对私人有价证券，尤其是股票的需求，从而引起整个社会私人部门资本形成率的提高。因此，在财政赤字一定时，通货膨胀率与资本形成率有着同向变化的关系。当财政赤字增加时，费尔德斯坦曲线上移，这意味着同样的资本形成率此时将伴随着更高的通货膨胀率。

根据上述模型的分析，费尔德斯坦认为，由于美国政府长期实行赤字财政，赤字规模逐年提高，同时，又兼用债券和货币来抵补赤字。从而导致通货膨胀的持续发展，同时又压抑了资本形成，导致美国经济的滞胀局面。于是，费尔德斯坦认定凯恩斯的理论和政策失灵。他认为，在滞胀情况下，宏观经济政策应从刺激需求转向刺激供给，其首要任务就是降低财政赤字，平衡财政预算，并推行紧缩性货币政策和刺激性财政政策如降低税率，来消除财政赤字，减轻通货膨胀，使费尔德斯坦曲线下移到自然通货膨胀水平。否则，如果继续推行财政赤字政策，不仅会强化通货膨胀的压力，还会给资本形成带来困难。

二、减税不是唯一的经济政策

费尔德斯坦认为，拉弗等正统供给学派对美国经济情况的分析过于简单，而美国的“病症”不仅仅只是税率过高，而是财政赤字、通货膨胀、税收结构、社会保险制度等方面共同作用形成的综合症状，因此，仅仅依靠减税显然不能从根本上解决经济停滞问题。他指出：“供给学派说提高生产率就能消除通货膨胀，这是一厢情愿的看法。提高生产率可能对降低通货膨胀产生一点作用，但一味用供应学派政策来对付通货膨胀，那也是不负责任的。"①他主张，在解决美国经济方面，首先应实行紧缩货币政策以抑制通货膨胀，同时实行以改革现行税制结构和平衡财政预算为目的的减税，清除政府在资本积累方面设置的障碍，刺激资本供给增加。因此，他认为，减税不是唯一的经济政策，只是众多政策中的一个重要方面，是用来改善税制结构和相应压缩政府预算，作为平衡财政赤字的一种手段，从而使费尔德斯坦曲线下移，以提高资本供给水平，促进经济增长。

费尔德斯坦反对拉弗等提出的大规模的全面降低税率，主张减税应遵循循序渐进的原则。他认为："只有（事先通过公告）循序渐进地、有步骤地、确切地改变税制，才是不引起财政赤字无为增加，不给资本形成和个人生产率带来很大刺激（通过这一点不引起失业增加，能消除通货膨胀）的最好的方针策略。"②这种观点与其所主张的减税不是唯一的经济政策的思想是一致的。

三、减税的重点是削减公司所得税和资本收益税

费尔德斯坦在反对拉弗等关于减税会自动地快速补偿和增加政府收入的看法的同时，认为减税的重点应当是削减公司所得税和资本收益税。供给学派主张的减税主要集中在三个方面：一是为提高劳动积极性而实施的减少个人所得税；二是为提高资本形成率而降低公司所得税和实施其他优惠措施；三是为增加储蓄而降低资本收益税。费尔德斯坦反对降低个人所得税，他认为，由于减税不可能产生像拉弗宣扬的那样神速的效果，因此降低个人所得税没有多大实际意义，对劳动供给的增加带来的效果不明显。而运用降低公司所得税税率和其他税收措施，来刺激资本的形成和增加，扩大潜在的生产能力，则对于抑制通货膨胀和促进经济增长是长期有效的，这才是减税的重点。

另外，费尔德斯坦还认为，社会保障税税率也不宜过高，因为社会保障税的征收，对资本形成水平有较大影响。他说："社会保障不是由民间储蓄和基本金额的等额所能代替的，……通过社会保障税'储蓄'1美元，能削减实际民间储蓄50%以上"。③

四、税收对家庭行为的影响

1975年，费尔德斯坦发表论文讨论所得税对家庭慈善捐赠的影响。他指出，由于慈善捐赠在确定应税收入时可以被扣除，因此，这种捐赠的"价格"低于其他类型的消费的价格。他利用1948—1968年的不同收入阶层的慈善捐赠的横截面数据估计了价格和收入弹性，以对这种价格效应进行评估。他认为，价格弹性通常都大于1，而且聚集在1.1左右。这意味着慈善捐赠的数量对税收条款引起的价格变动相当敏感，捐赠确实会因为税收扣减而增加。如果取消扣减，预计慈善捐赠会减少28%—56%，慈善团体的收入损失将超过财政部所得到的新增税收。费尔德斯坦还进一步研究了慈善捐赠对不同类型受赠者的价格弹性。实证研究表明，对教育机构和医院的捐赠对捐赠成本十分敏感，对宗教机构的捐赠对捐赠成本则不是非常敏感。如果取消慈善扣减会导致前者大

---

① 美国国际交流署电讯稿，1982年8月6日，转引自许建国等：《西方税收思想史》，中国财政经济出版社1996年版。

② 现代外国经济学说研究会编：《现代国外经济学论文选》（第5辑），商务印书馆1984年版。

③ ［美］马丁·费尔德斯坦："社会保障对资本形成的影响"，《哈佛商业评论》1979年第7—8期。

约减少一半，而后者只会减少14%左右。另外，如果用30%的税收扣减规则代替现行的扣减规则的话，总的慈善捐赠将会增加15%，但对教育机构和医院的捐赠仍将减少20%。费尔德斯坦的这些结论对于确定慈善捐赠领域的税收政策有着重要的指导意义。

另外，费尔德斯坦还讨论了税收对家庭投资行为的影响。1976年，他发表论文利用1 799个家庭资产构成的样本对税收与资产组合选择理论进行了计量研究。其研究结果表明，在对净价值、性别、年龄和人力资本对非人力资本的比率进行调整后，个人所得税对个人的资产组合需求有很大的影响，现行税制鼓励较高收入的个人对普通股票进行较多的投资，资产组合的税前名义收益率的方差会随着收入的增加而显著增加，但实际收益率的方差基本上不受影响。

在讨论应税收入对边际税率变化的敏感性的论文中，费尔德斯坦发展了一个对所得税税率成本进行评估的新框架，并对美国国会的税收分析师应该如何计算税收改革的收入效应的讨论做出了贡献。美国在1986年进行的税收改革大幅度降低了高收入者的税率，个人面临的最高边际税率从50%下降到28%。这是研究纳税人对边际税率反应的自然实验。1995年，费尔德斯坦率先使用了美国财政部的数据来研究1986年的税收改革对应税收入的影响。数据时间为1985—1988年，包含了4 000个纳税人。他通过比较同一个纳税人在改革前后的纳税申报情况，估计了应税收入对税率变化的弹性，得出的结论是：应税收入对税率变化相当敏感，过高的边际税率会改变纳税人的行为包括改变劳动供给、资产投资等而造成重大的损失。

五、关于税收归属的问题

自大卫·李嘉图以后，经济学家一直认为，对纯租金收入课征一般性税收是不可转嫁的；未经改良的土地的年净租金收入的减少量恰好等于年税金的数额，土地价格的降低水平恰好等于税金的资本化价值。1977年，费尔德斯坦指出这些结论是错误的。

第一，传统观点必须假定税收转嫁不会产生收入效应，假定税收不会改变劳动力或资本的供给。而事实上，这种假定通常是不成立的。如，有时地主本身也是农民，劳动力会因为得到了税收的转移支付而减少供给。

第二，即使不存在收入效应，传统观点也忽视了生命周期决策和资产组合平衡要求的效应。因为，土地也是一种资产，如果对地租征税降低了土地的价值，那么，人们就会更多地以生产性资本的形式积累财富，于是均衡的资本与土地比就更大。这意味着土地的边际生产力得以提高，利率会降低。这样，对纯租金的征税将以较低收益率和较高工资率的形式部分地转嫁到资本上，同时，土地与生产性资本并非能够完全替代。如果个人因为风险规避程度的不同而选择不同的资产组合，那么资产组合平衡的要求可能会抬高土地价格，从而使税收部分转嫁出去。

费尔德斯坦关于租金课税的分析还可以扩展到自然资源税、公司税和一般所得税。费尔德斯坦的这些研究加深了经济学家对税收效应及其效率的动态影响的理解。

此外，费尔德斯坦1974年还发表论文分析公司所得税的归属问题，并建立了理论模型。与通常的静态模型和资本存量固定的假设不同，费尔德斯坦的模型建立在更加合理的增长的经济和可变储蓄率的基础上。他的模型表明，在给定合理参数值的很大范围内，一般的利润税和公司所得税的相当一部分是由劳动负担的，特别是在平衡预算的税收变动下，这种税收的转嫁程度尤其强。这种观点就改变了过去认为美国公司所得税几乎完全由资本承担的看法。

费尔德斯坦指出，资本是否能在国际自由流动不仅对于理解国际资本市场是重要的，对于分析国家的最优储蓄率和税收变动的归宿等问题也是非常关键的。一是在一个封闭经济中，最优储蓄政策的决定取决于税前的国内资本边际产品；如果资本能在国际完全流动，那么，决定储蓄的投资方向的因素就是税后的资本边际产品。国内投资量与国内储蓄量是无关的。二是资本流动性的大小影响着税收的归宿。如，在一个资本存量固定的封闭经济中，对资本所得征税就会由资本的所有者全部负担。而如果资本可以自由流往他国，那么，资本所得税的很大一部分就可能转嫁到国内劳动力和外国资本所有者身上。

本章小结

供给学派是20世纪70年代中期在美国逐渐兴起的一个新自由主义经济学流派。该学派是作为凯恩斯主义对立面和批判者而出现的，供给学派强调促进经济增长的着眼点在于刺激供给，主张减少政府干预，呼吁政府放弃通过财政政策和货币政策来调节总需求的做法。

供给学派从“供给自行创造需求”的原理出发，认为减税是美国摆脱经济低增长的基本手段。除了减税，还需要控制政府开支以控制需求，减少政府管制，取消或废除那些限制企业生产经营活动的不必要的，甚至过时的规章制度，以调动企业和个人的积极性。供给学派认为减税和控制政府支出双管齐下，是治理经济滞胀的唯一“良方”。

拉弗是最坚定、最激进的供给学派学者。他主张实行减税政策，并相信减税会产生快速万能效应。拉弗曲线是供给学派解释和宣传其政策主张的有代表性的分析工具。

费尔德斯坦是中间（温和）供给学派的主要代表，主要在卫生经济学、社会保险计划、公共经济学、国际经济学等领域做出了重要的，甚至是开创性的贡献。费尔德斯坦提出了一个费尔德斯坦曲线，是说明财政赤字对通货膨胀、资本形成的影响及其相互关系的分析模型，认为在政府财政赤字一定时，越高的资本形成率将伴随越高的通货膨胀率。费尔德斯坦认为，拉弗等正统供给学派对美国经济情况的分析过于简单，而美国的“病症”不仅仅是税率过高，而是财政赤字、通货膨胀、税收结构、社会保险制度等方面共同作用形成的综合症状，因此，仅依靠减税显然不能从根本上解决经济停滞问题。他主张减税应遵循循序渐进的原则，减税的重点应当是削减公司所得税和资本收益税。此外，他还讨论了税收对家庭行为的影响以及税收归属的问题。

本章思考题

1. 简述供给学派的基本经济观点。
2. 试述供给学派的宏观财政政策。
3. 试述拉弗的财税思想。
4. 试述费尔德斯坦的财税思想。

第十二章

新凯恩斯主义经济学派的财税思想

20世纪80年代，西方主流经济学中出现了一个新的流派，即以美国哈佛大学教授约瑟夫·E. 斯蒂格利茨（Joseph E. Stiglitz，1943年—）为代表的新凯恩斯主义，也称新凯恩斯主义经济学。本章主要学习斯蒂格利茨的财税思想。

第一节

新凯恩斯主义经济学派概述

一、新凯恩斯主义经济学派产生的背景

新凯恩斯主义产生的客观条件是，原凯恩斯主义的理论缺陷和新古典宏观经济学在解释现实时效微力乏，原凯恩斯主义的理论缺陷是宏观经济理论缺乏微观基础。新古典宏观经济学片面追求理论结构和分析方法的完美性，忽略经验检验。这一学派关于市场出清的微观分析完全脱离了资本主义现实，政策无效性的宏观结论也缺乏说服力。西方发达国家的现实是产品市场和劳动力市场经常存在着超额供给，所谓市场出清只是一种短暂的和偶然的现象，与此同时，政府规模日益扩大，对社会经济生活的介入也日益深入。

新古典宏观经济学脱离实际，把市场出清当作常态，主张取消国家干预经济的政策，其理论在实践上缺乏经验支持，又不能为政府所接受。20世纪80年代的西方国家的经济事实说明，政府干预对于经济复苏具有积极的作用，听任市场机制的自发运行，其后果是难以预料的。原凯恩斯主义的不足和新古典宏观经济学在理论上的进展给新凯

恩斯主义者以有益的启迪，启发其运用独特的方法和思路寻找宏观经济波动和失业产生的原因。

二、新凯恩斯主义经济学派的主要理论

新凯恩斯主义经济学派有四个基本假设：一是价格和工资粘性假设；二是市场不完全性假设；三是理性预期假设；四是最大化原则假设。新凯恩斯主义的理论包括粘性工资理论、粘性价格理论、信贷配给理论和经济周期理论。

（一）粘性工资理论

该理论包括效率工资理论、局内局外人理论、隐性合同理论和长期合同理论。

效率工资理论是指一种足以消除工人偷懒或调动工人积极性的实际工资水平，这种工资一般高于与劳动市场充分就业均衡相适应的工资水平，或高于劳动市场出清的工资水平。效率工资理论认为，工人的劳动生产率取决于实际工资水平，是工资率的增函数；付给工人的工资水平越高，工人就越努力工作，劳动生产率就越高。

局内局外人理论认为，每个企业为了适应其生产经营活动的需要都要对员工进行专门训练，并为此支付一定的成本。这笔培训成本对局内人具有保护作用，它限制了局外人的进入。即便劳动市场上存在着失业，厂商和局内人也会设法维持工资水平不变，厂商不会轻易用局外人来代替局内人。

隐性合同理论认为，实际工资粘性是因为雇主与雇员之间的一种非正式的合同造成的。在企业与工人之间存在一种长期的隐含契约：厂商为了自己的利益力图保持员工的忠心，愿意支付员工稳定且较高的工资。这种工资不仅是劳动的报酬，也是员工为了应对各种冲击的一种收入保险。员工为了自己的利益，也力图保证稳定的工作关系，因为雇主和雇员都是风险厌恶者。

长期合同理论认为，货币工资粘性是由于劳资之间存在长期的劳动合同，包含长期的工资协议和生活费用调整条款。工会是劳动市场上的垄断力量，工会的行动会造成劳动市场不完全。

（二）粘性价格理论

新凯恩斯主义者主要用菜单成本来解释价格的粘性。菜单成本是指厂商调整价格的成本，包括研究与确定新价格、编印价目表、通知销售人员、更换标签等花费的成本。菜单成本的存在阻碍了价格的调整。有些新凯恩斯主义者也运用长期合同来解释价格的粘性，认为价格之所以不随着总需求的下降而及时下降，是因为厂商之间存在长期供货合同，这种合同可以保证买主按照签订时的价格购买到所需要的产品的任何数量。

长期合同包括长期的价格协议。合同虽然允许价格未来随着成本的变化进行调整，但是价格并不随着产品的需求量的变化而调整。有时，价格被看作是产品质量的标志。由于信息不完全，厂商降低价格可能传递产品质量下降的信号，因而厂商也不愿降价。

（三）信贷配给理论

信贷配给是指金融市场上即便处于正常运行的状态，借款者也不能从银行那里借到想要的款项。其原因包括信息不对称、银行厌恶风险、逆向选择和道德风险。

资本市场不仅通过利率调节实现均衡，还通过数量调节达到均衡。当信贷需求大于信贷供给时，银行往往不是采用提高利率的办法，而是采用信贷配给的办法强制使资本

市场达到均衡。从宏观经济的层面看，此时的资本市场处于非出清状态。

（四）经济周期理论

新凯恩斯主义认为，经济波动的根源既可能来自供给方面，也可能来自需求方面。供给冲击或需求冲击之所以演化为经济波动，是因为经济中存在着刚性和不完全性，这些刚性和不完全性会放大冲击的效果，从而导致就业和实际产出发生较大的波动。

三、新凯恩斯主义经济学派财税思想的特点

新凯恩斯主义经济学派的财政理论主要以斯蒂格利茨为代表。作为当代公共经济学的典型代表，斯蒂格利茨的财政理论集中体现了当代财政理论与以往财政理论相比的两个显著特征：一是研究重点的转变，由此前重视政府稳定职能的研究转变为强调政府资源配置职能的研究。二是方法论的转变，即新古典经济分析方法——成本收益分析法在当代公共经济问题研究中得到了广泛应用，成为当代公共经济学研究的重要方法。

斯蒂格利茨的著作《公共部门经济学》就集中体现了上述两个特征。在新凯恩斯主义中，政府机制与市场机制是相互配合、相互补充的关系，其主张在政府干预与市场调节之间应该寻求一个最佳的平衡点。

第二节

斯蒂格利茨的财税思想

约瑟夫·E. 斯蒂格利茨是当代国际一流的经济学家，在美国麻省理工学院获得了经济学博士学位。斯蒂格利茨对经济学的几乎所有主要学科都做出了重要贡献，1979年获美国经济学会颁发的克拉克奖，2001年，由于他在分析信息不对称市场方面的贡献而荣获诺贝尔经济学奖。他的著述涉及宏观经济学、货币理论、发展经济学、贸易理论、公共财政和公司财务、产业组织和乡村组织理论、福利经济学、收入和财富分配理论。其代表作《经济学》引发了新凯恩斯主义的第四次综合的浪潮。

20世纪七八十年代，西方经济陷入“滞胀”，各种反对政府干预的学派粉墨登场，原凯恩斯主义陷入理论危机，此时的宏观经济学出现了两个阵营：一是理性预期学派的政策无效论；二是新凯恩斯主义的政府干预论。斯蒂格利茨等新凯恩斯主义经济学家对政府干预的思想作了重新的表述，对理性预期学派的政策无效论进行了批判，打破了新古典综合学派将经济学分为宏观经济学和微观经济学两个部分的理论体系，试图为宏观经济学寻找微观经济基础，利用微观经济学理论解释宏观经济现象，将宏观经济学建立在微观经济学的基础上，实现宏观经济学与微观经济学的有机联结。

此后，研究宏观经济学的微观经济基础成为西方经济学的一个重要趋向。可以说，斯蒂格利茨对新古典综合学派之后的新自由主义各学派加以整合，也吸收了新古典宏观经济学的分析方法和观点，大大推进和包容了凯恩斯经济学和新古典综合学的理论体系。对于斯蒂格利茨的贡献，后人称为“对后凯恩斯主义的革命”。

一、混合经济思想

斯蒂格利茨综合吸收了历史上有关各学派的财政理论的合理成分，形成了一种崭新的政府—市场观。斯蒂格利茨认为，现代经济是一种混合经济，是由私人部门经济和公共部门经济共同组成的。在一个民主国家，私人部门和公共部门有两个重要的区别：

第一，公共部门的负责人是被选举出来的，或是由某个被选举的人任命的，因而公共部门负责人的职务的合法性来自选举过程。

第二，政府拥有宪法赋予的强制性权力，包括强制征税权、征用权、处罚权等。私人部门的负责人是依据财产所有权决定的，负责人职位的合法性来自财产所有权，而且，私人部门不具有强制性权力，私人部门的交易都是自愿的。政府部门使用强制的能力，一方面，意味着它可以做私人部门不能做的事；另一方面，政府有时也建立一些束缚自身手脚的规定，如，政府部门制定有详尽的雇佣程序，而私人部门的所有者可以自行灵活决定人才的雇佣，自负其责。政府部门严格的雇佣程序对于避免用人不当有一定的帮助，但也可能造成缺乏灵活性的弊端，使政府部门在用人方面难以与私人部门竞争。

在混合经济模式下，既要承认市场机制的作用，又要承认政府的作用；既要承认市场失灵，又要承认政府失灵。在多数时间和场合，私人部门的市场提供了维持经济效率的最好方式，即保证产品以最低的成本生产，生产出来的产品也正好符合消费者的需要。在现代经济中，“看不见的手”起着核心的作用。虽然如此，但由于竞争不充分、市场不完全、信息不对称等原因，市场在公共产品、外部效应、宏观经济波动、收入分配不均等方面存在着失灵，需要政府进行适当干预。政府的经济作用表现在资源配置、收入再分配和宏观经济稳定等方面。

在资源配置方面，当出现外部性的时候，市场对产品的配置是无效率的。对于外部性的解决，斯蒂格利茨反对科斯的主张，认为科斯提出的“自愿联合”或“协商解决”是不可能实现的，如，解决大气污染问题涉及一系列的产权明晰难题，而且，这种“私下解决”的办法克服不了“搭便车”的问题，高昂的产权界定费用会导致产品配置无效率。与其“自愿联合”建立一个新的组织负责这个市场问题，还不如简化地把“现成的”政府看作是为此目标而设立的一个集体性组织。这样，更能节省交易费用。斯蒂格利茨明确地提出了一个“非分散化基本定理”，认为市场要依靠政府的调控，没有政府干预，就不能实现市场的有效配置。当然，对政府的市场调控效果要注意两点：既不要高估政府直接调控的效果，也不要低估政府间接调控的能力。

公共产品是正的外部性的极端情况，政府具有承担公共产品的巨大优势，政府有权强制公民为公共产品付费。政府发挥经济作用的方式有两种：一是直接行动，对于市场失灵亲自负责。如，在公共产品的提供方式上，采用“国有化”的方式，建立企业，进行“政府生产”。二是间接行动，通过补贴和税收优惠为私人部门提供动力，或者，通过法律行政手段命令私人部门采取行动。当私人部门不愿主动提供公共产品时，政府可以通过签订合同、授予经营权、提供经济资助、给予法律保护等手段，委托私人部门生产，或从私人部门购买。适用于这种情况的公共产品主要包括具有规模经济效应的自然垄断行业，如自来水、电话、电力，以及垃圾收集、街道照明，甚至医疗卫生、教育、图书馆管理和公园管理等。

针对“国有化”问题，斯蒂格利茨提出了一个“私有化基本定理”。他认为在完全竞争的条件下，公共利益与私人利益是完全一致的，但在不完全竞争的现实中，私人部门的价值取向难以实现公共部门的多元化的社会目标，而对某些企业即使进行了“国有化”改造，也不可能使其行为完全符合公共利益。因此，要解决公共目标与私人目标先天的不一致性，“国有化”不是一条必由之路。总之，政府的经济职能和经济作用是发展变化的。政府为了实现某些目标经常混合使用多种行动方案。

当存在市场失灵的时候，就可能需要政府的作用，其前提是政府的作用能够对市场失灵进行补救，提高经济效益。但市场失灵的存在并不必然意味着政府就应该做某些事。因为，虽然政府作为一个经济组织有其显著优点，即普遍性（代表全体社会成员）和强制力，但是，由于某些原因，也存在政府失灵，表现在：第一，信息不完全和市场不完全在公共部门同样普遍存在；第二，有时候，政府的再分配不仅不会改善公平效果，还会产生寻租活动，降低效率；第三，现任政府带给未来政府的有效合同的局限性会产生巨大的交易费用；第四，公共部门内部产权让渡的缺陷约束了有效的激励结构的构建；第五，公共部门中竞争的缺乏削弱了人们的积极性；第六，政府对私人市场的反应和官僚机构的有限控制；第七，政治过程的局限性以及政府行为有限的灵活性等。

可见，政府的作用是有局限性的，政府的干预绝不是十全十美的，同样会带来浪费和无效率等副作用。当然，在政府部门引入激励和竞争机制会改善政府的效率。因此，政府与市场之间是一种互补关系，而非替代关系。在政府干预与市场调节之间应该寻求一个新的平衡点和结合点。

二、财政宏观调控思想

斯蒂格利茨认为，周期性的持续失业证明了经济有时不能迅速调整，因此，有必要应用政府的财政政策加以干预。不过，不能简单认为政府的财政干预就必然有效，或是毫无代价，而应该谨慎从事。

政府应采用斟酌后的财政政策实现宏观经济目标，因为经济环境的变化要求财政政策的相应变化。在经济萧条时期，采取赤字支出可以刺激经济，但不能高估赤字支出刺激经济的能力，因为弥补赤字的政府借款可能产生排挤效应。不过，政府对外借款时，或当经济存在潜在的生产能力时，公债的排挤效应较小，只有当经济处于充分就业时，公债的排挤效应才比较大。因此，在斯蒂格利茨看来，“赤字是好是坏依赖于经济形势。赤字可能帮助经济恢复到充分就业”。①

干预经济的财政政策工具包括改变消费者和企业的税率、改变政府支出水平。单一的财政政策工具并不能完全符合主要的宏观经济政策目标的需要：充分就业、高增长和物价稳定。选择最优的政策工具组合就成为政策制定者的一项重要工作。政府在选择使用政策工具时要考虑几个标准：政策工具的有效性、政策工具对产出构成的影响、政策

---

① ［美］斯蒂格利茨：《经济学》，中国人民大学出版社 1997 年版。

工具影响的范围、政策工具执行的灵活性和速度、政策后果的确定性及其副作用的可能性。

就政策工具的有效性而言，当经济陷入衰退时，个人常常信心不足，此时直接对穷人减税也许是最有效的选择。在经济持续性衰退以后，穷人已经花光了储蓄，并且会花掉所能挣得的收入。另外，通过借债来增加政府开支也可能会成功地刺激经济。尤其是可以获得外国借款的时候，因为这类支出不可能挤出很多投资。虽然私人行动确实会抵消一部分政府行动，但有一部分政策很可能是有效的。如，当政府通过增加投资税收优惠、降低投资成本时，就会刺激投资，因为这类政策不存在私人的抵消行动。

就政策工具影响产出构成而言，总需求包括消费、投资、净出口和政府支出四个部分。政府可以通过改变其中的一项来改变总需求。政府使用的政策工具不同，决定了消费、投资、净出口或政府支出是扩张还是紧缩。刺激投资的一种方法是减少企业税收，精心设计的减税不但由于增加了投资的税后收益而刺激投资，而且也为厂商投资提供了更多的资金来源。某些政策可能刺激经济，但在鼓励投资方面的效果却十分有限。如，削减个人所得税会刺激消费，同时，也会改善经济乐观情绪而带来投资的增加（刺激消费的副产品）。当一个国家获得国外借款的机会有限时，政府通过借债来增加开支会提高利率，从而会挤出私人投资。当政府支出的增加额超过投资的减少额时，净效果为正数。此外，这种政策也是以降低未来的资本存量为代价来提高当前的产出的。随着国际资本市场的开放度的增强，这种效果已经变得不重要了。挤出投资是政府支出的一个间接效果，其直接效果取决于这笔资金如何使用。如果政府支出用于建设道路、学校或改善基础设施，则可以改善后代人的生活环境，并且会刺激经济增长；如果用于社会保障或福利支出，那么，只会增加当前的消费。就政策的影响范围而言，财政政策的影响范围大于货币政策。如，通过增加个人所得税来抑制经济会减少对大多数消费品的需求。

就政策执行的灵活性和速度而言，不同的政策工具贯彻执行的速度不同。在许多工业化国家，财政政策和货币政策是由不同政府部门制定的。如，在美国，财政政策由国会和总统制定，货币政策是由美国联邦储备局制定，因而政策协调很困难。政府从认识到经济衰退，到制订计划、执行计划来克服衰退，再到计划产生效果之间存在时滞。其中，每一步都需要时间，等到政策开始产生效果时，经济状况可能已经发生变化。一般来讲，财政政策的时滞要大于货币政策。在美国，因为改变个人所得税税率必须通过国会立法，所以，个人所得税不是稳定经济的良性工具。而在英国，税收的调整速度比较快，只要首相宣布，通常就立即生效，虽然在技术上也需要得到议会的批准。因此，税收是一种在英国比在美国更为有效的政策工具。在美国，货币政策比较灵活，而财政政策工具必须纳入政治程序，往往会引起无休止的讨价还价，涉及范围广泛的利益阶层，因而不能迅速决策。财政政策的时滞超过决策所需要的时间范围，如，一项减税法案通过和生效以后，消费者作出充分反应可能需要一段时间。对投资税收优惠的反应可能会更加缓慢，因为厂商必须制订新的投资计划并需要筹集资本。

就政策结果的确定性而言，大多数政府计划的效果部分取决于私人部门的反应，取决于私人部门对政府未来行动的预期，因而，许多政策的效果存在很大的不确定性。如，所得税税率改变的效果就存在很大的不确定性。如果减税被认为是暂时的，人们会把减税所增加的收入看作是一笔“意外之财”，而倾向于将这笔意外收入储蓄起来；如果减税被看作是永久性的，人们可能会大量增加消费。私人部门并不总是相信政府的许诺，因为政府兑现许诺非常困难。政府可以宣布税收改变是暂时的，但纳税人却认为政治力量会促使减税成为永久性的，或者政府宣布减税是永久性的，纳税人由于看到政府赤字而会预期这种“永久性的减税”很快就要取消。政策后果的不确定性涉及市场如何运行的问题？也涉及财政政策与货币政策如何密切配合的问题？

政府支出在多大程度上挤出私人投资，取决于两个因素：一是国外资金的流入状况；二是美国联邦储备局的反应。如果美国联邦储备局认为存在通货膨胀压力，那么，就会推行紧缩性的货币政策减少信贷，以对政府支出的增加作出反应。这样，政府支出的增加对总需求就没有净效果，只不过是改变了需求的构成，国民产出中更大的部分进入了公共部门，更小的部分转化为投资。这些不确定性对经济政策有两个重要的含义：

第一，在任何时候，某种政策工具的不确定性可能大于其他政策工具的不确定性。如，随着经济即将陷入衰退，政府可能打算迅速扭转这种衰退。如果有资料显示，大多数的消费者正在花掉他们挣得的收入而不是储蓄，那么，减税会比货币政策有更加确定的效果，因而会被选为政策工具。虽然政府对消费者会花掉额外增加的钱充满信心，但在相当大的程度上还是不能肯定在经济状况不良的情况下，美国联邦储备局改变准备金、降低贴现率或公开市场业务降低利率，究竟会带来多少银行贷款的增加和企业投资的增加。

第二，在某些情况下，不确定性可以迅速加以判断，从而政府行动可以作出相应的调整；而在另一些情况下，判断不确定性需要很长时间。如，消费者可能对税率的改变迅速作出反应；另外，厂商改变投资计划可能至少要花几个月时间。

就政策工具的副作用而言，一些暂时性的计划经常会有副作用。政府在选择使用何种政策工具时总是想避免副作用。比如，临时性的税收措施对于设定的时期以外会有很大影响。临时性的投资税收优惠因为能够降低一定时期的投资成本，因而在刺激一定时期之内的投资总量的时候，也会降低该时期之前和之后的投资量，因为投资者力图将投资转移到可以享有补贴的那一时期。由于投资税收优惠的目的是刺激投资，而不是改变投资的日期，而且，政府可能不希望税收优惠取消之后或生效之前马上减少投资，因为投资的减少会加重当时的经济下降的压力，所以说，这些副作用是不合乎需要的。

三、税收思想

（一）税收原则

斯蒂格利茨认为，一个良好的税收体系应该具有以下五个特点：

一是公平。公平包括横向公平和纵向公平。横向公平是指具有相同情况的人应当缴纳相同税收；纵向公平是指境况好的人应当缴纳更多的税收。衡量纳税人的支付能力应该考虑纳税人的年龄和婚姻状况。实现纵向公平的关键在于决定富人应比穷人多缴纳多少税收，即税制的累进程度问题。一般可以使用支付能力、经济福利和政府支出受益三个标准来判断一个人是否应该比另一个人多缴税。一般采用收入或消费来衡量支付能力和经济福利。

二是效率。税收体系应该尽可能不干预经济分配资源的方式，筹集税收给纳税人造成的成本应当最小。高税收会降低工作和储蓄的积极性，会影响整体经济效率。挑选特殊商品征税会妨碍人们购买这些商品，因而也会影响整体经济效率。

三是管理简便。征税和管理税收会给政府和纳税人带来成本，包括时间和资金成本。纳税人填写税务表、税务局处理税务表都需要花费大量时间，甚至花费大量资金聘请会计师和律师。这些时间和资金本可以用于生产有价值的产品和劳务，一个良好的税收体系应该增加逃税的困难。

四是灵活性。经济环境的变化要求税率的变化。某些税收结构很容易进行调整，某些税收结构则需要大量的政治辩论，还有些税收结构能够自动调整。特别是在利用税制稳定宏观经济的时候，税制的灵活性就转化为变革税制的时机选择问题，此时，实行税法变革的速度和筹集税款的时滞就更加重要。在经济波动十分迅速的情况下，筹集税款的时滞会限制所得税稳定经济的功效。

五是政治责任，又称为透明度。税制的设计应该让个人明确地知道他们为什么纳税，税负明确的税种要优于税负不够明确的税种。个人所得税是一种良税，公司税则不是。一个政治上负责的税收结构要求税制的变革应是立法变革的结果。

（二）税收归宿

税收归宿是指税收的真正经济负担，是指在考虑工资和价格的可能调整之后，个人税前与税后实际收入的差额。税收的实际归宿可能与预期归宿明显不一致。如，由雇主负担的社会保障税，大部分会以工资降低的形式转到工人身上，其效果实质上与工人负担社会保障税的效果一样。合意的税制要求税收的归宿必须明确，因此，开征税收归宿明确的税种才是可取的，而且开征表面归宿与实际归宿相吻合的税种更为可取。如，向雇主开征一部分社会保障税因为税收归宿不够明确，工人会误认为雇主实际上负担了一半的社会保障税，因而是不可取的。税收会导致相关价格发生变化，是市场反应决定了税收的实际归宿。

税收归宿受到很多因素的影响，最重要的因素是市场结构。市场是否具有竞争性关系到税收的归宿。在竞争性的市场中，税收归宿取决于课税对象的供求弹性。如果供给是完全无弹性的，或者需求是完全弹性的，那么，税收是由生产者全部负担；如果供给是完全弹性的，或者需求是完全无弹性的，那么，税收是由消费者全部负担。需求曲线的弹性越大，供给曲线的弹性越小，生产者负担的赋税就越多；需求曲线的弹性越小，供给曲线的弹性越大，消费者负担的赋税就越多。在完全竞争的市场中，从价税与从量税的归宿是相同的。对竞争性市场的要素课税，其税收归宿也取决于要素的供求弹性。对供给完全无弹性的要素课税，其税收归宿完全由要素所有者负担。对供给完全有弹性的要素课税，其税收会被全部转嫁出去。如，对劳动力的课税无论课自消费者（为使用劳动力而支付报酬的企业），还是课自生产者（出卖劳动力的个人或称要素所有者），其税收归宿都是相同的，如图 12 - 1 所示。

谁是社会保障税的实际纳税者，取决于劳动力的供求弹性。如果劳动力的供给相对无弹性，那么，大部分的税负就会落在工人身上，而不管法律规定对谁课税。当劳动力供给曲线向后弯曲时，具体情况如图 12 - 2 所示。

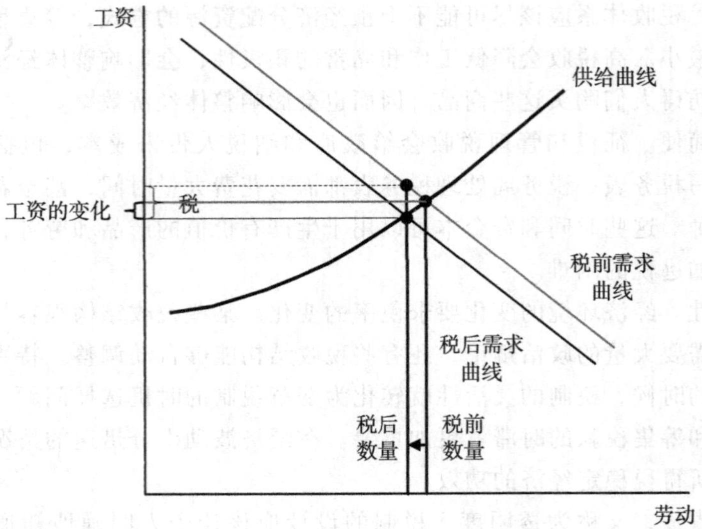

图 12－1　对劳动力课税的税收归宿

资料来源：［美］约瑟夫·E. 斯蒂格利茨，《公共部门经济学》，中国人民大学出版社 2005 年版。

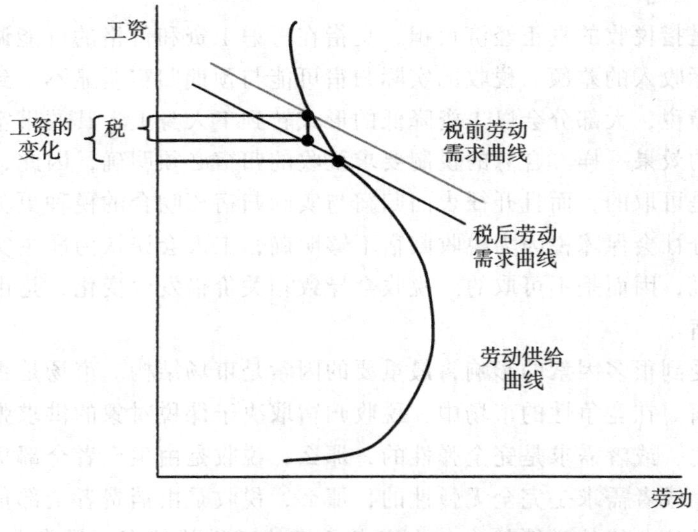

图 12－2　供给曲线向后弯曲时对劳动力课税的税收归宿

资料来源：［美］约瑟夫·E. 斯蒂格利茨，《公共部门经济学》，中国人民大学出版社 2005 年版。

随着工资涨幅超过一定水平，劳动力供给实际上会下降。工人在高工资支撑高生活水平的情况下宁愿减少工作。因此，高工资降低了劳动供给，而不是增加劳动供给。在这种情况下，对劳动力课税可能导致工资水平下降，下降幅度会超过税收本身，同时工资的下降会带来更多的劳动力供给，反过来又会进一步降低工资。零供给弹性要素的典型例子是未开发的土地，对未开发的土地课税，税收的全部负担就落在土地所有者身上。而土地开发的供给弹性则相当大，因此，土地税在很大程度上会被转嫁。长期无弹性供给的要素例子是原油，因此石油税主要是由石油储存者负担。

在图 12－1 中，对劳动力课税的效应使劳动力需求曲线下移，对劳动力课税会导致工资降低和就业水平下降。图12－2是在供给曲线向后弯曲时，工资可能下降，幅度超过税款。在垄断或不完全竞争的市场中，税收归宿取决于需求曲线和供给曲线的形状，所转嫁的税负有可能高于100%。在垄断条件下，鉴于边际成本不变和需求曲线具有不变弹性，总是有超过100%的从量商品税被转嫁出去。鉴于需求曲线为线性，因此，此时的价格涨幅是税收的一半。

局部均衡和一般均衡下的税收归宿是不同的。对单一行业的课税与影响许多行业的课税之间有着重要的区别，许多税收同时影响着许多行业。如，公司所得税影响了所有的公司制企业。为了分析公司税的影响，就需要分析它对整体经济的均衡所产生的效应，而不仅仅是对课税企业的效应。如果资本可以相对容易从公司部门转到非公司部门，公司资本税必定就是由经济中的两个部门平摊，它们会产生相同的税后收益。公司所得税的整体归宿取决于需求曲线和供给曲线的弹性。首先，它提高了公司部门的产品价格，从而降低了对这些产品的需求，而需求会转移到非公司部门。其次，在公司部门内部，企业使用的劳动力会增加，资本会减少。部分税收会转嫁给工人，部分转给公司部门所生产的产品的消费者。但是，效应的大小，如对工人的效应，不仅取决于公司部门用劳动力取代资本的难易程度，也取决于非公司部门和公司部门产品的相对劳动密集程度。如果公司部门可以轻而易举地用劳动力取代昂贵的资本，且如果非公司部门的产品属于相对劳动密集型，那么，一般均衡效应可能会导致对劳动力需求的全面上升。因此，如果劳动供给无弹性，工资实际上就会提高。在这种情况下，公司所得税的负担会落在公司部门所生产的产品的消费者身上。从而工人和资本所有者可能都会受到价格上涨的负面影响。

但是，这种影响取决于消费模式。如果资本所有者大量消费非公司部门提供的服务，而工人消费更多的制造品，那么，工人可能负担更多的税收负担。税收归宿的长期效应与短期效应也是不同的。如果对储蓄课税，那么短期效应可能最小。但从长期看，税收可能抑制储蓄，造成资本存量减少。资本存量的减少会降低劳动力的需求（和劳动生产率），这反过来又会导致工资的下降。因此，即便短期归宿不是如此，对储蓄的课税的长期税收归宿也可能会落在工人身上。影响长短期效应的因素很多。由于政府和政治家经常是短视的，他们往往只看到税收的当前影响，认识不到整体后果可能并非他们所愿。因此，区别长短期效应是重要的。长期需求曲线和供给曲线可能比短期的更有弹性。

另外，经济的开放程度也是影响税收归宿的又一个因素。开放经济中的要素供给曲线更有弹性，如，像瑞士这样的小型开放国家对资本课税，那么，税前收益率就必须进行充分调整，以抵消税收（否则，投资者会从瑞士撤资），税收就会由土地和资本负担。实际上，在开放经济条件下，资本的供给曲线是无限弹性的。

在分析税收归宿时，不能仅看税收本身，还要同时分析政府及其政策行为。如，政府在增加一种税收的同时，有可能同时增加支出，或者减少借债，或者降低另外一种税收。因此，分析税收归宿的时候，有三种方法：一是差异税收归宿分析，即一种税收的增加伴随的是其他税收的下降；二是平衡预算归宿分析，即一种税收的增加伴随的是政府支出的增加；三是均衡增长归宿分析，即税收政策的变化不影响资本积累，即使有影响，政府同时可以采取某种政策来对冲这种影响。

本章小结

20世纪80年代，西方主流经济学中出现了一个新的流派，就是以斯蒂格利茨为代表的新凯恩斯主义。

斯蒂格利茨认为，现代经济是一种混合经济，是由私人部门经济和公共部门经济共同组成的。在混合经济模式下，政府与市场之间是一种互补关系，而非替代关系，因此，在政府干预与市场调节之间应该寻求一个新的平衡点和结合点。周期性的持续失业证明了经济体有时不能迅速调整，因此有必要应用政府的财政政策加以干预。不过，政府的财政干预也是有代价的，需要谨慎从事。

斯蒂格利茨认为，政府应采用相机抉择的财政政策实现宏观经济目标，在经济萧条时期，采取赤字支出可以刺激经济，但不能高估赤字支出刺激经济的能力，因为弥补赤字的政府借款可能产生排挤效应。他认为，一个良好税收体系应该具有五个特点：一是公平；二是效率；三是管理简便；四是灵活性；五是政治责任。税收归宿分为差异税收归宿、平衡预算归宿和均衡增长归宿。

本章思考题

1. 简述新凯恩斯主义经济学派财税思想的特点。
2. 试述斯蒂格利茨的财税思想。

第十三章

公共选择学派的财税思想

20 世纪 30 年代世界经济大危机以后，凯恩斯的国家干预论不仅占据经济学的主导地位，而且成为西方各国的政策“处方”。然而，实践中广泛推行的国家干预不断暴露其缺点，西方经济在 20 世纪 70—80 年代出现滞胀现象，于是，反对凯恩斯学派的理论纷纷出现，公共选择学派就是其中之一。公共选择学派的主要代表人物有当代著名的美国经济学家詹姆士·麦吉尔·布坎南（James Mcgill Buchanan，1919 年—）和戈登·塔洛克（Gordot Tullock，1922 年—）等。本章主要学习布坎南的财税思想。

第一节

公共选择学派概述

一、公共选择学派的历史背景

20 世纪 70 年代以后，凯恩斯主义陷入了困境，西方经济学界出现了一股强大的新自由主义思潮，公共选择学派就是其中之一。公共选择学派的产生与发展绝非偶然，而是有其特定历史背景的。

第一，当时政府经济理论的缺乏。传统经济理论很少论及国家与政府的行为，没有分析经济政策的制定过程——政治决策过程。在传统的理论中，政治过程与经济过程是截然分开的。国家或政府被看成是经济体系的一个外生变量，并且是以促进公共利益为目的的。

第二，新福利经济学的影响。20 世纪 30 年代以后形成的新福利经济学，至少在两个方面刺激了公共选择理论的产生。一是社会福利函数理论关于个人偏好次序加总成为社会偏好次序，以实现社会福利最大化的问题，刺激了人们对于不同投票规则下的集体决策机制的关注；二是20世纪40—50年代的论述政策失误的著作关于在公共产品和外部性存在的情况下实现资源的最优配置问题，刺激了公共选择学派对资源配置的非市场决策过程的关注。

第三，国家干预的加强与失误。第二次世界大战以后，国家对市场的广泛干预引发的各种弊病，促使人们关注其原因。在这种背景下，公共选择理论开始关注经济政策的制定过程——政治决策过程，并从实证与规范的角度用市场机制的特点去理解与塑造政治过程，从而促成了公共选择理论的形成和发展。

二、公共选择学派的主要经济学理论

公共选择学派的理论涉及经济学、政治学、财政学和法学等学科，其主要内容包括：投票理论、政党理论、利益集团理论、寻租理论、政府失灵理论和宪政经济学等。

投票理论。投票理论主要研究在直接民主制下，现行的集体选择规则是如何运行的，其效果如何。现行的集体选择规则包括一致同意原则和多数票原则。一致同意原则可以形成帕累托最优的结果，但决策成本过高，一般很少采用。多数票原则因决策成本低，使用较为广泛。

政党（政治家）理论。政党的目标函数是追求选票的最大化，在西方两党竞争的民主政治中，两党竞争的结果是两党都采取符合中间投票人偏好的政策。

利益集团理论。利益集团是具有共同利益的个人组成的集团，理性的经济人会通过结成利益集团来追求和实现其共同利益。一个社会数量众多的利益集团相互作用将会产生一种社会满意的结果，最终通过的法律和政策表现为在多个利益集团之间的一种均衡，所以，最终的均衡一般是代表全社会利益的。就集团行为的效果而言，小集团要比大集团更有效。

寻租理论。租，即租金或经济租金，是指一种生产要素所有者的收入超过该要素机会成本的剩余。严格地说，广义上的寻租泛指一切寻求利益的活动，因为租金既存在于竞争性经济中，也存在于非竞争性经济中。布坎南把竞争性经济中的寻租活动，即对生产性利润的追求，称为“寻利”（profit seeking），把非竞争性经济中的寻租活动称为真正意义上的“寻租”，即狭义上的寻租。布坎南认为，“寻租”描述的是一种制度背景中的行为，个人竭力使价值极大化造成社会浪费而不是社会剩余。

政府失灵论。政府失灵是指政府行动不能增进效率或政府把收入分配给那些不应当获得这种收入的个人。面对社会成员不同的偏好和不同利益集团的压力，政府不可能计算出全社会福利函数的最优解。政府机构和其他社会机构一样，都是由具有不同动机和不同利益的个人组成的，个人自然会把个人利益带进政府决策中，因此，政府失灵就是必然的了。政府失灵的原因有信息约束、官员的经济人行为、政府行为后果的不确定性等。在公共选择学派那里，政府失灵又被称为官僚政治的无效率，表现为：政府目光短浅和行为短期化、政府规模膨胀、政府活动效率低下。

宪政经济学。公共选择学派认为，解决政府失灵的根本出路是进行宪政改革，对政府权力施加宪法约束，重新确立一套经济和政治活动的宪法规则。宪政经济学不是研究稀缺的资源如何配置，而是研究约束人们行为的规则的选择，选择规则的标准是一致同意原则，政策的好坏取决于决策的规则。其强调过程比结果更重要，政府失灵的根源在于宪法约束失灵。改革的重点是进行宪法改革，主张对政府的权力施加宪法约束。宪政改革的目标是实现宪政民主。

三、公共选择学派财税思想的特点

（一）以立宪政府为主体的立宪财政理论

公共选择学派质疑政府干预的有效性，主张对政府实施宪法约束，提倡财政立宪，主张利用宪法和道德的力量限制政府的财政权力和财政自由。具体地，主张对政府的税收与支出予以立宪限制，以宪法的形式确保预算平衡。政府的举债行为及其用途必须受到宪法的限制，政府干预收入分配也必须在宪法的框架内进行。

（二）有效率的财政制度应该是个人自愿交换的结果

在公共选择学派中，政治过程与市场过程一样，具有自愿交换的性质。公共选择主体都是理性的经济人，都以个人利益最大化为目标。公共选择主体的选择也都是以个人的成本收益计算为基础的。他们不仅关心自己从公共选择行为中的获益，也关心自己为之付出的成本，因此，财政制度是从个人的理性计算中引申出的集体协议。财政制度是否有效率取决于一致同意的规则。

鉴于现实中一致同意规则有很大的局限性，公共选择学派主张以立宪程序限制来确保财政体制的效率，具体做法是采取特殊的多数决策机制和收支同时决策。因此，在公共选择学派中，最优的税收工具是能够获得公共选择主体一致同意的税收工具。优化的税制是指该税制资助的公共产品以及该税制分摊给所有纳税人的税收份额能够获得纳税人广泛赞同的税制。

（三）衡量公平的标准是过程和规则

公共选择学派主张不以结果来衡量公平，而以过程和规则来衡量公平。按照一致同意的原则，所谓的公平规则就是比赛开始前经过参赛者同意的规则，即同意限定公平。只要经济活动是按照事先商定并经过一致同意的规则进行，无论竞争结果如何，都应该视为公平的。虽然市场机制在收入分配方面存在失灵，需要政府干预，但也必须认识到，政府采取的收入再分配措施也有很多的局限性，可能存在效率损失或者根本达不到预期目标。

总体上看，公共选择学派将个人主义的方法论、经济人的理性行为以及交换经济学范例引入政治领域，强调政治过程的自愿交换属性，甚至认为，政治进程中的强制与权力因素存在的前提和目的也是实现自由交换，从一个全新的视角看待政治过程、理解政府行为。同时，强调政治和制度因素对经济的影响，重视经济理论与政治制度之间的适应性，政府失败的原因也应该归因于政治过程和制度因素。

公共选择学派采用新古典经济分析方法分析了政治决策机制的效率问题，从而拓宽了公共财政的研究领域，对于完善现代财政学的体系，产生了重要影响。公共选择理论的核心，是试图把经济交易与政治决策、个体行为与政府行为两大类人类行为的基本方面纳入统一的私人经济分析模式，并做出了初步的贡献。但仍存在一个根本性的难题尚未解决，即如何利用“泛市场论”框架，令人信服地解释自古至今操纵国家机器的统治阶层代表人物（政治人）与市场经济层次上的经济主体（经济人）在行为上的系统差异，特别是国家理财活动与个体理财活动中强制性与非强制性的系统性差异。公共选择学派仅仅从“投票”式民主财政中抽象出的理论和概念，显然远不能涵盖和说明几千年人类文明史上多种多样的“非民主”地运行的财政制度。

公共选择学派是在混合经济框架中来思考公共财政问题的。可以说，他们的财政理论是现代财政学向当代公共经济学过渡的一种形态，或者说是当代公共经济学的雏形。公共产品的理论虽然不是公共选择学派首创，但在他们那里，已经成为财政理论的一个重要组成部分，从而加重了政府活动的经济色彩，政府部门成为提供公共产品的部门，为公共部门经济学的形成做了观念上的准备。

正是由于公共选择学派关于公共产品理论与公共选择理论的发展，英美财政学才出现了一个新动向，即财政学的名称发生了富有意义的变化，由“Public Finance”（公共财政学）转变为“Public Economics”（公共经济学）或“Pubic Sector Economics”（公共部门经济学）。公共选择学派在财政学上的突出成就在于提出了处于政治学和经济学边缘的两个根本问题：一是公共范围和私人范围的界限问题；二是充分显示个人偏好的机制构建问题。公共选择学派在这两个问题上的看法，直接推动了20世纪80年代和90年代财政学的发展。

第二节

布坎南的财税思想

一、立宪财税思想

在政府失灵思想的基础上，布坎南提出了以“立宪政府”为主体特色的立宪财税思想。布坎南对政府干预的有效性持怀疑态度，但并不否认政府发挥作用的必要性，只是认为需要对政府实施宪法约束，对政府的财政权力、货币权力和管制权力进行立宪限制，主张通过正式的制度约束与非正式的制度约束、利用宪法与道德的力量规范政府行为，限制政府的财政自由。

布坎南认为，财政同货币一样，应该有根本规则的约束，需要有财政宪法，进行财政立宪。他从立宪的角度说明了什么样的财政体制是合理的。其基本观点是：财政体制的税收与支出两方面应采取不同的决策方法，公共支出包括支出构成与规模的决策要在财政决策的日常运行过程中作出，税收结构与水平的决策则要先于支出决策，在日常运行过程之前的立宪阶段作出，且一旦确定就应相对稳定，能够为今后的所有公共支出筹集资金。

公共支出决策与税收决策的这种区别，起因于它们不同的性质：公共支出是不可分的，其规模与构成一旦确定，所有的人都同等受益，而税收则是完全可分的，要在不同阶层、团体和个人之间分摊，构成一种零和游戏，从而难以就税收分摊份额达成一致协议，税制及其变动的集体决策成本极高，不可能经常决策。另外，税制在立宪阶段的预先决定和宣布，有助于为纳税人在后立宪阶段的经济活动提供一个稳定的环境。当然，支出决策在财政日常运转过程中的随时决定可能会产生一些人操纵利用决策程序剥削他人的利益集团的问题；而税制的立宪决策相对稳定，防止了一些人联合起来利用税收决策剥削他人的可能性。可见，布坎南所谓的财政立宪，主要是指税收立宪。

税收立宪涉及税制的选择，而税制选择的关键不在于什么样的税收结构合理可取，而在于税收决结构的决策过程是否全面反映了被赋予相同权力的个人的偏好和价值。税制选择必须以不确定性为前提，在立宪阶段确定。假设每个人不能确知自己在未来的确切经济地位，如收入、能力、财产等，也不能确定自己未来偏好的公共商品类型及其数量，从而不知道自己在每一种税收结构下会承担多少税收份额，只有这样，他才会采取一种不偏不倚的立场，支持一个对于所有人都公正的、最佳的税收结构方案。只有在这种情况下制定的税收结构才会受到普遍的赞成，才是公正合理的。

布坎南认为，公正合理的税收结构应包括通行税、累进税和间接税。因为当一个人对自己未来经济地位未知时，他是不会赞成区别税制的，相反，人人都会赞成通行税，大家一视同仁，共同负担税收。同时，每个人都会认识到富人支付得起，也应该支付较高税额，而穷人只支付得起低税额，但因不知道自己将是富人还是穷人，故而都会一致支持累进税；由于有些商品消费只有富人才支付得起，故而每个人都会要求征收商品税或间接税，以促进收入再分配。

二、预算约束思想

在预算原则上，布坎南强烈反对周期平衡与充分就业平衡的凯恩斯主义政策。他主张保持预算平衡，并且要以宪法的形式确保其实现，为此，必须设立一个具体细致的规则，建立一种特殊的预算调节机制。一旦税收支出的变化超出了平衡的界限，这个机制就会自动地作出反应，促使失衡的预算恢复平衡，以防止出现现期预算决策的失误。

具体说来，预算调节机制包括调节税率、调节支出或者同时调节税率与支出。布坎南认为，调节税率以适应支出的方法只有利于公共经济而不利于私人经济，因此会导致公共部门的扩大。较为可取的方法应该是，调节支出以适应既定的税收结构。这样，当预算支出超过了收入的一定界限时，支出就会自动削减，以控制赤字，这种方法可以有效地抑制公共部门的扩张。如果选定调节支出作为杠杆，则最简单的办法就是，一旦预算缺口超过某一预定限额时，就全面缩减预算支出项目；较为复杂的办法则是，以平衡为原则，逐一设置各支出项目的限额，视其超过与否来决定是否缩减预算支出项目。

布坎南认为，政府的税收与支出必须予以限制。他批判了传统的财政理论观点。传统财政理论认为，一是民主的政治竞争能促成每一位当选政治家充分按照投票者的愿望征税和安排支出，因为官僚是被动而无私的，不会影响财政开支。二是财政过程中的税收负担与支出受益是对称而中性的，不会出现为了特殊利益集团的利益而鼓励支出的现象和使支出受益比税收分摊更为集中的现象。三是“财政幻觉”不存在，投资者能充分认识到支出项目的全部实际成本，利益集团的联合没有任何意义，不可能利用税收—支出权力来剥夺少数成员的权力。在现行的决策过程中，公共部门的资源配置应该是合适的。布坎南指出，这些观点是错误的。从理论上分析，现代政治过程和财政结构都有利于预算赤字的产生、公共支出倾向的实现和公共部门的扩张。

布坎南认为，预算赤字的产生是国会中的政治家与总统顺从行政压力的结果。他们发现实行宽松的预算政策、减税增支是符合个人政治利益的，可以赢得更多的选票。因为选民更关注短期利益而不是长期利益，而预算盈余虽可减少选民的未来税收负担，但却在短期内会增加税收，减少有利支出，因而不为选民支持。但是，预算赤字则在长期内会增加选民的未来税收负担，在短期内会增加有利支出，削减税收，因而往往为选民所支持。在出现"财政幻觉"的情况下，选民更是倾向于支持预算赤字，官僚一方面可以通过预算赤字扩大官僚机构的规模，特殊的利益集团也可以通过预算赤字受益；另一方面，现代政治过程和财政结构易于将公共选择主体的支出倾向变为现实。因为支出项目与税收项目的分别表决，使支出难以限制在税收限度内，也易于得到通过；不同的支出项目分别由不同的委员会表决，从而顾及不到总支出的适度；过半数规则与相互捧场，往往使不适当的议案易于通过；一般选民理性而无知，投票时存在着"搭便车"行为，参加政治活动的积极性低于特殊利益集团，因而对政治决策过程的监督弱化。

从实践上看，实际情况也刚好与上述观点相反，美国一直经历着公共部门的扩张——无论税收还是支出，相对量还是绝对量，公共部门的资源配置远非合适，现代民主过程并未做到税收与支出的适度和反映选民愿望，反而导致了政府的失误及其支出增长。布坎南指出，在 1913 年以前，美国采取的是比例所得税，征税对象遍及各阶层，从而保证了征税的通行性，符合宪法的程序要求。但支出与税收却缺乏对称性，支出的受益不能像税收负担那样遍及各阶层。并且，自 1913 年宪法第 16 条修正案[①]采取累进所得税后，征税失去了通行性，并导致了税收方面财政剥削的可能性。因此，政府的税收与支出必须予以限制。

立宪限制包括程序限制和数量限制两种方法。程序限制是指通过对政治决策的规则和程序的调整来控制税收和支出水平。其具体做法有：

第一，特殊的多数决策规则。布坎南认为，在财政决策过程中，至少在议会里要按全体一致规则通过税收—支出项目。任何低于全体一致的原则都可能导致某种程序的财政剥削，但全体一致又难以达到，因此，在通过一项税收—支出议案时，要求赞成票数尽可能多。赞成票数越多，则财政剥削的可能性越小。

第二，税收—支出的通行证。布坎南主张以宪法的形式规定，税收负担与支出受益都应遍及各阶层。这样，增税的热情就会大大降低，因为每个人都得按其经济地位纳税；同时，支出也会大大减少，因为受益分散的支出较少，而受益集中的支出又不符合通行证而难获通过。

第三，支出与税收的同时决策。即预算的两个方面必须同时考虑。每一笔支出都必须有相应的税收为其筹资，否则，不予以表决通过。

第四，预算平衡，布坎南主张以宪法的形式规定预算必须平衡。由于中央政府享有货币发行权和借债权，因而易于产生预算赤字，相应地，以宪法形式要求中央财政保持预算平衡就更为重要。

---

① 1913 年 2 月 25 日，《联邦宪法》第 16 条修正案正式通过。宪法修正案规定："国会有征所得税之权力，而不问其来源，也不必考虑人口普查或调查的数据。"第 16 条修正案结束了在所得税问题上的违反上位法的窘境，更重要的是，从此美国国会的立法权延伸到所得税领域，可以对各类所得征税拥有立法权。

第五，各级政府税收来源和职能的划分。布坎南认为，这种做法可以减少中央政府的活动，而且，地方政府之间的竞争，在一定程度上可以限制总开支，资源将从效率低的地方流向效率高的地方，这就促使各地方政府把税收和支出尽可能地维持在人们可以容忍的程度之内。税收支出数量的限制，则要求以宪法的形式明确限制税收额和支出量——无论是相对量还是绝对量。数量限制有三种做法：一是规定支出与税收在国民生产总值（GNP）中的所占份额。二是税基限制。以宪法的形式限制课税的税基，通过选定合适的税基，以控制住潜在的税收，限制征税的权力。三是特定税率的直接立宪限制。

三、公平分配思想

（一）公平的重要性及原因

关于公平问题，布坎南强调，关注的焦点应该是先于市场过程本身的权力和所有权分配，而不是作为结果的社会产品的最终分配。从这点出发，布坎南指出，所谓“公平规则”就是在比赛开始之前参赛者同意的规则。同意限定公平，而不是公平确保同意。只要经济活动是按事先商定的规则进行，规则又得到了一致的自愿同意，那么，不管结果如何，都应视为公正的或公平的。布坎南不主张用结果来衡量公平，认为应从产生结果的过程来说明公平。

在布坎南看来，分配结果无非受四种因素影响：选择、努力、运气和出身。在这四种因素中，运气显然因人而异，但分布是随机的，因而也是公平的；选择与努力对每个人都是平等的，关键看你如何运用；出身的不同则代表了出发点的差别。因此，由于选择、运气、努力而造成个人收入的差异，会被每个人都一致同意为符合公正原则。但出身因人而异，决定了人们不同的出发点。尽管出身也具有历史偶然性，但它所造成的收入差异还是不能说符合公平原则。为解决这种出发点的差别的问题，应人为地使出发点均等化，对不同出身的人实行区别对待，使出身不同的人都有平等的竞争机会。布坎南主张在宪法中规定遗产税或公办教育制度，以缩小人们的出身差距。

（二）政府对公平的干预

布坎南认为，市场机制在收入分配方面的失灵，需要政府出面干预。他说：“如果市场经济不能以大多数人可接受的方式分配产品，那么，将会做出实施变革的尝试。这样的尝试暗示着政治上的行动。”[①]“财政体系提供了适当的再分配机制。这种再分配可以用具有不同效果的不同方法来实施。纯粹的再分配措施由在个人或集团中间的净转移组成。”[②]

不过，政府实行收入再分配的措施有其局限性，表现在：一是存在效率损失，“在对生产努力没有实行有差别的报酬时，社会的产出可能下降到零”。[③] 二是理想的再分配的实现没有任何保证，实际的再分配结果往往与计划的初始动机相反。“政治结构可能产生那种与任何似乎可以被接受的准则不相一致的收入和财富的转移。除非有明显的

---

① ［英］詹姆斯·M. 布坎南：《公共财政》，中国财政经济出版社1991年版。

② 同注①。

③ 同注①。

法制上的限制，有效的转移将倾向于使决定性的政治联盟的成员受益。”①

正因为如此，布坎南强调通过公共计划来促进机会均等，而不是直接的收入转移。他说：“我们必须在致力于使收入和财富均等的措施和致力于机会均等的措施之间作出区分。公共教育或许是实现机会均等的公共支出的最好例子。”②“就这种支出计划使机会均等而言，通过财政过程的直接收入转移是没有多少正当理由的。……如果没有其他原因，从个人道德的角度来看，在这样一些计划上的公共支出比直接的转让更可取。”③总之，布坎南主张通过宪法明确规定税收的上限，在宪法中规定转让税与公办教育制度等有助于出发点均等化的条款，以确保通过政治手段执行的分配调整严格符合宪法。

四、公债思想

（一）政府举债的影响

布坎南认为，举债会减少一国的资本存量。其基本逻辑是，无论个人还是国家，债务债权关系一旦确立，债务就意味着日后支付的义务，债权则意味着日后获取本息的权利。利息支付减少了资产的现值，因此，举债等于破坏资本的价值。表面上看，举债对债务人是负债增加，对债权人是资本增加，两相抵消后，一国总资本存量不受影响，资本净值不变。但实际上，只有在举债款项被用于生产性支出时，上述结论才成立，而当举债款项被用于消费时，资本净值将减少。

这是因为，借债被用于生产时，可以产生确定的收入以偿债，用于消费时则正好相反。偿债的后果取决于偿债的资金来源。如果节约日常消费以偿还未清偿债务，则等于创造或恢复了资本；如果挪用现行投资基金以偿债，则一方面减少了资本，另一方面又因偿债而增加了资本，两相抵消后，对于资本的影响是中性的。与举债一样，偿债是否影响资本价值，取决于其对消费或生产的影响。

（二）公债的性质

布坎南认为，公债不同于税收。真正的公债是对为公共支出筹资的税收的一种替代。这两种筹资办法有着本质的区别：税收是强制的、或许是采用政治决定的，对政府支出直接提供的公共服务利益进行交接的形式，且是对个人征收的；借债是与政府对未来时期收益的承诺进行的一种自愿交换。税收是在支出发生时把由于公共服务而支付的负担直接加在个人身上；借款是把这种负担推迟到以后，在此进程中，没有谁负担指定的份额，加之，债权人可采取一些权术免去债务，债务不过是有人受益，有人受损的游戏。相应地，征税偿债要比举新债偿付旧债遇到更大的阻力，因而政治家感觉到通过举债比征税满足支出需要容易得多，更愿意选择继续保持债务而不是征税偿债。因此，资本一旦因举债而遭到破坏，就再也无法恢复；公债一旦形成，就会永久持续下去。

当然，通过举债筹集投资性的资金是无可非议的，认真的财政计划允许通过借债购置真实的资产项目。因为在这种情况下，政府与企业无甚区别。在政府的资产负债表中，资产项下有一个抵消项目，与负债项目相平衡，国家资本储备的净现值不会变化。

---

① ［英］詹姆斯·M. 布坎南：《公共财政》，中国财政经济出版社 1991 年版。

② 同注①。

③ 同注①。

当投资支出属于生产性项目时，该现值还会增加。

政府在实质性的充分就业状况下才应借款。借款应限于为真实是长期的公共工程筹集资金，并且应当规定在工程的使用年限内还本付息。由于债务的清偿是在损害本期纳税人的情况下对未来的纳税人予以补助，过去的公债就未必应当偿还。此外，还必须把实际债务的发行与隐蔽的货币创造区分开来。如果政府从中央银行借款，结果与发行新货币是一样的，其影响完全不同于发行实际债务。

如果获得的资金确实是中性的，举债便是减轻经济中通货膨胀压力的一种办法。然而，作为一种一般性的反通货膨胀武器，税收则更为优越。公债与私债原则上是完全相同的，财政上的节约原则应毫无例外地适用于私人和政府。关于债务的基本逻辑以及对民主决策过程的基本分析（现代政治家创造赤字的倾向，即使在高就业时期，也肯定会使联邦政府公债继续上升）都说明，如果没有道德或宪法强制作用的干预，发行公债就不可避免，而且发行后将永远无法偿还。因此，布坎南主张在宪法中制定限制性规则，以约束政治家的财政活动，使之在节约许可的范围内进行，形成一套令人满意的财政模式。他认为，在民主政治中，特别需要宪法限制和道德压力，阻止用举债方式筹集非生产性福利开支。他的结论是，通过负债弥补赤字是危险的，只有削减支出增加税收才是弥补赤字的良方。

五、公共产品思想

（一）公共产品是政府产生的经济根源

在布坎南看来，现代西方经济是一种混合经济，是政治和市场过程的混合物。政府经济是混合经济的一部分。正因为市场在社会正义、垄断、不稳定、增长和生活质量等方面存在失灵，所以才需要政府行动。

政府的一个重要职能就是提供公共产品。所谓的公共产品包括国防、法律和秩序、环境保护、货币稳定以及其他管理服务等。他认为，公共产品的存在构成了政府产生的一个经济原因，公共产品理论便是政府的经济理论。在布坎南看来，公共产品与私人产品既相同又不同，正是这种相同点决定了私人经济运行中的资源有效配置原则同样适用于公共产品的生产和供应。布坎南继承了维克塞尔、林达尔、熊彼特等关于私人经济的分析模式。他在1960年出版、以后多次修订再版的《公共财政》一书中，提出了财政交换的观点。政府是一种公民进行集体决策的工具，人们牺牲私人产品以换取政府提供的公共产品。他对这种财政交换的分析是从民主政治的角度入手的，因为民主政治意味着每一个公民参与政府的决策过程，每一个公民都具有平等的权力影响最终的集体结果。“人们把一个纯粹地建立在消费者主权基础之上的经济，称之为‘一美元——选票’的制度。这与那种按‘一人一票’理想地作出决策的政治民主制度相对应。”[①] 在他看来，政治或政府组织最大的优点在于它有权强迫所有集团成员分担公共产品的费用，只不过集体决策是在许多个人以不同身份追求效用最大化的行为中形成的。所以，政治决策、财政制度是从个人的理性计算中引申出集体协议，完全可以运用成本与收益的方法进行讨论。关于政府政治决策和理财过程中如何依私人经济的成本效益模式进行

① ［英］詹姆斯·M. 布坎南：《公共财政》，中国财政经济出版社1991年版。

均衡的分析，布坎南也作出了一系列技术上的努力。可见，布坎南从理论上探索了政府经济行为的合理性，揭示出政府成为一个经济单位的根源。

另外，布坎南又认为，必须对那种把政府干预描绘为“治疗良药”的观点持谨慎态度。因为市场失灵并不意味着政府的成功，政府作为一个机构，或许同样是不会令人满意的。“公共消费特点的存在不足以证明政府的供应总是优于市场的供应。……怎样提供具有公共消费特点的货物和服务，涉及在两种无效率的方案之间的选择。选择依赖于一个前提，即某一种方案将比另一种提供更好的分配结果。……在最终决定政府财政筹资的适当作用时，人们必须经常记住，在这里如同其他地方一样，决策应当在适当的界限内做出。”① 此外，“政府在促进有效的资源配置方面的主要职能是确定财产权的结构，自愿交易正是在这一结构内才能发生”。②

（二）公共部门的增长问题

布坎南还探讨了公共部门的增长问题。布坎南以“信息费用”的概念为基础，揭示了有关国家增长现象或官僚主义现象在西方社会不断发展的原因。

在他看来，政治市场同样存在信息费用的约束，官僚机构缺乏竞争，会导致公共产品的过度供给，加之，有效监督缺位，政治决策往往不能符合公众利益。国家增长的原因有两个：一是官僚主义扩张；二是现代民主体制的根本缺陷，即投票制度的缺陷。民主体制的缺陷意味着政治市场不平等。由于一项政治措施的受益人数一般少于为该措施承担费用的人数，因此，政治权力的分配并不比经济权力的分配更平等，现行的民主体制结构最终给予利益集团的权力要大于它给予纳税人利益集团的权力。而且，由于多数人的组织成本要高于少数人的组织成本，因此，在西方民主国家，赞成增加国家开支的政治联盟从来都比企图制止国家开支增加的纳税人联盟多得多，也有效得多。

可见，政治市场类似于竞争市场：它进行着有利于有效利益联盟的自然选择，淘汰最无效率的联盟。

六、优化税制思想

（一）优化税制的定义

布坎南认为，最优的税收工具就是参与公共选择的人们能够至少在理论上获得一致同意的税收工具。由于现实生活中难以达成一致同意的税收工具，因此，最优的税收工具也只能是一种次优税收工具。不过，这种税收工具必须关联到收入和支出过程，因为只有当纳税人预计到他们从政府那里享受到的公共服务利益超过其通过税收转移给政府的资源价值时，才会同意纳税。

因此，布坎南认为，所谓优化的税制是指某种税制产生的税收收入资助的公共产品以及该税制分摊给每个纳税人的税收份额均能获得纳税人广泛赞同。

（二）优化税制与偏好显示

布坎南认为，要建立一套获得广泛赞同的优化税制就必须解决一个关键问题，即个人真实偏好强度的显示问题。一般而言，在公共产品的选择上，个人缺乏显示其真实偏

---

① ［英］詹姆斯·M. 布坎南：《公共财政》，中国财政经济出版社 1991 年版。

② 同注①。

好的动机。当偏好的公共产品的供应水平与所分担的税收份额不挂钩时，个人可能有意夸大其偏好；当个人偏好的公共产品的供应水平与其纳税份额相关联时，个人可能有意隐藏其偏好。在这种情况下，为确保公共产品的有效供给，必须由社会建立一套适当的机制，促使个人真实地显示其对公共产品的偏好。这种机制的特点在于能够使个人感到只有真实反映自己的偏好，才能使自己处于最佳境地。

布坎南认为，只有个人直接分摊的纳税份额与其投票结果对建议通过的公共支出方案的偏好强度有关联以及与对公共选择最终结果有关联的税制才具有这样的功能。如果个人的投票结果不会影响公共选择的最终结果，则不用直接承担税赋；如果个人的投票结果改变了公共选择的最终结果，那么，个人分摊的税收在数量上应该能够全部补偿由于他的投票而造成的其他投票者的净收益损失。如果这样的税收机制作为个人对公共支出方案的真实偏好显示机制的话，那么，税收制度应该包括两类税：一类是用于补偿公共产品的生产成本的税收；另一类是用于保证个人真实地显示偏好的税收。

（三）税制选择与公共支出的最优水平

布坎南认为，优化的税制不仅应该促使个人真实显示其对公共支出的偏好，还应将政府的实际公共支出水平限定在公众意愿的最优水平上。这一最优水平由个人通过公共选择过程加以确定。公众对税制的公共选择可用下列公式表示：

$$Ge/Tm(t,y)=K \quad (0<K<1)$$

式中，Ge 代表公共开支的最优水平；Tm 代表既定税制所产生的最大税收收入，它是税率 t 和税基 y 的函数；K 为所需公共支出水平占税收总收入的比重，K 为一外生变量。上式的经济含义是：公众通过选择税率结构和税基两个基本要素构成的税收制度，使这套税制所产生的最大收入量限定在公众所意愿的水平上。

七、税制的行为效应思想

（一）直接税对个人选择的影响

布坎南认为，公共选择学派税收理论的一个重要任务是分析和预测各种税收制度对公民、投票人、纳税人和受益人的个人选择的影响。

1. 人头税。人头税与个人的经济活动和收入水平之间没有内在联系，所以，人头税对个人的选择行为没有影响。

2. 财产税。在财产税制下，人们可以通过改变自己在市场选择中的行为来改变自己的净财产或资产价值，进而达到改变其面临的税收价格的目的。个人对此的反应方式有两种：

第一，缩小应税财产的税基。现代各国的财产税一般都实行高额累进税制。如果累进税率一定，而且个人能够测量社会的净财产总值，那么，个人就可以相当准确地测量出自己的应税财产将面临的税收价格。这样，只要个人愿意现期消费其财产，就可以较大幅度地缩减其财产税基，降低自己面临的税收价格。不过，布坎南又指出，估计对财产税作出如此强烈反应的人不会很多。

第二，改变财产的占有形式。如果财产税的征税对象仅仅是非人力财产，个人就很难用消费财产的办法来较大幅度地缩小税基。但是，在不降低积累率的情况下，个人可以将投资从非人力资本转向人力资本，并以此降低自己的公共产品税收价格。

3. 个人所得税。在个人所得税下，个人可以更为自由地改变自己所面临的税收价格。在比例所得税下，如果假定对个人收入征收所得税税率的确定与对公共产品供给量的集体决策无关，那么，个人行为选择将独立作出两个决策：一是如何根据税收情况作出赚取收入的决策；二是关于以集体方式提供的公共产品总量何为适度的决策。这两个决策应当同时进行。

另外，个人也可能采取两类策略性行为：一是个人能够以不取得应税收入来改变自己面临的税收价格，即通过减少应税所得，将增加其他人承受的税收价格。二是个人可以在不严重损失效用的情况下，用非纳税收入替代应税收入，以获得廉价公共产品。

在累进税制下，个人主要是高收入者可以通过改变自己的税基，来改变总的实际税基，进而改变其他人而非自己适用的税率。

（二）间接税对个人选择的影响

间接税支付的间接性会导致个人选择的不确定性。为了使间接税的负担者达到直接纳税人所具有的意识形态，布坎南认为应该进行如下转换：要使个人在某种程度上意识到，间接税因为税负的转嫁可能会改变市场选择的条件，因此，个人有必要计算自己所承担的纳税义务。这种计算必须首先区分税前和税后的市场选择条件，然后，将两者的差别转化为成本或税收价格的等价物。

1. 公司所得税。布坎南认为，从公共选择的理论角度看，公司所得税应该划入间接税，因为公司不同于个人，它不参加投票，不直接参与财政选择过程，可以假定公司所得税全部由股票所有者承担。公司所得税的税基与个人的经济行为有着内在的联系，经济行为越有效，个人收入水平越高，公司所得税的负担就越重。因此，在公司所得税下，个人可以通过改变自己的行为，如，增加闲暇的享受，少赚应税收入，以降低自己承担的相应公共产品的单位税收价格，并相应增加其他社会成员获得公共产品的税收价格。

在公司所得税制下，个人的选择和决策在一定程度上具有与个人所得税相类似的特征。在个人所得税制下，个人可以通过改变所挣得的应税收入数量来调整自己的税收义务。就公司所得税而言，个人可以通过从公司投资中撤出资金，来避免公司所得税负担，降低自己所面临的单位公共产品的税收价格。另外，任何一个人的纳税义务也取决于其他人的行为，即取决于其他人是否从公司中撤出资金。在公司所得税下，个人不仅要考虑对公司总投资的影响，还必须预测公司本身将对公司所得税作出何种反应以及个人自己拥有的公司净收益额的前景。公司净收益率的变化，直接影响着个人为公共产品实际支付的税收价格。由于公司所得税的最终负担大部分落在股东身上，只要非股东预期股东增加的收益为正数，非股东就会倾向于赞成所有扩大公共支出的计划。

2. 一般销售税。在一般销售税的情况下，布坎南认为，如果税基中不包含投资品，那么，一般销售税对个人行为的影响同个人所得税大致相同，当然也存在差别。在个人所得税下，个人一般都能相当准确地估计出税基，并能根据估算结果进行税基调整。但在一般销售税的情况下，由于税收负担转嫁的特点，这种估计会非常复杂。虽然个人不用直接缴纳销售税，但个人必须努力估计征税前后的市场机会差别，预测销售税对自己实际收入的影响。这种估计涉及许多决策主体的行为反应，包括赚取收入的方式、资源分配、产品定价、最终产品的购买、依据价格变化进行的调节等。正是因为如此，当个人依据上述因素进行预测并进行财政决策时，个人所面临的不确定性必然非常大。

3. 特定消费税。在特定消费税下，个人为单位公共产品支付消费税取决于其他人的行为。为了估计这一税收价格，个人必须预测零售商的行为，以及资源供给者和产品需求者的总体反应。如果市场是竞争性的，同时资源并非高度专一，而且时间允许进行供给调整，那么消费者的个人预测将是比较准确的。只要个人能够预测其他人的类似行为，他就能够准确地估计出自己面临的税收价格。总之，能够有效逃避消费税转嫁的个人，就能够获得廉价公共产品。

本章小结

西方经济在20世纪70—80年代出现的“滞胀”现象暴露了凯恩斯学派政府干预论的局限，于是，反对凯恩斯学派的理论纷纷出现，公共选择学派就是其中之一，其代表人物主要是布坎南。公共选择学派将个人主义的方法论、经济人的理性行为以及交换经济学范例引入政治领域，强调政治过程的自愿交换属性，甚至认为政治进程中的强制与权力因素存在的前提和目的也是实现自由交换，从一个全新的视角看待政治过程、理解政府行为，强调政治和制度因素对经济的影响。同时，公共选择学派采用新古典经济分析方法分析了政治决策机制的效率问题，从而拓宽了公共财政的研究领域。

公共选择学派在财政学上的突出成就在于提出了处于政治学和经济学边缘的两个根本问题：一是公共范围和私人范围的界限问题；二是充分显示个人偏好的机制构建问题。正是这两个问题推动着20世纪80年代和90年代的财政学研究。

在政府失灵思想的基础上，布坎南提出了以“立宪政府”为主体特色的立宪财税思想，主张保持预算平衡，并且要以宪法的形式确保其实现。同时，主张政府干预公平问题，反对发行公债，认为通过负债弥补赤字是危险的，只有削减支出、增加税收才是弥补赤字的良方。此外，布坎南还提出了优化税制理论。

本章思考题

1. 简述公共选择学派财税思想的特点。
2. 试述布坎南的财税思想。

第十四章

新制度经济学派的财税思想

20世纪60年代中期以后，在凯恩斯经济学面临危机之际，一个引人注目的新的经济学派在西方经济学界崛起，即新制度经济学派。其主要代表人物有约翰·肯尼思·加尔布雷思（John Kenneth Galbraith，1908—2006年）、罗纳德·哈里·科斯（Ronald H. Coase，1910—2013年）和道格拉斯·C. 诺思（Douglass C. North，1920—2015年），他们创建的新制度经济学力图运用西方正统经济理论主要是新古典经济学分析制度的构成、运行和演化，揭示制度在经济运行中的地位和作用，分析制度对经济的影响。本章主要学习加尔布雷思、科斯和诺思的财税思想。

第一节

新制度经济学派概述

一、新制度经济学派的由来及形成过程

美国经济学家塞特菲尔德·马克总结了新制度学派的由来，他认为，新制度学派主要是根源于凡勃伦的著作和其他按凡勃伦传统进行研究的美国知识界的产物。这就是说，新制度学派是在旧制度学派的基础上发展起来的一个美国经济学的重要流派，它与旧制度学派共同构成了制度学派或制度主义。从制度主义产生以后，一直被西方经济学界视为“异端”，但当凯恩斯主义的正统地位受到威胁后，它才受到学者们的青睐。制度主义的演进可分为三个阶段：

第一阶段：20世纪20年代，制度主义广泛传播的阶段。即通常所说的旧制度学

派，创始者为凡勃伦，主要代表人物还有康芒斯。凡勃伦认为，社会生活的基础是物质生产，但把社会生产仅仅归结为工艺，过低地估计了所有制形式的意义，他把资本主义制度的矛盾归结为“机器操作”与“企业经营”之间的矛盾，企图不触动资本主义制度的基础，用某种“改革”来解决社会问题。

第二阶段：20 世纪 30 年代以后至第二次世界大战后初期的制度主义。这一时期的制度经济学家有贝利、米音斯、艾尔斯等。他们的理论特点是具有从凡勃伦思想到加尔布雷思理论的承上启下的作用。例如，贝利和米音斯所著的《现代公司和私有财产》(1932 年)、艾尔斯所著的《经济进步理论》（1944 年）被西方经济学界认为是凡勃伦旧制度经济学到现代制度经济学之间的过渡性著作或“桥梁”或“联系纽带”。

第三阶段：20 世纪 60 年代中期至当前的制度学派，即人们通常所说的新制度学派或新制度主义，以加尔布雷思、科斯、诺斯为代表。他们继承了前两个阶段经济学的基本特点，特别是受凡勃伦制度因素分析的影响，又从米音斯等的学说中吸取了所有权和管理权分离的观点，提出了整治资本主义“滞胀”病症的具体方案。

二、新制度经济学的主要经济学观点

新制度经济学是运用新古典经济学的理论和方法来分析制度的起源、演化和作用的理论。它与新古典经济学一样，都强调个人自由选择的重要性，笃信市场机制的有效性。因此，新制度经济学和新古典经济学都可以划归新自由主义经济学的门下。但新古典经济学假设制度是外生的或中性的，它研究的是在制度一定的条件下的个体行为和资源配置，而新制度经济学研究的是制度本身，它强调制度是影响人的经济行为和经济绩效的一个重要变量。

新制度经济学在方法论上除了坚持个人主义和主观主义以外，其多数理论还从以下两个假设出发：一是有限理性假设；二是机会主义假设。这两个假设是新古典经济学所没有的。英国著名经济学家霍奇森认为新制度经济学的研究方法有如下特色：第一，新制度经济学强调制度和文化因素，而主流经济学并不强调这些因素。第二，新制度经济学的分析对许多学科都是开放性的，如政治学、社会学、心理学和其他学科。第三，数学和统计技术被认为只是经济理论的辅助工具，不是经济理论的核心内容。第四，新制度经济学的分析无须从建立数量模型开始，而是从特征事实出发，对因果联系进行理论推导。第五，新制度经济学广泛利用了关于社会经济制度的历史的和比较的经验材料。

新制度经济学的“新”在很大程度上体现在它对“制度”的理解和分析上。

（一）关于制度的含义

制度是指约束人的行为的规则体系。诺思认为：“制度是为在谋求财富或本人效用最大化中的个人行为而制定的一组规章、依循程序和伦理道德行为准则。”[①] 舒尔茨认为：“制度是一种行为规则，这些规则涉及社会、政治及经济行为。”[②] 制度一般有两个特点：第一，制度在过去被证明是有用的。第二，制度是人们为追求其个人目标而与他人交往时所必需的。第一个特点表明制度是人们在过去的交易过程中的知识的积淀；第

① ［美］道格拉斯·C. 诺思：《经济史中的结构和变迁》，商务印书馆 1992 年版。

② ［美］罗纳德·H. 科斯：《财产权利与制度变迁》，上海人民出版社 1994 年版。

二个特点表明，制度可以使人们在交易过程中对行为后果进行预期。

根据制度对人们的行为的约束程度，将制度分为三类：一是宪法规章。二是制度安排。三是伦理道德行为准则。制度作为一种约束人们行为的规则，具有某些公共产品的性质。

（二）制度的构成

诺思认为，制度作为界定人们行为空间、规范人们行为的一套规则，一般由社会认可的非正式规则和正式规则构成。其中，非正式规则主要包括价值观念、伦理道德、社会习惯和意识形态等，意识形态处于主导地位。正式规则是指用法律条文、司法判例和政策法规确立的各种规则和合约以及由这些规则形成的等级结构。

正式规则和非正式规则所约束的范围、空间和力度是不同的，正式规则往往需要非正式规则来细化、扩展和支持。两种规则必须相容才能有效地发挥作用，两者不协调则会造成政治、经济和社会的混乱。

（三）制度的特性

制度具有普适性、约束性、协调性和连续性的特性。

（四）制度的功能

制度具有三项功能：一是提供激励机制，确立有效率的经济组织。二是降低交易费用。交易费用的存在是制度产生的原因，制度的存在可以节约交易费用。三是促进并保证合作。

三、新制度经济学派财税思想的特点

新制度经济学家首次提出了“交易费用”的概念和产权思想，实现了一次概念革新，在经济学领域掀起了一场革命，开创了新制度经济学，首次将经济学的方法应用于制度的研究，拓宽了经济学的视野和应用领域，使经济学从零交易费用的世界走向正交易费用的世界，使经济学获得了对现实经济问题的新的解释力。同时，新制度经济学家将他们的新概念和新理论运用于公共经济问题的分析，发起了一场分析公共经济问题的真正的概念革命。他们的新经济思想“对公共经济学问题有一种自由主义的新看法”。①可以说，新制度经济学与布坎南开创的公共选择学派关系密切，被称为相关而又不相同的“孪生”学派，他们的经济思想在许多方面一脉相承，被称为“新自由主义经济学”。其独特之处在于，将正统的微观经济学作为一种科学工具，应用于公共经济领域的研究，为分析政府行为、完善政府效率理论以及塑造政府效率机制奠定了坚实而有效的工具基础。

（一）国家是一种类似于市场企业的制度安排

在新制度经济学家看来，国家是一种类似于市场、企业的制度安排，是一种在暴力方面具有比较优势的垄断权组织。这种新型的国家观念为全面运用新古典经济学的原理与方法分析公共经济问题奠定了观念基础。诺思的“国家理论”塑造了一个崭新的国家目标模型，在运用“经济人”范例分析国家现象和政府行为方面获得了令人满意的结果，从而使“经济人”范例成为分析公共经济问题的有效模式。

① ［法］亨利·勒帕日：《美国新自由主义经济学》，北京大学出版社1985年版。

（二）国家是界定产权和行使产权的主体

产权与国家之间存在紧密的联系。一方面，与民间组织相比，在暴力方面具有比较优势的国家能以较低的成本确立和行使产权，所以，国家权力乃是构成有效产权安排和经济发展的一个必要条件。另一方面，国家权力又是个人权力最大、最危险的侵害者，导致产权的残缺和无效率。国家作用的两面性决定了国家权力需要宪法约束。

（三）政府是否应该干预外部性问题取决于交易费用的高低

市场的运作存在交易费用，政府部门的运作同样存在交易费用。外部性问题的解决是采取市场机制还是政府机制，取决于每种机制交易费用的高低，取交易费用最小者。有效的产权界定可以降低甚至克服外部性。明确的产权界定可以将外部性内在化，再通过市场的自愿交易来解决。

第二节

加尔布雷思的财税思想

加尔布雷思是当代美国著名的经济学家，是新制度学派的最主要代表。1931 年，他毕业于安大略农学院，毕业后到美国，历任哈佛大学讲师、普林斯顿大学副教授、哈佛大学教授；1972 年，当选为美国经济学协会会长。加尔布雷思的著述很多，主要有《丰裕社会》《新工业国》《经济学和公共目标》《美国资本主义：抗衡力量的概念》《一种价格管制理论》《大崩溃：1929 年》等，他的许多著作至今在西方经济学界和政府决策中都有着较强的影响力。加尔布雷思之所以成为当代著名的制度经济学家，主要是由于他从理论上探讨了以前从未注意到或很少涉及的“工业化以后社会”的问题，提出权利分配的分析方法，指出整个资本主义社会经济体系存在“二元经济”，并提出了改革建议，创立了新制度经济学体系。

一、主张实行累进税制

加尔布雷思根据他的二元系统论和结构改革论，认为资本主义社会的现实问题是由于存在着计划系统和市场系统两个不平等系统，要解决各种社会弊端，必须改革两个系统之间的关系，这就需要国家积极干预经济，包括实行累进税制。加尔布雷思认为，实行累进税制，有利于促进收入均等化，加强市场体系的权力。

首先，实行累进税制，有利于限制或减少计划系统的权力，适当加强市场体系的权力。加尔布雷思认为，二元系统的主要问题是收入的不平等，而收入不平等的根源是权力的不平等，实现累进税制，就是限制或减少计划系统的权力，适当加强市场体系的权力，建立符合公共利益的公共目标。“改革不应从要求稳定着手，而应从要求全面改革着手。改革需要一个巨大的和稳定的政府支出流量，这些支出所适应的不是计划系统的目标，而是公共目标。为了达到公平的收入分配，作为支出的来源的，必须是一个高度累进性的税收结构，这个结构所反映的不是计划系统的利益，也不是有权而单图私利的专家组合的利益，而是公平合理的公共利益。这样的支出和这样的税制才完全符合稳定政策的要求。"[①]

其次，实行累进税制，有利于促进收入均等化。加尔布雷思认为，二元系统的存在带来的严重后果是人们收入不平等。"在把人送上月球的壮观的同时，有千百万公民生活在贫穷和卑贱之中。"实行累进税制，可以在很大程度上促进社会的收入分配均等。"然而，要通过温和的手段在计划系统中达到较大程度的均等，累进税制是不可少的。"[②] 政府通过实行累进所得税，限制高收入的增长，"对个人所得税规定的累进性越大，对稳定和均衡所起的作用就越大"。[③] 累进税率将高收入者的部分收入收归国家所有，既刺激了需求增加，又调整了社会收入分配。"课税是富于累进性的，则受到最沉重打击的是最富裕的人"，所以，"应当极端严格地执行累进所得税，以此作为促进均等化的一个手段"。[④]

二、主张税收配合政府支出调节经济波动

加尔布雷思主张运用税收政策调节经济周期波动，但他反对在刺激需求时用减税政策，反而主张运用增税政策和政府支出政策配合。"如果需求过大，一般说来适当做法是增税。政府支出是在需要的基础上决定的。计划系统利用它的权利，取得了对它的产品作出私消费的优先地位，其中包括其自身并不重要的一些公用产品的优先地位。增税所要取得的效应是削减次要的私消费，加强保卫比较重要的公消费。……如果需求不足，一般的正规做法是增加政府支出。"[⑤] 加尔布雷思不主张多用货币政策调节，而主张用增税的办法来限制资金借入量。"当需求出于同时存在的别的起因而增长从而使价格上升时，借入量将激增。这时就用增税的办法来制止这种现象。"[⑥]

加尔布雷思主张在需求不足时，用增加政府支出的办法刺激需求，反对用减税的办法。他认为减税既对刺激需求收效很差，又给以后当需求过大需要增税时造成阻力。他批评说："近十年间，当有必要增加需求时，通常所使用的手段是减低赋税，而不是增加政府支出。……赋税的这类减免助长了收入分配不均等现象。这对扩大需求来说，也是一个效率很差的办法——收入回到了富裕的纳税人手里，其中很大的一个部分将被储蓄起来。……最后，当有必要抑制或压缩需求时，要增加税收却不容易。"[⑦]

所以，从稳定收入、刺激需求增长、调节经济周期波动三个方面来看，加尔布雷思主张运用增加税收的税收政策。

三、反对高薪阶层享受税收优惠待遇

加尔布雷思的权力转移论认为，现代资本主义社会中，公司的权力已由股东转移到"技术结构阶层"，这个阶层通常是由经理、企业经营管理人员、律师等组成的高薪阶

---

① ［美］约·肯·加尔布雷思：《经济学和公共目标》（第1版），商务印书馆1980年版。

② 同注①。

③ 同注①。

④ 同注①。

⑤ 同注①。

⑥ 同注①。

⑦ 同注①。

层。对于这部分人的收入，一般西方学者都将其归为勤劳所得之列，在征个人所得税时享受优待，但加尔布雷思反对这一观点。

加尔布雷思指出，现实社会中，“税法对公司经理人员的收入是在非常温和的态度下规定的。态度的温和，在很大程度上采用免税消费这一方式表示。……经理级人员还有很大部分的收入是所谓资本利得，这方面的最高税率是35%。此外，前文已提到，薪金收入的最高税率定为50%，这是最近作出的一个重大优惠措施”。[①] 对这些优惠措施，加尔布雷思持反对意见。他认为经理级人员的收入，不是根据市场评价，也不是个人的劳力和智力获得，而是等级制度和官僚政治的力量，所以，“提高税率并不会发生使劳力或智力的投入量受到威胁的危险。降低税率也不会增加其供给额。时下论证的唯一后果是使不均等现象永久存在或变本加厉”。[②]

加尔布雷思反对给予高薪收入阶层税收优惠，主要是为了促使收入均等化，保证社会稳定。这和他主张实施累进的所得税的思想是一致的。“公司和个人的所得税是最有利于收入均等化的。这种税可以随着收入和购买力的提高而超比例地提高，随着收入和购买的降低而超比例地降低。”加尔布雷思认为，无论是个人所得税还是公司所得税，都不应当有“税则的额外让步——漏洞”，反对给高薪收入滥用“勤劳所得”这一美称而予以特别优惠待遇，提出“现代经济中一个正规的通则是对成因不同的一切富裕这一形态一视同仁，不管其形式是薪金、资本利得、财产收入、遗产或馈赠，还是——因为我们必须想得周到些——出于盗窃、欺诈或贪污，适用的是共同的税率”。[③]

四、增加销售税、降低关税

加尔布雷思在主张实行累进的所得税、财产税制时，对商品课税方面，主张增加销售税，并降低关税。

加尔布雷思在《丰裕社会》一书中提到，在国家贫穷落后时，增加销售税会极大影响人民生活。但在“丰裕”的现代西方国家中，这种影响极小。他以盐税为例，在当时的印度，提高盐税税率很难，因为这对人们生活影响很大；但在丰裕的美国，买盐的开支仅占微不足道的比例，对人们影响极小，所以，增加销售税不会有什么阻力。

加尔布雷思认为，现代社会中，跨国经济发展很快，关税已成了国际经济交往的阻碍，失去了以往的作用，降低关税已是历史必然。“在国际贸易的早期环境中，关税和其他约束力量可以对一个国家的市场系统起保护作用，使它免受其他国家相对或绝对优势的侵凌。当时是没有别的方式可以替代的。适当的关税是保护国内市场价格，避免受到由此引起的不良后果或灾害性影响的唯一方式。”[④] 但是，在跨国制度兴起后，“商号会妥善处理它的业务”，这种情况下，就不需要关税，应该降低关税。

---

① ［美］约·肯·加尔布雷思：《经济学和公共目标》（第1版），商务印书馆1980年版。
② 同注①。
③ 同注①。
④ 同注①。

第三节

科斯的财税思想

罗纳德·哈里·科斯，英国著名经济学家，1991年诺贝尔经济学奖的获得者。科斯的著作不多，他只写了一本书——《英国广播：垄断事业的研究》。另外，就是几篇文章，其中，最著名的有两篇，即“企业的性质”与“社会成本问题”。前者是1937年在英国发表的，当时没有多大影响，后者是1960年发表的，该文章对传统经济学的外在性理论提出了挑战。诺贝尔颁奖委员会对科斯的评价是，科斯的文献“对经济史的研究增加了新推动力，一门新的科学——法律经济学，在经济学与法学的交叉地带应运而生”。

一、科斯的交易费用理论

自从亚当·斯密经济学产生以来，经济学家一贯将专业化程度的提高等于效率的提高或资源的节约，将专业化发展的原因归结为市场范围的扩展，即所谓“斯密定理”：“分工受市场范围的限制”。可是，在西方经济发展过程中，随着市场范围的扩展，市场竞争的加剧，出现了一种与专业化相反的趋势即一体化趋势。现代西方经济体制出现了联合经营、一体化经营的势头，大规模的公司成为主要的经济组织形式。这种一体化的事实构成正统经济学无法解释的悖论：既然经济个体之间可以通过市场交易实现生产合作，为什么还要存在企业？既然市场机制的作用是协调资源配置，那为什么还需要企业管理来协调一部分资源的配置呢？两种协调机制之间存在什么关系？各自适合于何种场合？如果一体化不能带来利益，人们实现非专业化的动机又是什么？在相继生产阶段或相继产业之间，为什么既存在长期合同关系，又存在纵向一体化现象？

20世纪30年代初的西方经济学家对计划问题进行大辩论时，有人针对列宁的新经济政策指出：像一个大工厂那样管理俄国经济体系是不可能的，这种论调如何与当时的英美两国存在许多工厂的事实相协调？从科斯的演讲“企业的性质”的由来中可以看出，正是对上述悖论的思索带来了他写作“企业的性质”一文的最初冲动，促使他思考企业的起源及规模决定等问题。正是为了解决这些问题，科斯提出了“交易费用”的概念。

在科斯看来，交易活动也是一种稀缺的资源，可计量、可比较，因而可以纳入经济学分析。使用交易这一资源同样需要耗费社会真实的资源，交易活动的进行需要当事人花费时间和精力，发现交易对象、讨价还价、议定交易价格、订立交易合同、执行交易合约、维护交易秩序等，这一切都是从事交易必须付出的代价，即交易费用。企业的存在是为了节约市场交易费用，即用费用较低的企业内部交易替代费用较高的市场交易。企业的规模决定于企业内部交易的边际费用等于市场交易的边际费用或等于其他企业内部交易的边际费用的那一点；相继生产阶段或相继产业之间是订立长期合同，还是实行纵向一体化，取决于两种形式的交易费用孰高孰低。

科斯的“交易费用”的概念实际上实现了一次概念革命，进而在经济学领域中也掀起了一场革命，丰富了经济学的理论工具。正是这一概念的提出使得科斯能够运用正统经济学的成本收益方法进行制度分析，说明交易成本对制度形成的影响，从而开创了新制度经济学，拓宽了经济学的视野和应用领域，使经济学从零交易费用的世界走向正交易费用的世界。他说："显然，我们正开始理解那些形成经济制度的各种作用力，并开始对这些力量的作用进行评价……当代制度经济学是'经济学'本来就应该是的那种经济学。"①

二、科斯运用交易费用理论对政府资源配置功能的重塑

科斯将交易费用理论运用于外在性问题的分析，说明了交易费用和权利配置对资源配置和收入分配的影响，深化了人们对政府在资源配置方面功能的认识。

科斯于1937年提出了"交易费用"概念之后，又于50年代末60年代初将"交易成本"概念进一步拓展为社会成本范畴，用于考察外部性问题。这就是科斯在"社会成本问题"一文中提出的"科斯定理"。此时，科斯首次提出了"产权"思想。他认为，对社会来说，市场交换是分配财富的最有效的机构，但是要使它运转起来，交易者还必须对所要交换的物品有明确的、专一的和可以自由转让的所有权。在他看来，许多负外部性的产生都与产权界定不清有关，正是在外部性问题上，产权界定含混造成的混乱和对资源配置的有效性的损害表现得最为充分。在"科斯定理"中，"产权"与"交易费用"两个概念似乎是"等价"的。他指出，产权的明确界定是市场交易的前提条件，在交易成本为零的条件下，只要明确界定产权，不管初始的产权结构如何，市场机制都能通过自愿交易实现资源的最优配置。因为，在交易成本为零的情况下，明确界定的产权可以在各产权主体之间自由流动，重新组合，最终使产权结构达到最优，实现社会福利的最大化。

然而，交易成本为零是不符合现实的。在现实经济中，产权的流动涉及许多交易成本。在面临正交易成本时，产权的流动就会受到干扰，最佳的产权结构难以通过市场机制自动达成，因而资源配置难以达到最优，市场出现失效。因此，就产生了是否有必要由政府出面解决外部性的问题。科斯认为，市场机制解决外部性问题出现失效并不意味着政府就一定能有效地解决外在性问题。因为，虽然政府作为一个超级企业有其自身优势，能通过行政决定影响资源的配置，降低组织成本，但是，政府的行政机构本身并非不要成本，有时政府成本高得惊人。只有当市场机制的交易成本大于政府机制的交易成本时，由政府直接出面解决外在性才是合理的。因此，没有理由简单认为，市场和企业不能很好地解决外在性问题，政府管制就一定是必要的。当然也不能简单认为，政府行政管制就一定不会导致经济效率的提高。

科斯认为在解决外在性问题时，是采取市场方式还是政府方式，应具体问题具体分析，依各种方式的交易成本的大小决定，取交易成本最小者。科斯的这一观点与布坎南的观点极为相似。布坎南曾说："当事实很明显或得到证明，市场解决办法的确比公共干涉解决办法代价更高时，才选择国家。"②

---

① ［美］罗纳德·哈里·科斯：《企业、市场与法律》，上海三联书店1990年版。

② ［法］亨利·勒帕日：《美国新自由主义经济学》，北京大学出版社1985年版。

综观科斯的观点，他主张应主要依靠市场解决外在性问题。在他看来，市场、企业和政府都是资源配置权利调整的方式，但三者的地位并不是并列平等的。市场在资源配置中起基础性和首要的位置，只有在市场交易成本较高时，企业和政府才是替代市场的资源配置方式。他看到了政府干预的局限及其原因，他说："除了政治压力所导致的错误配置外，一个试图取代价格机制功能的行政机构将会碰到两大难题。首先，缺乏本应由市场决定的收益与成本的精确货币量化标准。其次，实质上，行政机构不可能拥有每一商业经营者使用或可能使用的无线电频率的所有信息，也不可能了解消费者对各种运用无线电频率进行生产的产品和劳务的偏好。"① 当然，这也并不意味着资源的行政分配必然劣于价格机制分配。他说："市场运行并非无本生意，如果市场运行成本大大超过行政机构的运行成本，我们可能会默认行政机构由于无知、缺乏弹性以及迫于政治压力所产生的资源分配失误。"② 他还指出了政府行为的效率标准在于成本收益对比。他说："一个政府部门在考虑是否采取一项特定行动时必然会权衡这项活动的成本与利润状况，即生产价值是否令人满意。"③ 可见，在经济学说史上，科斯重塑了政府的资源配置功能。

三、科斯关于福利经济学家处理外部性问题传统的批评与修正

以庇古为代表的福利经济学家认为，外在性的问题必须由政府来解决。但科斯对此提出了质疑："许多经济学家都因袭了庇古在《福利经济学》中提出的观点。他们的分析结论无非是要求工厂主对烟尘引起的损害负责赔偿，或是根据工厂排出烟尘的不同容量及其所致损害的相应金额标准对工厂主征税，或者责令该厂迁出居民区……以我之见，这些解决办法并不合适，因为它们导致的结果不是人们所需要的，甚至通常也不是人们所满意的。"④

科斯认为，传统福利经济学家之所以依据外在性快速得出政府干预的结论，但其忽视了问题的相互性。他们只注意到甲对乙的损害，如烟尘对周围居民的损害、糖果制造商的机器噪声对医生营业的干扰、耕牛对邻近田地谷物的损害等。制止甲的措施虽然能保护乙的利益，但甲的利益则会因此受到损害。科斯指出"必须从总体和边际的角度来看待这一问题"。⑤

在科斯看来，经济学家未能对解决有害问题得出正确结论，其原因并不在于分析方法的欠缺，而是源于目前福利经济学方法中存在的基本缺陷：

第一，庇古传统研究将分析限于比较由市场衡量的生产价值部分，在比较私人产品与社会产品之间的差异时，过于集中关注现有制度的不足，而忽视了制度变化可能带来的新损害。科斯认为，研究企业问题的经济学家习惯于利用机会成本方法来比较要素既定结合的收益与替代商业安排所产生的收益，在研究经济政策时似乎也应利用类似方法，比较不同社会安排所产生的总产品，主张从社会总产品出发研究问题。庇古的政策

---

① ［美］罗纳德·哈里·科斯：《企业、市场与法律》，上海三联书店 1990 年版。
② 同注①。
③ 同注①。
④ 同注①。
⑤ 同注①。

建议的缺陷就在于没有比较解决外在性问题的各种可供选择的社会安排的总产品。科斯指出，庇古所谓的那些产生有害效应的行为是“不负责任的危害”是非常正确的，但当他说这一类行为是“反社会”的行为时他就错了，因为这类行为在科斯看来也许具有社会的合理性。在对各种社会安排进行选择时，要考虑它们的总体效应，在更广的范围内进行，而不应仅限于比较由市场衡量的生产价值部分。

第二，庇古的传统研究有害效应问题的第二个特点是通过对自由放任状态和一些理想世界的比较来进行分析，最终导致思维的分散。科斯认为，应将分析的出发点定在实际存在的情况上来审视政策变化的效果，以此决定新旧情况孰好孰坏。这样，决策时得出的结论才会符合实际情况。

第三，庇古传统研究对生产要素的概念是错误的。其误认为，商人得到的和使用的是实物，而不是行使一定行为的权力。科斯认为，要素所有者拥有一种要素实际上就是拥有采取一定行为的权力，同样，权力也是生产要素，行使一定权力（即使用一种生产要素）的成本正是行使该权力时让别人蒙受的损失，于是，负外部效应即为一个行为主体在行使一定行为时的成本。因此，在寻找解决有害效应问题的正确方案时，关键在于改变方法。他说：“我们必须考虑各种社会格局的运行成本（无论它是市场机制还是政府管理机制）以及转成一种新制度的成本。在设计和选择社会格局时，我们应考虑总的效果。这是我所提倡的方法的改变。”① 正是在对庇古传统研究的缺陷进行批评的基础上，科斯提出了不同于福利经济学家的解决办法，即通过明确界定产权将外在性内在化，再通过市场的自愿交易来解决。产权实质上是一种权力，明确界定的产权是指对产权主体的责任和权力边界划分得非常清楚。在这种情况下，是没有外在性的。如，就外部损害而言，如果损害者有权制造损害而不用承担赔偿责任，对他来说这是一种权力，如果这种权力得到了立法形式的确认，那么，对他来说就不是外在性的。同时，对于受害者来说，如果已经作出了这样的规定，他就没有阻止损害或索取赔偿的权力，那么，他所遭受的损失就不再是外部损失，而是他的经济活动所必须支付的代价，是一种私人成本或内在成本。这样，通过明晰产权，外在性就被内在化了，从而市场机制配置资源的功能就能在一定程度上得以发挥，当然，只有市场交易成本为零时才能得到充分发挥。

科斯继承了阿诺德·普兰特的经济思想。科斯说：“从他那里我认识到：生产者把利润扩大到最大限度；生产者竞争；因而价格趋向于与成本相等，产出的构成是消费者评价最高的构成。普兰特还说明：政府经济为特殊利益服务；助长垄断而不是竞争；普遍加强使事情更糟的各种规章制度。他使我知道价格体系指导下的经济带来的益处。”② 显然，正是普兰特的思想影响了科斯的政府观，使科斯相信价格机制的效率优势，看到了政府并非大众利益的代表的局限。

同时，在科斯的政府思想中也可以看到古典、新古典财政理论的深深印记。亚当·斯密认为，在总体知识和信息背景一样的情况下，作为个人的君主并不比普通人高明，个人和市场不能完成的任务，君主往往也不能有效完成。亚当·斯密也看到了政府干预

① ［美］罗纳德·哈里·科斯：《企业、市场和法律》，上海三联书店 1990 年版。
② 同注①。

亦有成本，如司法费用、公共工程和公共机制费用、维持君主的费用等，而且这些费用都是非生产性的。

此外，马歇尔和庇古等新古典经济学家一方面主张政府干预资源配置和收入分配，另一方面又质疑政府行为的有效性。也许正是因为受到古典经济学和新古典经济学家质疑政府的思想的影响，才使科斯的财政理论与布坎南财政理论之间呈现一脉相承的特色。

第四节

诺思的财税思想

道格拉斯·C. 诺思，出生于美国马萨诸塞州，1942 年和 1952 年分别获得加州大学伯克利分校学士学位和博士学位；曾任《经济史杂志》副主编、美国经济史学协会会长、国民经济研究局董事会董事、东方经济协会会长、西方经济协会会长等职务；1973 年，出版了《西方世界的兴起》一书，开辟了运用最先进的经济理论重新解释历史的研究风格，成为新经济史学派的代表人物；1981 年，出版了《经济史中的结构与变迁》一书，提出了在新经济史学派中独领风骚的制度变迁理论。诺思是新经济史的先驱者和开拓者。他由于建立了包括产权理论、国家理论和意识形态理论在内的制度变迁理论，于 1993 年获得诺贝尔经济学奖。

一、诺思的国家理论

新制度学派的代表人物诺思继承了以往政治学、社会学以及经济学的国家理论成果，在建构制度变迁理论时提出了新型的国家理论，对国家的起源、目标模型、概念特征进行了综合性的总结。其总结对于运用新古典经济方法研究政府行为，促进财政理论的微观化意义重大。

历史上政治学、社会学等学科已从不同的角度分析了国家的起源，最有影响的主要有两种：一是契约论；二是掠夺或剥削论。

契约论认为，国家是公民达成契约的结果，它要为公民服务。近年来，新古典经济学在逻辑上拓展了交换定理，认为国家在其中起着使社会福利最大化的作用，进而使契约论得以复兴。由于契约限定着每个人相对他人的经济活动，因而它对经济增长来说是十分重要的。契约的有效性制约着社会分工向纵深方向发展。市场经济在某种程度上讲就是一种契约经济。国家的存在有利于契约制度的建立和契约的实施。

掠夺论或剥削论认为，国家是某一集团或阶级的代理者，它的作用是代表该集团或阶级的利益向其他集团或阶级的成员榨取收入。掠夺性的国家将界定一套产权，追求权力集团的收益最大化而无视它对社会整体福利的影响。

诺思认为，这两种理论所说的国家都能在历史和现实中找到佐证，但均不能涵盖历史和现实中的所有国家形式，因而不具有一般性和普遍性。于是，诺思提出了有关国家的“暴力潜能”分配论，将上述两种理论有机统一起来，认为国家带有“契约”和

“掠夺”的双重属性。若“暴力潜能”在公民之间进行平等分配，便产生契约性的国家；若这样的分配是不平等的，便产生了掠夺性（或剥削性）的国家。诺思把国家定义为：“国家可视为在暴力方面具有比较优势的组织，在扩大地理范围时，国家的界限要受其对选民征税权力的限制。”[①] 这样，在他看来国家是一种在某个特定地区内对合法使用强制性手段具有垄断权的制度安排，它的主要功能是提供法律和秩序。

诺思认为，国家与市场、企业之间，同样作为一种制度安排，具有相似的性质，同时又在许多方面具有不同之处。正是这种将国家视为与市场、企业类似的组织和制度安排的国家概念，为全面运用新古典经济学的原理和方法分析国家问题和政府行为奠定了观念基础。也许正是在这个意义上，可以说诺思吸收了布坎南的分析政治问题的方法，以科斯的企业理论为基础，将国家与市场、企业进行对比研究。在诺思看来，国家的“暴力潜能”类似于企业拥有资金、劳动力和技术等生产要素后所具备的“生产能力”，国家的比较优势就在暴力方面，暴力实质上也是一种资源，暴力资源的配置也有效率问题。国家与市场、企业的不同之处在于国家的强制性、垄断性，而国家的强制性是以“国家暴力”为后盾的。“国家暴力”只有在能够实现某种社会合作，并且比其他制度更有效时，才被采用。

诺思在建立了新型的国家概念后，将新古典经济学的企业理论引入国家问题的分析，塑造了独特的国家目标模型。诺思认为，统治者也是一个具有效用最大化行为的“经济人”，国家最基本的目标有两个：一是追求统治者自身的租金最大化；二是追求国家税收的最大化。为追求第一个目标，国家须界定形成产权结构的竞争与合作的基本规则；为追求第二个目标，国家须在第一个目标框架中降低交易费用以使社会产出最大。

上述两个目标是相互冲突的，即使统治者及其集团租金最大化的产权结构与降低交易费用促进经济增长的有效率产权结构之间存在持久的冲突。正是这种特异的目标结构使统治者面临双重约束，即交易费用约束和竞争约束，进而导致无效产权结构的形成和行使，引起人为的经济衰退和停滞。

第一，统治者需要界定和实施一套产权，并委托代理人行使，以使收入最大化，这时的国家实为一个带有歧视性的垄断者。而有效率的产权结构的界定和实施需要极高的交易费用，由于代理人的效用函数不同于统治者的效用函数，因而委托代理关系无疑也要耗费巨大的交易费用。

第二，统治者面临着其他国家或潜在统治者的竞争，“统治者垄断权力的程度是各个不同选民集团替代度的函数”。[②] 这种竞争约束往往使统治者选择有利于那些势力强大集团的产权结构，而无视它对整体经济效率的影响。这里，诺思就从国家的目标结构的角度，进一步论证了布坎南的政府失灵论。

二、诺思的产权学说

在科斯的产权思想基础上，诺思将产权学说加以发展，形成了产权经济学，并用于

① ［美］道格拉斯·C. 诺思：《经济史中的结构与变迁》，上海三联书店 1991 年版。
② 同注①。

解释历史，构成其制度变迁理论的一部分。产权经济学强调产权的经济效率功能即产权的界定、转让及不同产权结构的差异对资源配置的影响，强调所有权、激励与经济行为的内在联系。产权经济学家将“产权”引入对社会经济活动的分析中，无疑是对经济学发展的一个重大贡献，同样也为财政领域研究政府行为提供了新的视角。

诺思的产权理论抓住了国家与产权之间的内在联系，认为国家在历史上的产权结构及其行使的变迁方面起着至关重要的作用，历史和当今世界上各种产权制度和产权结构的差异只能在国家理论上找到完整的答案。他从研究产权与国家的关系的角度提出了“诺思悖论”，即“国家的存在是经济增长的关键，然而国家又是人为经济衰退的根源”[①]，换言之，“没有国家办不成事，有了国家又会有很多麻烦”[②]。这一悖论似乎是对历史上的国家干预论者和自由主义经济学家各自思想进行全面思考后的综合总结，仿佛为他们之间的争论暂时画上了一个句号，迫使他们不得不重新“审视”自己的理论。另外，这一悖论也为以政府为主体的财政理论的研究提供了一个全面的理论框架和思考。“诺思悖论”包含着两个方面的含义：

一方面，国家权力是保护个人权利的最有效的工具，因为国家在提供“安全、公正、秩序”类服务时具有巨大的规模经济效益，它保护个人权利所带来的社会总收益要高于每一个社会个体自己保护自己拥有的产权的收益。国家正是凭借其“暴力潜能”和权威在全社会实现所有权，没有政府的权威，很难想象所有权会普遍实现。尽管许多民间组织能够为其所有权提供小规模的保护，但是不能解决“搭便车”的问题。与各种民间组织相比，政府能以更低的成本确立和实行所有权。国家的出现及其存在的合理性，也正是出于保护个人权利和节省交易费用的需要。产权的界定和转让涉及许多交易费用（包含度量衡费用、信息费用等），而过高的交易费用往往限制了排他性产权制度的建立和产权的转让。国家作为第三种当事人，能通过建立非人格化的立法机构和执法机构来降低交易费用。因为，当交换的基本规则确立以后，只要存在法律机构，谈判和行使的费用就会不断减少。可见，由于产权的本质是一种排他性的权利，因而在暴力方面具有比较优势的组织——国家就处于界定和行使产权的地位。没有国家权力及其代理人的介入，产权就无法得到有效的界定、保护和实施，因此，国家权力就构成有效产权安排和经济发展的一个必要条件。可以说，没有国家就没有产权，也就没有经济发展。

另一方面，国家权力又是个人权利最大和最危险的侵害者。这是因为国家权力不具有扩张的性质，其扩张总是依靠侵蚀个人权利实现的，在国家的侵蚀面前，个人是无能为力的。正如诺思的国家理论指出的那样，国家特异的目标结构（相互冲突的两重目标，即统治者的租金最大化和国家税收的最大化）使统治者在面临竞争和交易费用的双重约束下，往往选择一些无效率的产权结构。诺思认为，“即使对历史和当代世界最一般的考察，也可清楚地看到‘无效率’的产权是常态而不是偶然”。[③] 在他看来，由于是国家界定产权结构，因此国家最终要对造成经济增长、停滞和衰退的产权结构的效率负责。历史和现实中的无效或低效产权或多或少都与国家有关，如国家的干预和管制造

---

①　[美] 道格拉斯 · C. 诺思：《经济史中的结构与变迁》，上海三联书店 1991 年版。

②　卢现祥：《新制度经济学》，中国发展出版社 1996 年版。

③　同注①。

成的所有制残缺等。总之，国家权力介入产权安排和产权交易，也是对个人财产权利的限制和侵害，会造成所有权的残缺，导致无效的产权安排和经济的衰落。

"诺思悖论"显示出国家在产权制度建设中作用的两面性。为破解这一悖论，诺思主张在发挥国家保护产权的积极作用时，要利用法律和宪法手段遏制国家权力对产权的干预和控制，他认为，"私有产权制度的强化很大程度上在于限制政府的权力"。[①] 这就体现出诺思的政府思想与布坎南的"立宪政府"论是一脉相承的。这无疑从产权的新视角为规范政府行为、塑造政府效率机制提供了全新的论证。

另外，产权经济学家还将产权理论用于分析外在性、公共产品和公共产权等微观问题。科斯从"外部侵害"的角度，诺思从"搭便车"的角度探讨了外部性的问题。虽然两人的角度不同，但在实质上是相同的，即都涉及产权和人与人（组织与组织）之间的合作问题。在他们看来，产权界定不清是产生"外部性"和"搭便车"的主要根源。

实际上产权的起源也与外部性的存在有着内在的联系，有效的产权可以降低甚至克服外在性问题。科斯的"外部侵害"问题实质上是一个负外部性问题，他列举的"外部侵害"案例有一个共同点即产权没有界定好。原因在于，产权界定的技术尚未发明，或产权界定的成本太高。一般地，"产权方法很强调的思想是，外部性是与确定、交换、监察或执行产权的成本相联系的"。[②] 而诺思的"搭便车"问题实质上是一个正外部性的问题。诺思的研究表明，"搭便车"行为是制度变迁的障碍，制度创新有利于克服外部性问题。

在产权经济学家看来，产权形成实质上是一个外在性内在化的过程，产权的形成（或发展）就是为了使外部性内在化。排他性弱的地方也就是外部性严重的地方，公共产品和公共产权存在的重要原因之一就是建立排他性产权的成本太高。在公共产品的供应方面，只有由在暴力方面具有比较优势的国家才能提供，因为只有国家才能获得规模经济效益和解决"搭便车"问题。在公共产权即国有产权下，由于权利是由国家所选择的代理人行使，作为权利的使用者，由于他对资源的使用与转让以及最后成果的分配都不具有充分的权能，从而使他对经济绩效和其他成员的分配都不具有充分的权能，从而使他对经济绩效和其他成员的监督的激励降低，而国家要对这些代理者进行充分监督的费用又极其高昂，再加上行使国家权力的实体往往为了追求政治利益而偏离利润最大化动机，它在选择其代理人时也具有从政治利益而非经济利益考虑的倾向，因而国有产权下的外部性极大。这就从产权的角度论证了政府提供公共产品的合理性以及国有资源的管理和使用效率低下的深层原因。

产权经济学家的上述思想从一个侧面分析了政府资源配置的效率状况，从而必然促进财政理论研究向纵深发展的微观化。

三、诺思的财税交换思想

诺思基于其新型的国家概念，认为统治者与选民之间是一种"交换的关系"，进而

---

① ［美］道格拉斯·C. 诺思：《经济史中的结构与变迁》，上海三联书店 1991 年版。

② 卢现祥：《新制度经济学》，中国发展出版社 1996 年版。

完善了财政理论史上的“税收价格说”。在他看来，国家作为一种“制度”结构，它的职能是生产和出售一种确定的社会“产品”即安全和公正。那么，怎么能确保秩序、公正和安全呢？是由于人们把权利的垄断权，即确定和保护产权的垄断权交给国家，以使国家能够完成人们要求它完成的任务。然而，国家要有钱才能运转，国家的活动不是免费进行的，它必须付钱给公职人员、法官和军队。税制的作用就在于使国家获得财源，税收实际上是公民交给国家保护公共财产权和其他权利的一种费用。换言之，国家为取得收入而以一组被称为“保护”与“公正”的服务作为交换。

这样，诺思就从一个全新的视角即将国家视为一个类似于市场、企业的组织结构的角度，完善了“赋税价格说”，因为以往的“税收价格说”仅仅是对市场价格的一种简单模拟，并未明确阐释其模拟的逻辑理由。

本章小结

20 世纪 60 年代中期以后，在凯恩斯经济学面临危机之际，产生了新制度经济学。这一学派力图运用西方正统经济理论主要是新古典经济学分析制度的构成、运行和演化，揭示制度在经济运行中的地位和作用，分析制度对经济的影响，其代表人物有科斯和诺思。

新制度经济学家首次提出了“交易费用”的概念和产权思想，首次将经济学的方法应用于制度的研究，拓宽了经济学的视野和应用领域，使经济学从零交易费用的世界走向正交易费用的世界，使经济学获得了对现实经济问题的新的解释力。同时，新制度经济学家将正统的微观经济学作为一种科学工具，应用于公共经济领域的研究，为分析政府行为、完善政府效率理论、塑造政府效率机制奠定了坚实而有效的工具基础。

新制度经济学派认为，国家是一种类似于市场、企业的制度安排，国家是界定产权和行使产权的主体，政府是否应该干预外部性问题取决于交易费用的高低。科斯运用交易费用理论对政府资源配置功能进行了重塑；诺思基于其提出的新型国家理论和产权学说塑造了财税交换思想。

本章思考题

1. 简述加尔布雷斯的财税思想。
2. 试述科斯的财税思想。
3. 试述诺思的财税交换思想。

第十五章

当代西方其他经济学家的财税思想

当代西方还有一些重要的经济学家，如，理查德·阿贝夫·马斯格雷夫（Richard Abel Musgrave，1910—2007 年）、查尔斯·M. 蒂伯特（Charles M. Tiebout，1924—1968 年）、威廉·维克里（William Vickrey，1914—1999 年）和詹姆斯·莫里斯（James Mirrlees，1936 年—）等，从主流经济学的发展来看，无法将其归入某一学派，但他们也提出了一系列具有重大影响的财税思想和观点，并且自成体系，在西方财税思想史上占据极为重要的地位。

第一节

马斯格雷夫的财税思想

理查德·阿贝夫·马斯格雷夫是当代美国著名经济学家；曾任教于哈佛大学、密执安大学、霍普金斯大学、普林斯顿大学等；1962 年担任美国经济协会副会长，1969—1975 年任《经济学季刊》主编，1978 年任国际公共财政学会名誉副会长。马斯格雷夫的主要著作有《公共财政理论》《财政制度》《财政理论与实践》和《哥伦比亚的财政改革》等。

一、关于财政职能的思想

马斯格雷夫认为，现代资本主义经济是混合经济，三分之一以上的经济活动发生在公共部门。所谓公共部门是指与预算收入和支出有关的那一部分。公共部门与私人部门在职能上有着明显的差异。公私两个部门在整个经济进程中是相互作用、相互联系的。

预算政策有三个职能：配置职能、分配职能和稳定职能。

（一）配置职能

配置职能是指提供公共产品，而公共产品的提供是指公共产品和劳务的费用是由预算支付的，而不论其是由公共部门生产，还是由私人部门生产。公共产品与私人产品之间在消费上的不同特点决定了它们应该有不同的供应方式。对于私人产品的供应，竞争性的市场可以确保资源的有效利用，但对于公共产品的供应，市场将出现失灵。

按照经济学上的效率概念，私人产品资源的有效利用要求消费的边际替代率对所有消费者都是相同的，并且等于生产的边际转换率。公共产品资源的有效利用要求所有消费者边际替代率的总和等于生产的边际转换率。如果存在一个信息充分、无所不能的设计者，就可以实现资源在私人产品与公共产品之间的有效配置，而消费者对公共产品的偏好需要通过政治过程来揭示。

（二）分配职能

分配职能是指调节收入和财富的分配状态。市场分配取决于要素禀赋及其市场价格，市场分配不一定符合社会公认的公平标准。征税和转移支付是实现再分配的有效手段。

公正分配及其效率问题是资源有效利用的重要组成部分。不符合社会公正分配的市场收入分配需要采用财政政策和其他政策措施予以调整。对于各种公正分配的办法及其收入分配含义应该区别对待。要素禀赋分配取决于要素的所有权和收益权。效用主义观点要求通过福利分配使总满足最大化，如果每个人的效用函数相同，那么，效用主义的观点要求对收入进行平等分配。平均主义观点认为应该通过收入分配使所有个人福利状况相等，或者使最低阶层的福利最大化。再分配政策存在效率成本，在制定分配政策时必须考虑。

（三）稳定职能

稳定职能是指利用税收和支出政策来影响总需求和经济活动的水平，即保持经济稳定、实现充分就业、控制通货膨胀。就财政政策对总需求的影响而言，增加财政支出是扩张性的，增加税收是限制性的。税收特别是所得税会随着所得的变化而变化，进而会带来国民收入的自动变化，这些变化可能会减弱增加支出的乘数效应和扩张效应。不同纳税人有着不同的边际消费倾向。因此，税收的不同变革引起的扩张效应也不同。预算水平的平衡增加也具有扩张效应，预算平衡的乘数为1。

在实践中，财政与货币政策往往是搭配使用的，可以通过财政与货币扩张的不同搭配形式来确保总需求的相同水平。从长期来看，搭配选择相当重要。与松的货币政策相比，财政扩张政策不太利于私人投资，会产生挤出效应，挤出私人投资。

在开放经济中，由于贸易“渗漏”现象的存在，财政政策的有效性大大降低了。在固定汇率制度下，为提高国民收入所采用的扩张性措施会导致进口增加。增加的进口使购买对象从国内产品移向国外产品。在收入—支出流中，国内储蓄的“渗漏”与进口的“渗漏”叠加在一起，削弱了扩张效应。因此，高度依赖外贸的国家要执行稳定政策就更加困难。可见，在固定汇率条件下，扩张性政策会促进进口增加并产生国家收支赤字。如果汇率是浮动的，就不一定会发生这种结果。国际资本流动对利率差异会作出反应，对财政—货币政策的配合也会作出反应。扩张性的财政政策如果不与扩张性的货币政策搭配使用，将会提高利率。另外，控制投资又会影响财政扩张的威力。但是，利率上升将会吸引外资，从而会减轻对投资的压力。固定汇率体制是如此，在浮动汇率体制下，还会出现一连串的反应。资本流动会增加贸易“渗漏”，因而会抑制扩张性财政政策的有效性。所以，投资弹性、流动偏好稳定增强了货币政策的有效性；而投资稳定、流动偏好弹性则又会增强财政政策的有效性。所以，汇率固定与否，会导致扩张性财政政策效果的差异。

就通货膨胀而言，需求拉动型通货膨胀与成本推动型通货膨胀有着明显的不同。过度扩张性的预算政策会引发需求拉动型的通货膨胀，具体结果如何，取决于预算活动和体制的时滞结构。就成本推动型通货膨胀而言，公共需求和私人需求的增加都可能引发价格上涨，进而引发成本攀升。20 世纪 60 年代末的越南战争期间发生的通货膨胀就是由于过分依赖赤字财政而引起的。在真实世界的动态背景下执行稳定政策要比相对静态的分析困难得多。税收的增加或支出的减少仍可以用于阻抑通货膨胀过程，但是以失去的产出和失业率计算引致的成本将取决于需多长的时间来克服通货膨胀。可见，政策效力取决于各种各样的反应时滞。政策变动的生效可能太迟，且不再需要。

二、关于财政联邦制的思想

马斯格雷夫认为，财政运作机制一般是由各级政府或辖区的多级单位来执行的。也就是说，财政运作一般是采取多级财政体制来进行的。由于公共产品的受益归宿具有空间限制的特点，因此，公共服务应该由其受益辖区来供应。全国性的公共产品应该由国家统一提供，地方性的公共产品应该由地方政府来提供。因此，公共产品的受益范围在空间上的限制特点就要求财政结构由多级行政单位组成。各级政府在提供公共产品方面是同等重要的。

为了提高公共产品的配置效率，降低人均成本，客观上存在一个最佳社区规模的概念。由于拥挤成本会限制最佳社区规模的扩张，因此，确定最佳规模社区时应该考虑的因素包括拥挤和规模经济。由于人们对公共产品的偏好各异，有效配置资源就要求偏好相似的人居住在一起。由于收入水平会影响人们对公共产品的偏好，因此，具有相同收入的人愿意居住在同一个社区。所以，通过各财政单位之间有差别的多级体制来提供地方产品仍然比单一的中央提供模式更为有效。

另外，公共产品受益的外溢性决定了中央补助金对于提高资源配置效率的重要性。自主投票机制对于揭示人们对公共产品的偏好是非常重要的。

可见，财政的配置职能要求实现分权制，允许有空间局限性的公共产品的供给多样化。由于人口可以在辖区之间自由流动，因此，分配职能只能在中央一级行使。除非人口流动受到非财政因素的制约，否则，分配职能应该由中央政府集中履行。由于地方财政单位在对付失业或通货膨胀方面是无效率的，且各个市场是相互关联的，这样就会产生“渗漏”现象，因此，稳定职能必须由中央履行。

三、税收思想

（一）税收分类

马斯格雷夫认为，各种税收可以根据以下标准进行分类：“1. 它们可以针对产品进行征收或是在要素市场中征收。2. 它们可以针对市场中的卖方或买方征收。3. 它们可以是针对家庭或是厂商征收。4. 它们可以记入纳税人账户的来源方面或运用方面。”① 按照上述标准对主要税收进行分类，有对财富占有和财富转移的征税、对人税与对物税、直接税与间接税、以税负形式表示的转移支付。税收分类如表 15－1 所示。

表 15－1　　税收的分类

应征税收		对企业征收		对家庭征收	
		作为销售方（来源）	作为购买方（使用）	作为销售方（来源）	作为购买方（使用）
在产品市场	所有产品	零售税、增值税（消费型）	—	—	支出税
	部分产品	烟税、汽油税	—	—	电话税、汽油税、财产税
在要素市场	所有要素，所有受雇情况	—	增值税（收入型）	所得税	—
	部分要素，所有受雇情况	—	雇主薪给税	雇员薪给税	—
		—	公司利润税、财产税	—	—

资料来源：［美］理查德·A. 马斯格雷夫、佩吉·B. 马斯格雷夫：《财政理论与实践》，中国财政经济出版社 2003 年版。

1. 对财富占有和财富转移的征税。税收可以对财富或股份的占有征收，而不是根据现行生产的流转或交易进行。马斯格雷夫认为，财产税就是一个典型事例，他说：“如果把财产税解释为对资本利得（在营业财产的情况下）或是消费（对居住自有房屋的居民而言）课征的一种税收，它也可以归入表中。但其他的财富税，例如，对由于财产继承或财产赠与而产生的征税，却不能包括在内。”② 其中，“表” 即为表 15－1。

2. 对人税与对物税。马斯格雷夫认为：“对人税是据纳税者个人的纳税能力来确定的税收；对物税是对某项活动或某一目的物课征的税收，如对购买、销售，或财产所有权所征的税收，与销售主或所有者的特性无关。”③

对物税可对家庭，也可对企业课征。但是对人税，依其特有的性质，必须对交易的家庭方面征收。因而，如果对从生产要素销售所产生的收益进行征税，并以对人的方式课征，就必须采取对家庭征收的个人所得税形式。对企业的生产要素支付课征的税收无法区别特定收入者的纳税能力，必须以纳税人为基础，集中其所有来源的收入以衡量其支付税款的能力。同样，如果以对人的方式向消费征税，就必须采取对家庭征收的个人支出税形式。对企业征收的销售税并不针对特定的消费者，但是该税收对所有从事应税交易的家庭都是一视同仁的。与财产单个所有者总体财富状况的一种净价值税相比较，

① ［美］理查德·A. 马斯格雷夫、佩吉·B. 马斯格雷夫：《财政：理论与实践》，中国财政经济出版社 2003 年版。

② 同注①。

③ 同注①。

上述情况同样也适用于在财产税制度下的财富税。

马斯格雷夫认为，区分对人税与对物税对于税制公平来说十分重要。由于税负分配情况是判断公平的依据，而所有的税收负担（包括了对“物”征课的税收）最终都必须由人们承担，因此，税制的公平与否主要取决于个人之间的税负分配情况。由于对人税考虑了特定纳税者的纳税能力，因此，从公平原则来看，设计合理的直接对人税要比对物税更为优越，对家庭课征的税收要比对企业课征的税收更为优越。

3. 直接税与间接税。马斯格雷夫认为，人们经常使用的直接税与间接税是有区别的。“大多数人把直接税定义为那些直接对个人或家庭课征的税收，因为个人和家庭通常直接承担税负。间接税则是在该体系中对其他环节课征的税收，但又会把税负转嫁（这个概念需要加以明确）给最后承担者。对人税，如个人所得税就是直接税；而大部分对物税如销售和产品税就是间接税。”[①] 税收可以对财富或股份的占有征收，而不是根据现行生产的流转或交易进行征收。在营业财产的情况下，财产税可以解释为对资本利得课征的一种税收，就居住自有房屋的居民而言，财产税可以解释为对消费课征的一种税收。

马斯格雷夫认为，直接税与间接税的划分标准一直含糊不清。他不同意关于直接对个人或家庭课征的税是直接税的说法，他主张直接税与间接税的划分标准应当按照立法规定。例如，“‘产品’税的概念系指间接税项下的一种从属税种，它被用于对制造业课征的某些选择性的营业税。从税收的本质上考察，实际上它们是由立法规定的，而不是从经济上考虑”。[②] 在法定规章中，直接税必须建立在对人征税的基础上，而其他的税种包括“关税、进口税和产品税”在内，则不是如此的。

4. 以负税收形式表示的转移支付。马斯格雷夫认为，政府的转移支付可以被视为负税收。税收来源于私人部门，并且不存在与之对等的直接补偿物，而转移支付则是一种无须返还的支付行为，其方向与税收流向相反。马斯格雷夫以社会保障福利和补助加以说明，他说：“社会保障福利类似于所得税，对营业的补助则类似于营业税。这是我们早先看待问题所持的角度，尤其在对讨论负所得税方案和考察社会保障福利时更是如此。”[③]

（二）税收原则

马斯格雷夫认为，一个合适的税制应该符合以下要求：第一，应该保证足够的收入。第二，税负的分配应该是公平的，应该使每个人支付其合理的份额。第三，不仅应该关注税收的征收环节，也应该关注其最终的归宿。第四，应该对税收进行选择，以便尽量不影响有效市场上的经济决策。第五，税收结构应该有利于财政政策的运用，以及有利于实现稳定与增长的目标。上述要求可以作为评定一种税收结构质量的标准。

但上述各项目标未必能够完全保持一致。当它们之间存在矛盾时，应该作出权衡选

---

① ［美］理查德·A. 马斯格雷夫、佩吉·B. 马斯格雷夫：《财政：理论与实践》，中国财政经济出版社 2003 年版。

② 同注①。

③ 同注①。

择。如，税制公平的要求会导致管理上的复杂性，而且有可能会妨碍中性原则，税收政策的矫正作用也可能干扰公平的实现，等等。在设计税制时，应该考虑到这些问题和矛盾。虽然，一个国家的税收制度是在一个国家的政治、经济和社会的综合影响下发展起来的，并不是优秀的"建筑师"按照合适的税收结构的最佳要求而构思出来的。但是，构建一种合适税制的想法，对于形成合适的税制却有着重要的影响。

在实际应用中，体现税收公平的方法有两种：一是受益原则；二是纳税能力原则。受益原则的优势在于它能够将支出和税收两方面的考虑结合在一起，缺点在于实施困难，因为税务当局难以测量消费者对公共服务的受益程度。而且，受益原则没有考虑再分配问题。纳税能力原则要求将税收负担的分配与纳税人的经济能力相结合，缺点在于它孤立地考虑税收问题，而不考虑公共产品的供应。比较理想的衡量纳税能力的指标包括所有能够产生经济福利的形式，如闲暇、当期消费和未来消费。不过，这些指标不太符合实际，如闲暇的价值就难以衡量。所以，实践中，一般是以所得、消费和财富等指标来衡量经济福利。

在理想化的终生税收的框架下，基于横向公平的考虑，消费税基要比所得税基更为可取。但在实际运用中，这一优势却不复存在。在消费税的体制下，财富逃避了税收，因此，有必要对财富占有课征辅助性税收。个人之间税收负担的合理分配涉及纵向公平的考虑。在收入函数已知、边际效用相等的前提下，纵向公平原则可以表述为均等牺牲要求。

马斯格雷夫认为，税收过程应该有效率。税收管理部门不应该浪费，纳税人的遵从成本也不应该过大，即税收的超额负担或净负面损失应该最小化。就管理成本而言，令人满意的服务质量应以最小的成本来提供。一个复杂的税制必然会增加管理成本和遵从成本，因而也需要在不同目标中进行权衡，而且纳税人的遵从成本要高于管理成本，同时不同税种的管理成本也是不相同的。如，所得税的管理成本要高于工薪税，人头税的管理成本最低，销售税的成本要低于所得税，总收入的征税的管理成本要低于净收入的征税成本，联邦体制下的税收管理成本要高于高度集中体制下的税收成本。在确定有效管理的标准时应该考虑以下因素：第一，确定适当的技术和管理程度；第二，确定管理规则的实施程度；第三，确定税收结构的复杂程度，确定税收管理体制；第四，确定惩罚力度和执法力度。

另外，马斯格雷夫运用局部均衡分析比较了不同的税种的超额负担，得出以下结论：选择性消费税会干扰产品的选择，而一般消费税不会。所得税会干扰当前消费与未来消费之间的选择，而一般消费税不会。所得税和一般消费税都会干扰商品与闲暇之间的选择，累进税的超额负担超过比例税，资本所得的局部课税会扭曲投资选择。在一般均衡分析下，无法得出一般销售税在效率上必然优于选择性商品税的结论或一般消费税必然优于所得税的结论。只有人头税没有超额负担，使超额负担最小化的产品税率的优化组合将要求对价格无弹性的产品和与闲暇互补的产品征税。在福利制度下，随着所得提高、转移支付下降，此时的转移支付的效率成本可以视同所得税的效率成本。用于纠正市场失灵的税收可产生效率收益，为了保证揭示公共产品的偏好进行的征税，净损失可以视为一种成本代价。

（三）税收的经济效应

税收的经济效应是多方面的，包括对收入分配和资源利用效率的宏观效应以及对产出能力水平、就业水平、价格与增长的宏观效应，所有这些效应都是相互作用的。当然，每种类型的效应本身也很重要，在政策的制定过程中必须加以考虑。一项政策可能在分配效果方面是优越的，但在效率、增长或就业方面较差，因此，必须对此作出权衡选择。

1. 税收对就业的影响。税收水平的变化将影响总需求水平，进而影响就业水平。如果减税增加了就业，那些原先失业的人将获得收入。私人部门的收入不仅因为税收份额的减少而增加，也会因为就业的增加而增加。如果就业水平下降，经济中损失的收入将超过额外的税收收入。因此，不可能将税收负担的变化等同于征得的税收金额的变化。另外，即使具有相同税收收入的税种也可能具有不同的就业影响。

2. 税收对通货膨胀的影响。增税通过减少总需求，抑制通货膨胀，进而影响分配状况。债务人将因其实际债务的增加而遭受损失，债权人将获益。由于并非所有产品价格和收入同时变动，因此实际所得也会受到影响。因而即使增税本身是中性的，如采取比例所得税的形式，也可能导致人们相对处境的变化。

3. 税收对产出和经济增长的影响。决定产出能力的是要素的投入水平，包括资源、劳动力和资本的投入水平以及技术水平或使用资源的生产率。财政政策对产出能力的各种影响可能通过对工作努力程度、储蓄和投资的影响来发挥作用。

就对工作努力程度的影响而言，可以得出以下结论：所得税可能减弱或增强工作努力程度，其取决于替代效应是否超过收入效应，反之亦然。其原因是所得税会同时产生收入效应和替代效应。其中，收入效应会激励人们更努力地工作，替代效应会减弱人们的工作努力。所得税的净效应取决于上述两方面的力量何者更大。与收入正相关的转移支付能够产生与所得税一样的收入效应和替代效应，但其方向恰好相反，与收入负相关的转移支付将会降低工作努力程度。公共产品的免费供应也会产生同样的负结果。一般性的公共服务对工作—闲暇选择没有特别的影响，只有中性的替代效应。如果公共服务有助于闲暇，则替代效应可能为负；如果公共服务有助于工作，则可能会激励工作。

另外，财政政策对产出能力的影响还体现在税收对储蓄和投资的影响上。平均储蓄倾向随着收入的增加而增加，但是边际储蓄倾向增加得较少。由于不同累进程度的税收对储蓄的影响随着边际倾向的不同而不同，因此它们的重要性没有人们想象中的那么大。所得税可能会降低净回报率，进而影响储蓄；而消费税对储蓄的影响较小；公司税的影响在相当程度上反映为公司储蓄的下降。利润税可能通过减少净回报率而降低投资水平。同时，可以采取降低税率、加速折旧或允许投资信贷来刺激投资。税收政策也可以通过允许列支研究和开发费用来鼓励技术进步。可见，税收政策也会影响经济增长率。

（四）税收归宿

税收归宿理论的任务在于追踪某个税种的最终负担分配。经济归宿要比法定归宿更为重要，预算归宿应该考虑到税收和支出政策的分配效应。归宿问题研究的是财政运作对家庭真实收入分配的影响，涉及家庭账户的来源和使用两个方面。

对归宿的一般测度可以通过观察不公平系数的变动来进行。税收的开征会提高价格减少产量，负担将根据需求弹性和供给弹性的比率在销售方与购买方之间进行分配。给定一对相等的税率，对市场的哪一方征税都是没有差异的。产品税的分配效应包括家庭账户的使用方和来源方两个方面，前者可能是决定性的。对奢侈品征税是累进的，对必需品征税是累退的。就要素而言，税收提高了要素的毛收益率，但是减少了要素的供给，并降低了收益的净比率。家庭同时受到其账户的使用方和来源方的影响，但是来源方是决定性的。

根据税收适用的市场的不同其产生的结果可能各异。对工资所得征收的税收的归宿问题可能受多方面协商的影响。对行政主管或专业人士所得征收的税收在管理定价下可以转嫁给消费者。就一般均衡分析而言，随着对产品 X 征税，其价格上升，消费者倾向于用产品 Y 替代产品 X。结果是，产品 X 生产所需的要素回报会减少，而产品 Y 生产所需的要素回报会增加。因此，收入方产生的影响被扩大到其他市场中。同样地，对产品 Y 的需求增加，可能使产品 Y 的价格上升，从而又将使用方的影响扩大到产品 Y 的消费者。对要素课税的情况也同样如此。对要素 X 课税将减少其供给，进而减少要素 Y 的报酬，从而将影响扩大到收入方。如果要素税只局限于某些特定用途的收入，同时，应税要素是非流动的，则税收将被资本化并表现为资产价值的减少；如果应税要素是流动的，对其的使用将转入免税部门直至所有部门的净收益率相等为止。因此，公司利润税的负担被传递给所使用的公司部门之外的资本。

从西方财政理论发展史来看，20 世纪 50 年代开始，现代财政学向当代公共经济学转变。马斯格雷夫的财政理论可视为现代财政学向当代公共经济学转变的标志。在 1959 年的《公共财政理论》一书中，马斯格雷夫首次将政府的稳定职能与配置职能和分配职能列为同等地位，同时，又将政府收支与现代经济理论结合起来进行分析。1966 年，马斯格雷夫与皮考科的《公共财政经典理论》一书将公共产品论作为重要组成部分。这些文献作为现代财政学向当代公共经济学转变过程的成果，集中反映了当时西方财政理论的显著特征：公共产品论成为重要内容，方法上也开始重视采用微观经济学的成本收益分析方法。从此，公共支出理论得到了前所未有的丰富与深化，可与税收理论并驾齐驱。这是当时财政理论发生实质性变化的结果。马斯格雷夫曾指出：财政理论研究于“1950 年和 1960 年代取得的新进展，为公共财政学进一步向公共部门经济学转变作出了贡献。而这些新发展中，最重要的是公共产品论这一新理论，它或许已成为财政经济学的最中心问题”。[①]

第二节

蒂伯特的财税思想

查尔斯·M. 蒂伯特是美国西北大学地理系教授。1956 年，他在《政治经济学杂志》上发表了“一个关于地方支出的纯理论”，提出了“蒂伯特模型”而闻名于公共经

① R A Musgrave：“Tableau Fiscal”，Retrospectives on Public Finance，Durham & London：Duke University Press.

济学界。在当前的西方大学，凡是讲述公共经济学课程所开出的必读材料，都无一例外地要把蒂伯特的这篇文章罗列进来。美国专门成立了蒂伯特基金，华盛顿大学专门开设了蒂伯特的纪念网页，许多著名学者特别是研究公共经济学的学者如詹姆斯·布坎南、约瑟夫·E. 斯蒂格利茨、威廉姆·费雪等，都写过专门的论文来探讨蒂伯特的思想。威廉姆·费雪甚至认为，“查尔斯·蒂伯特第一个证实，迁移和地方政府有可能成为解决与某类特殊公共产品有关的问题的手段”。詹姆斯·布坎南提出的“俱乐部理论”就是对蒂伯特方法的概括。可见，蒂伯特的思想确实得到了理论界的高度重视。

一、蒂伯特模型关注问题的由来

长期以来，人们认为，在公共产品的供应上存在三个基本问题：一是公共产品的偏好显示问题。虽然居民在市场上能够通过购买来显示对私人产品的偏好，但是对于公共产品，居民却往往有谎报偏好的动机，因而必须寻找其他的方式来促使居民显示其偏好。二是社会选择问题。阿罗曾经证明过，在一般情况下，不存在同时满足非专制性、可传递性、帕累托最优等要求的社会选择机制。三是公共产品的管理问题。虽然私人厂商有强烈的动机提供居民愿意购买的私人产品，并且可以有效率地生产这些产品，但是居民却没有激励选择合适的公共管理者，公共管理者也缺乏动机高效提供公共产品。

上述问题一直成为马斯格雷夫和萨缪尔森研究的重点内容。他们一直认为，在公共产品的支出水平上不存在“市场解”。因而，与私人部门相比，在公共部门中有相当比例的国民收入并没有实现最优配置。马斯格雷夫和萨缪尔森考虑的核心问题都关系到具有消费者和投票者双重身份的人（以下简称双重身份者）对公共产品的偏好进行显示的机制问题。他们认为，意愿需求曲线具有垂直可加的性质，上述问题的解仅仅是概念上的。如果能够迫使所有的双重身份者表明自己对公共产品的真实偏好，那么，所需提供的公共产品的数量和相应的受益税就能够确定下来。然而，事实上不存在能够迫使双重身份者表明自己真实偏好的机制。在实际生活中，理性的消费者会瞒报自己的偏好，以便既能够享用公共产品，又能够少纳税。目前，解决这一问题的政治机制是无法让人满意的，因为一个典型投票者的意愿支出是以某种方式构想出来的。

蒂伯特认为，尽管马斯格雷夫和萨缪尔森的分析对联邦支出是适用的，但并不适用于地方支出，因而问题是在地方政府层次上，是否存在某种运行机制，使得地方公共支出近似地接近于适当的水平。

二、一个地方政府模型

蒂伯特认为，除了联邦支出外，还存在大量的地方支出。双重身份者能够选择最符合其对公共产品的偏好模式的社区，这是中央政府和地方政府在公共产品的提供上存在的一个重大区别。在中央层次上，双重身份者的偏好是既定的，中央政府尽量适应这些偏好模式；而在地方层次上，各个地方政府的收入—支出模式或多或少是既定的，在既定的收入—支出模式下，双重身份者将迁入那些地方政府最能满足自己偏好模式的社区。社区的数量越大，不同的社区之间的差异就越大，消费者就越能充分地实现自己的偏好。为此，蒂伯特提出了一个极端的模型，来论证地方层次上公共产品支出水平的解要比在整个国家层次上产生的解能够更加充分地反映出居民的偏好。

不过，这个模型有以下严格的假设条件：第一，双重身份者能够充分地流动，流向那些能够最好地满足其偏好模式的社区。第二，双重身份者对收入—支出模式的差异拥有完全的信息，并能够对这些差异作出反应。第三，有大量的社区可供双重身份者选择居住。第四，假定所有的双重身份者都依靠股息来维持生活，因而就没有就业的限制。第五，各个社区之间提供的公共服务不存在外部经济或外部不经济。第六，每一种社区服务模式都是由城市管理者根据该社区原有住户的偏好来设定的。就每一种社区服务模式而言，都存在一个最优的社区规模。这个最优规模定义为：以最低平均成本提供系列公共服务的居民数量。第七，尚未达到最优规模的社区试图吸引新的居民，以此降低平均成本，那些超过了最优规模的社区的做法则相反，而处于最优规模的社区则力图保持人口数量不变。

在这些假定条件下，人口流动将从超过最优规模的社区流向小于最优规模的社区，也就是说，双重身份者迁入能够满足其偏好模式的社区。这里，迁移行为替代了常见的对购买意愿进行检验的市场方式，揭示了双重身份者对公共产品的需求。这就意味着地方层次的公共产品能够实现效率配置。在人口能够流动的情况下，要么由于城市管理者的高效率，要么由于存在来自其他社区的竞争，社区被迫将公共产品的成本降到最低值。正如萨缪尔森所说，"在需求方面，在既定的价格和税收条件下，作为竞买者的每个人都力图达到最高的无差异水平，他们就像被一只看不见的手引导着，使社会达到最优的完美状态"。[①] 正如可以将消费者视为进入私人市场购买价格既定的产品一样，我们也可以将其视为进入社区购买那些税收既定的社区服务。两种情况下，消费者都是在进行市场交易。在空间经济中，消费者不可避免地要显示其偏好。空间流动使得地方公共产品成为私人市场上购物旅行的对应物。那些能够促进居民流动并增加双重身份者知识的政策能够改进政府支出的配置效率，正如就业流动性和与工业及劳动力布局有关的知识会提高私人资源的配置效率。当然，人口流动成本越高，资源配置就越无效率。

如果社区之间存在明显的外部经济和外部不经济，那么，就有必要采取某种形式的社区合并。从通常的经济福利角度考虑，在成本不变和其他服务都不减少的条件下，只要能够提供更多的服务，城市合并就是合理的。除非社会福利函数是已知的，否则，从经济角度看，伴随着一种或多种服务减少的成本降低并不能被证明是合理的。如，那些呼吁用大城市警察来取代地方警察的人并不能从经济角度来证明其观点。如果其中某个社区在合并后得到的警察保护比以前得到的保护差，那么，合并会因为侵犯了消费者的选择权而遭到反对。

三、蒂伯特模型的结论

蒂伯特采用了萨缪尔森的观点进行总结："然而，分散的价格体系不能确定集体消费的最优水平。有必要尝试其他类型的投票机制或信号传递方式……当然，也可以想象乌托邦式的投票机制和信号传递方式……市场失灵并没有否认以下事实：如果具备充分

① Samuelson Paul A, The Pure Theory of Public Expenditure, Review of Economics and Statistics, 36 (1954): 387-389.

的知识，只要对各种可能状态进行搜索，并根据假定的伦理福利函数来选择最优状态，我们就能找到最优决策。这个解是存在的，关键是如何找到它。”① 蒂伯特认为，对大量的集体产品和公共产品而言，这一问题的确存在概念上的解。如果双重身份者可以完全流动，他们就能接受适当的、有着固定收入—支出模式的地方政府。由于制度刚性，这个解可能是不完美的，但这并没有降低它的重要性。如同私人空间经济存在一般均衡解一样，在偏好和资源禀赋既定的情况下，这个解是最优的，而且也是可解的，那些将蒂伯特地方政府模型描述的现实与竞争模型的现实（在垄断程度和冲突等因素既定的条件下）相比较人们会发现，与私人部门相比，地方政府在反映居民偏好方面以及在公共产品的配置方面都毫不逊色。

总之，蒂伯特模型提供了一些重要的看法。如，居民对地方社区的选择确实有助于提高地方公共产品的配置效率。单个家庭能够判断他们的服务消费，他们对社区的选择向地方官员施加了一种压力，促使地方官员降低公共产品的成本，反映消费者的偏好。虽然地方社区之间的竞争可能不会彻底地消除地方官员谋求私利的潜在行为，但确实大大限制了这类行为的发生。无论如何，蒂伯特模型有着重要的理论意义，表现在：首先，蒂伯特模型首次提出了“搭便车”、分化、财政竞争、分区制、税收资本化、地方公共服务改革、退出机制等问题。其次，蒂伯特模型在公共选择理论中占有很重要的地位。因为约束政府的机制不仅包含选举机制，还包含“用脚投票”的退出机制。在“用脚投票”的退出机制的制约下，如果地方政府的行为违背了居民的利益，居民会迁移到别的社区。因此，蒂伯特模型应该成为公共经济学理论的一个重要组成部分。

第三节

维克里的财税思想

威廉·维克里，1935 年获得耶鲁大学理学学士学位，1937 年获得哥伦比亚大学文学硕士学位，1947 年获得该校哲学博士学位，1945 年起，任职于哥伦比亚大学，20 世纪 40 年代末在学术界崭露头角，曾担任哥伦比亚大学经济系主任、纽约市城市经济协会会长、美国经济研究局局长、联合国发展规划预测和政策中心财政顾问。维克里是一位典型的应用经济理论家。他的理论贡献涉及赋税、交通、公用事业、定价等方面，尤以对激励经济理论的开创性研究而闻名于世。1996 年，他因为在不对称信息下对激励经济理论做出了奠基性的贡献而获得诺贝尔经济学奖。另外，他在最优税制结构研究领域成绩斐然，成为财政方面的权威性人物。1949 年，他出版的《累进税制议程》一书成为研究财政与赋税问题的经典之作。由此，他参加了舒普的税制委员会，并与舒普一道奔赴日本，建立了日本战后税制的基础。

---

① Samuelson Paul A, The Pure Theory of Public Expenditure, Review of Economics and Statistics, 36 (1954): 387 -389.

一、税收思想

维克里提出了最优累进所得税理论。他直接从不充分信息对优化税制设计的约束条件入手，直接从效率和公平两大原则并重的角度来考虑税制对经济主体的激励作用。他论证了累进所得税对劳动力供给与个人工作努力的负面影响，创造性地建立了使所得税效率与公平目标达到相对均衡的模式。他认为，大多数所得税制度规定的课税依据列入的资本收益是指已经实现的收益，因为未实现的收益难以准确计算，一些资本资产在收益实现之前很难确定其产权归属。他建议应该对这类应计收益按照实现收益追溯征税。同时，他还研究了累积平均资产、遗赠权继承税、遗产税年终级差、未分配利润税收的合理化、土地价值税等问题。

二、公共产品偏好显示思想

20 世纪 60 年代，维克里对拍卖市场机制进行了研究，通过引入“激励相容”等概念，把不对称信息问题转化为制度安排和机制设计问题，从而给这一问题的研究开辟了一条新的分析途径。1960 年，他在《经济学季刊》上发文探讨了公共要价与秘密投标策略。1961 年，他在《金融杂志》发文讨论了拍卖规则与公共要价的激励之间的相互关系，分析了有关拍卖的私人信息、策略报价等问题。

他认为，应该按照管理拍卖的不同制度规则来划分拍卖业。按照维克里的观点，标准的喊价有英国式喊价和荷兰式喊价。英国式喊价是由竞标者由低向高出价，最高出价者获得标的物，并支付所喊的价格；荷兰式喊价是由竞标者由高向低喊价，第一个举手者赢得标的物，并支付当时所喊的价格。秘密投标规则一般是由竞标者秘密写出标金再公开开标，由标金最高者中标，并以其标金为售价。

维克里通过对拍卖制度的分析，提出了所谓的维克里投标法，其规则基本上与传统的投标相同，唯一不同点是赢标者付出的价格不再是他出的标价，而是次高标价，故又称为“次高价投标法”，即所谓的第二拍卖价格制度。按照这种投标法，投标者的最优投标策略，就是依据自己对标的物的真实评价据实出价，而实际支付价格却是次高价格。这种方法的好处在于能够激励投标者显示其真实偏好。

维克里投标法也可以用于公共产品的偏好显示，即维克里偏好显示机制。其内容如下：第一，人们对于公共产品的偏好表露与税收制度的设计有着直接的联系。由于信息是不对称的，私人有隐藏其信息的动机。因此，政府应该设计出能够促使人们表露自己真实偏好的机制。第二，维克里认为，对于某一种单件不可分割的产品，存在很多潜在的购买者，通过拍卖来出售，如果利用下面的程序，可以促使每个潜在的购买者表露其对该产品的真实估价：要求每个潜在的购买者将他的出价放在一个密封的信封中，并告知该产品将卖给出价最高的人，而实际售价将是仅次于最高价格的那个价格，即所谓的第二价格法。第三，其有两种情况：一是出价者的真实估价高于其他任何人的真实估价；二是出价者的真实估价至少低于另外一个人的真实估价。第四，维克里第二拍卖价格的潜在购买者，在拍卖之前就可以推断，他肯定属于上述两种情况中的一种。而在这种情况下，谎报自己的偏好不会带来任何好处，反而可能遭受损失。因此，对于每个潜在的购买者来说，最优的策略就是按照其对产品的真实估价进行出价。可见，维克里第二价格法具有个人激励相容性，能够诱使潜在的购买者说真话。

维克里投标法在实际应用中也逐渐被人们接受。美国的国库券拍卖就采用过维克里投标法，但采用的是修改过的版本，称为单一价格投标法。该法允许标的物的数量大于一件，中标的人数可以超过一个。单一价格投标法的规则如下：投标者出标的时候要决定自己需要的数量和单价，卖方再将所有的出标价格由高到低进行排序，以标的物的总量为限，优先配给出价最高者，买者实际支付的价格是未中标者的最高出价。中标者无论其自身出价的高低都按相同的价格，故称为单一价格法。该法仍然保持了维克里投标法的特色，即中标者实际支付的价格是未中标者的最高出价，因而能够促使每个潜在的购买者显示其真实的偏好。

维克里投标法解决了信息不完全或不对称的条件下如何有效配置资源的问题。维克里证明了这样的拍卖机制不仅可以保证将被拍卖的产品卖给出价最高的人，因而是最有效率的，而且是在所有拍卖机制中卖者能够得到最高收入的拍卖机制。维克里的研究开创了信息经济学研究的先河，带动了许多相关领域的研究，包括保险市场、信用市场、工资结构、租税制度、社会保险以及政治机构等。

第四节

莫里斯的财税思想

詹姆斯·莫里斯（James Mirrless，1936—2018 年），苏格兰人，1957 年获得爱丁堡大学数学硕士，1963 年获得剑桥大学经济学博士学位，曾任教于剑桥大学和牛津大学，并担任过国际计量经济学会会长、英国皇家经济学会会长、英国财政部政策最优委员会成员等职，是英国科学院院士，美国艺术与科学院院士。1996 年，由于他在信息经济学理论研究方面做出了开创性贡献而获得了诺贝尔经济学奖。

一、信息经济学思想

信息经济学是研究在非对称信息情况下，当事人之间如何制订合同或契约来规范当事人行为的问题，又称为契约理论，或机制设计理论。信息非对称是指当事人双方都有一些只有自己知道的信息。拥有私人信息的一方称为具有信息优势的一方，另一方称为具有信息劣势的一方。非对称信息大致可以分为两类：

第一类是指外生的非对称信息。如，当事人的能力、偏好和健康状况等，这些信息与当事人的行为无关，是一种先天的和外生的，一般在合同签订之前就已经存在了。如，雇主在雇佣工人的时候，并不了解工人的工作能力，此时，雇主需要设计一种机制，诱使工人显示其真实信息。

第二类是内生的非对称信息。这类非对称信息是内生的，取决于当事人本身，就是说在签订合同的时候，当事人双方拥有的信息是对称的，但是，在签订合同之后，一方对另一方的行为无法监督和约束。如，在签订雇佣合同后，工人是努力工作还是偷懒；在参加汽车保险后，司机开车是否小心等。这种信息发生在签订合同之后。此时，要解决的问题是，设计一种激励机制诱使一方采取正确的行动。如，在企业里，雇主采用何种工资制度能够激励工人努力工作。

第一类非对称信息称为隐藏知识（hidden knowledge）；第二类非对称信息称为隐藏行动（hidden action）。另外，还有一种划分将第一种情况称为逆向选择（adverse selection），将第二类情况称为道德风险（moral hazard）。在第一种情况下，要解决的问题是如何诱使拥有私人信息的一方说实话；在第二种情况下，要解决的问题是如何诱使当事人努力工作。

莫里斯在非对称信息的两个方面都做出了开创性的贡献，他的贡献既是思想性的，又是方法论的。

第一，在"隐藏行动"理论方面，目前流行的委托—代理的模型化方法就是莫里斯开创的，他在1974—1976年所完成的三篇论文，奠定了委托—代理理论的基本模型框架。这一分析框架后来又由霍姆斯特姆（Holmstrom）等进一步发展，在委托—代理文献中，被称为莫里斯—霍姆斯特姆模型方法（Mirrlees-Holmstrom Approach）。

第二，从莫里斯—霍姆斯特姆模型方法中可以推导出最优激励合同的基本条件。这个条件证明了，在信息不对称的条件下能观察到当事人活动的结果，却不能观察到活动本身。因此，对当事人支付的报酬就必须以能够观察到的结果为基础和依据。这就提出了信息经济学的一个基本问题，即激励与保险之间的关系问题。激励与保险是有矛盾的。如果一个人害怕风险，那么，最优的风险分担是让他不承担风险而拿一份固定工资，在固定工资下，又会出现偷懒现象。因此，为了鼓励当事人能够积极地努力工作，必须让他承担一定的风险。这是委托—代理理论的一个基本结论。

二、税收思想

莫里斯对"隐藏知识"理论的贡献主要包含在他1971年发表在《经济研究评论》（"*Review of Economic Studies*"）的"最优所得税探讨"一文中。他发展了维克里的最优所得税的效率与公平相均衡模型，提出了一种分离均衡的税制理论。

莫里斯认为，政府面临信息不完全的约束，而纳税人具有谎报其收入能力、争取少纳税的激励。在这种情况下，最优的税收体制就是必须诱使有能力的人说实话。如，可编制所得税明细目录，对每一个收入水平都规定相应的消费水平。政府据此可以识别纳税人的类型，而后对不同类型的纳税人课征不同的税收。莫里斯还在1971年和美国经济学家P. Diamond合作在《美国经济评论》上连续两期发表了"最优税制和公营生产：1. 生产效率和2. 税收条例"（"*Optimal taxation and public production* Ⅰ：*Production efficiency and* Ⅱ：*Tax rules*"），这篇文章扩展了20世纪20年代剑桥经济学家拉姆塞的最优税理论，提出了"拉姆塞—戴蒙德—莫里斯税收法则"。1977年他发表的文章"劳动力供应行为与优化税率"采用数理模型推导出了关于优化累进所得税的一般结论：社会可以采用较低的累进所得税来促进收入再分配目标，高累进税率不仅有损效率，而且对收入再分配目标的实现也是不可取的，即使社会认为低收入者的福利十分重要也是如此。他说："我现在作出以下结论：（1）一个具有行政管理方面优点的近似线性所得税方案是合意的，特别是，我们坚决支持（最优的）负所得税提案。（2）所得税并不像我们通常所想象的那样，是一项缩小不平等程度的有效工具；因此（3）我们要设计与所得税互补的税收，从而避免所得税所面临的困难。”① 有意思的是，最初在研究所得税的时候，莫里斯想证明对有经济能力的人应该多征税。如果信息是完全的、充分的、对称的，这是应该的，也是合理的。

但现实中，信息是不完全的，纳税人假装低能力要比假装高能力容易得多，因而政府就不可能征收到所有的税收。莫里斯经过证明得到的结论与最初的设想恰恰相反。其结论表明，由于信息是不对称的，最高收入的边际税率应该是零，也就是说，对具有最高能力的纳税人的边际收入不应该征税。这一结论对于后来的信息经济学研究产生了很大的影响。此后的研究认为，拥有私人信息的一方必须享有一定的信息租金，否则，他就会进行逆向选择，进而会降低整体社会福利。换句话说，鼓励当事人说实话的办法就是要保证说实话时的收益不小于说谎时的收益，竞买者的真实出价与其实际支付价格之间的差额就是对说实话的奖励。

20 世纪 70 年代，西方经济学发生了博弈论的革命。信息经济学作为博弈论运用于经济学的成果开始出现。同时，非对称信息博弈论也开始运用于财政领域的研究。维克里和莫里斯的最优所得税理论就是非对称信息博弈论运用于财政领域的显著成果。可以预见，非对称信息博弈论将广泛适用于财政学领域诸如政府间财政关系、公共选择、最优财政政策的设计、政府对自然垄断企业的规制等问题的研究中。

本章小结

当代西方还有一些重要的经济学家如马斯格雷夫、蒂伯特、维克里和莫里斯等，他们也提出了一系列具有重大影响的财税思想和观点，自成体系，在西方财税思想史上占据极为重要的地位。

基于资本主义经济的混合经济特征，马斯格雷夫提出了预算政策的三个职能：配置职能、分配职能和稳定职能；此外，还提出了多级政府下的财政联邦制思想、税收原则、税收的经济效应以及税收归宿理论。

蒂伯特提出了蒂伯特模型，维克里和莫里斯基于信息经济学提出了最优所得税理论。

本章思考题

1. 试述马斯格雷夫的财政分权理论。
2. 试述财政思想史上关于税种设置的主要理论。
3. 试述马斯格雷夫在赋税理论上的主要贡献。

---

① 张维迎：《詹姆斯·莫里斯论文精选》，商务印书馆 1997 年版。

主要参考文献

[1]［英］威廉·配第：《赋税论》，商务印书馆 1978 年版。

[2]［英］亚当·斯密：《国富论》，商务印书馆 1974 年版。

[3]［英］大卫·李嘉图：《政治经济学及赋税原理》，商务印书馆 1976 年版。

[4]［法］让·巴蒂斯特·萨伊：《政治经济学概论》，商务印书馆 1982 年版。

[5]［英］约翰·斯图亚特·穆勒：《政治经济学原理》，世界书局 1936 年版。

[6]［英］阿尔弗雷德·马歇尔：《经济学原理》，商务印书馆 1964 年版。

[7]［德］弗里德里希·李斯特：《政治经济学的国民体系》，商务印书馆 1961 年版。

[8]［英］约翰·梅纳德·凯恩斯：《就业利息和货币通论》（第 2 版），商务印书馆 1983 年版。

[9]［美］保罗·安东尼·萨缪尔森：《经济学》（上册），商务印书馆 1979 年版。

[10]［美］米尔顿·弗里德曼：《资本主义与自由》，商务印书馆 1982 年版。

[11]［美］罗纳德·哈里·科斯：《企业、市场与法律》，上海三联书店 1990 年版。

[12]［美］道格拉斯·C. 诺思：《经济史中的结构与变迁》，上海三联书店 1991 年版。

[13]［美］斯蒂格利茨：《经济学》，中国人民大学出版社 1997 年版。

[14]［美］约·肯·加尔布雷思：《经济学和公共目标》（第 1 版），商务印书馆 1980 年版。

[15]［美］斯坦利·L. 布鲁：《经济思想史》，机械工业出版社 2003 年版。

[16]［日］坂入长太郎：《欧美财政思想史》，中国财政经济出版社 1987 年版。

[17]［美］费雪：《州和地方财政学》（第二版），中国人民大学出版社 2000 年版。

[18]［美］约瑟夫·E. 斯蒂格利茨，《公共部门经济学》，中国人民大学出版社 2005 年版。

[19]［英］埃里克·罗尔：《经济思想史》，商务印书馆 1987 年版。

[20]［美］詹姆斯·M. 布坎南：《自由市场和国家》，北京经济学院出版社 1988 年版。

[21]［英］詹姆斯·M. 布坎南：《公共财政》，中国财政经济出版社 1991 年版。

[22] 卢现祥：《新制度经济学》，中国发展出版社 1996 年版。

[23] 方福前：《当代西方经济学主要派流派》，中国人民大学出版社 2004 年版。

[24] 许建国、蒋晓蕙、蔡红英：《西方税收思想》，中国财政经济出版社 2016

年版。

[25] 汤在新：《近代西方经济学史》，上海人民出版社 1998 年版。

[26] 甘行琼：《西方财政理论变迁研究》，中国财政经济出版社 2000 年版。

[27] 宋承先：《西方经济学名著提要》，江西人民出版社 1999 年版。

[28] 张维迎：《博弈论与信息经济学》，上海三联书店、上海人民出版社 1996 年版。

[29] 张维迎：《詹姆斯·莫里斯论文精选》，商务印书馆 1997 年版。

[30] 邓子基：《比较财政学》，中国财政经济出版社 1987 年版。

[31] 厉以宁：《西方福利经济学述评》，商务印书馆 1984 年版。

[32] 蒋自强、张旭昆：《三次革命和三次综合——西方经济学演化模式研究》，上海人民出版社 1996 年版。

[33] 刘涤源：《凯恩斯经济学说评论》，武汉大学出版社 1997 年版。

[34] 刘涤源、谭崇台：《当代西方经济学说》，武汉大学出版社 1983 年版。

[35] 毛程连：《西方财政思想史》，经济科学出版社 2003 年版。

[36] 胡寄窗：《西方经济学说史》，立信会计出版社 1991 年版。

[37] 张馨等：《当代财政与财政学主流》，东北财经大学出版社 2000 年版。

[38] 李克强：《西方财政思想史分析》，中国经济出版社 2022 年版。

[39] 李俊生、李贞：《外国财政理论与实践》，经济科学出版社 2012 年版。

[40] 文建东：《公共选择学派》，武汉出版社 1996 年版。

[41] 乔洪武、董希楠："经济伦理视角下庇古福利经济理论研究"，《商业时代》2011 年 6 月 10 日。

[42] 张桂文、张光辉："马克思主义政治经济学与新制度经济学研究范式的比较分析"，《当代经济研究》2019 年第 11 期。

[43] 王永光："布坎南对西方主流经济学的批判和超越"，《学术界》2015 年第 2 期。

[44] 艾杨："剑桥学派创始人马歇尔的经济学说评价"，《教学与研究》1981 年 6 月 30 日。